基本権の展開

石 村 修

尚学社

目　　次

略語表　vi

Ⅰ　基本権の意義と体系 …………………………………… 3
1　憲法と基本権　3
2　基本権の特性　13
3　基本権の体系　17
4　(主観的) 権利及び客観法としての憲法上の権利　24
5　基本権と私法上の公的主体　46

Ⅱ　基本権と生命権 ………………………………………… 67
1　基本権の体系における生きる権利　67
2　憲法における胎児の生命権——第1次妊娠中絶論争　75

Ⅲ　国家目標と基本権 ……………………………………… 103
1　国家目標としてのスポーツ　103
2　生きる権利と動物・環境　125
3　新しい人権　149

Ⅳ　終章　基本権の展望——改憲論との対抗 ……………… 159
1　憲法における生命権の位相　159
2　憲法の改正と基本権　162
3　基本権の実現と発展　165
4　基本権と国家　170
まとめ　174

補論　法科大学院において憲法判例を学ぶ意義 …………… 176
1　はじめに　176
2　憲法規範の特性　178
3　憲法裁判の特性　185
4　法科大学院時代の憲法判例　194
まとめ　199

あとがき　201

初出一覧・関連文献　207

細 目 次

略語表　vi

I　基本権の意義と体系 …………………………………………………… 3
1　憲法と基本権 ………………………………………………………… 3
   i　本書の意図　3
   ii　基本権の淵源　7
   iii　13条の意義　9
2　基本権の特性 ………………………………………………………… 13
3　基本権の体系 ………………………………………………………… 17
4　（主観的）権利及び客観法としての憲法上の権利 ………………… 24
   i　憲法上の権利　24
   ii　基本権の二重の性格を描く憲法国家構造　26
      a　日本での現況　26　　b　ドイツの新傾向　28
   iii　客観法の位相　32
      a　主観的権利と客観法　32　　b　防御権の二重の性格　34
   iv　客観法の実証　37
      a　基本権保護義務論　37　　b　財産権と制度　42
   v　小括　45
5　基本権と私法上の公的主体 ………………………………………… 46
   i　問題の所在　46
   ii　私法上の公的組織の構造　49
      a　国庫理論　49　　b　混合企業　50　　c　国家性の要件　53
   iii　判例分析　55
      a　先例判決　55　　b　事件の概要　56　　c　判決要旨　57

d　パブリック性　58
　　iv　日本における「混合企業」　59
　　　　　a　第三セクター　59　　　b　成田飛行場　60　　　c　分離論　62
　　v　保障国家（論）　63
　小括　65

Ⅱ　基本権と生命権　…………………………………………………… 67
　1　基本権の体系における生きる権利　………………………………… 67
　　i　基本価値論争　67
　　ii　動態的な体系論の必要性　72
　　iii　人格的存在としての生命　74
　2　憲法における胎児の生命権——第1次妊娠中絶論争　………… 75
　　i　はじめに　75
　　ii　胎児の生命　78
　　iii　アメリカ合衆国における判例　80
　　iv　ドイツ基本法における判例　86
　　v　オーストリアにおける判例　96
　　vi　結語——日本との比較　99

Ⅲ　国家目標と基本権　………………………………………………… 103
　1　国家目標としてのスポーツ　………………………………………… 103
　　i　生きることとの関係　103
　　ii　スポーツ権（？）　106
　　　　　a　定義　106　　　b　構成　107　　　c　スポーツをする自由　110
　　iii　憲法に現れたスポーツ　113
　　　　　a　社会国家　113　　　b　旧社会主義国家でのスポーツ　115
　　iv　国家目標の法理　118

細目次　iii

　　　　a　国家目標の意義　118　　b　国家目標の条文化　119
　　　　c　国家目標の規範力　121
　　v　まとめ　121
　補論　124
2　生きる権利と動物・環境 ……………………………………… 125
　i　人が生きる手段　125
　ii　人と動物の関係　127
　iii　動物実験と法　129
　iv　生きる権利と環境　132
　v　環境と開発　135
　vi　持続可能な発展　139
　vii　国家の責任　146
3　新しい人権 …………………………………………………… 149
　i　誘惑　149
　ii　憲法改正の目玉商品　151
　iii　憲法調査会の模索　153
　iv　「新しい人権」への対応　156

Ⅳ　終章　基本権の展望――改憲論との対抗 ……………………… 159
　1　憲法における生命権の位相 …………………………………… 159
　2　憲法の改正と基本権 …………………………………………… 162
　3　基本権の実現と発展 …………………………………………… 165
　　i　基本権の理想型　165
　　ii　基本権カタログ（論）　167
　4　基本権と国家 …………………………………………………… 170
　　i　基本権制限　170

ii　国家目的論　171
　　iii　保護義務論　172
　まとめ ……………………………………………………………… 174

補論　法科大学院において憲法判例を学ぶ意義 …………… 176
1　はじめに ………………………………………………………… 176
2　憲法規範の特性 ………………………………………………… 178
　i　明治憲法　178
　ii　日本国憲法と最高法規　180
　iii　制限規範　182
　iv　日本国憲法の展開　183
3　憲法裁判の特性 ………………………………………………… 185
　i　憲法判例の特性　185
　ii　憲法判例への批判的分析　188
　iii　憲法訴訟論の登場　190
　iv　憲法訴訟論の応用　193
4　法科大学院時代の憲法判例 …………………………………… 194
　i　法科大学院で求められるもの　194
　ii　ドイツ型の勃興　196
　iii　応用問題　198
　まとめ ……………………………………………………………… 199

あとがき　201

初出一覧・関連文献　207

略 語 表

ABAJ	American Bar Association Journal
AöR	Archiv des öffentlichen Rechts
Art.	Artikel
Aufl.	Auflage
Bd.	Band
BVerfG	Bundesverfassungsgericht
BVerfGE	Entscheidungen des Bundesverfassungsgerichts
BVerwGE	Entscheidungen des Bundesverwaltungsgerichts
DÖV	Die Öffentliche Verwaltung
DVBl.	Deutsches Verwaltungsblatt
ed.	edit[ion, or]
EU	European Union（欧州連合）
f.	folgende Seite
F. Supp.	Federal Supplement
ff.	folgende Seiten
GG	Grundgesetz
Hrsg.	Herausgeber
JR	Juristische Rundschau
JuS	Juristische Schulung
JZ	Juristenzeitung
L. Ed.	United States Supreme Court Reports, Lawyer's Edition
NJW	Neue Juristische Wochenschrift
NVwZ	Neue Zeitschrift für Verwaltungsrecht
NWVBl.	Nordrhein-Westfälische Verwaltungsblätter
p.	page
pp.	pages
Rn.	Randnummer
S.	Seite
U.S.	United States Reports
v.	versus
v.	vom, von
vgl.	vergleiche
vol.	volume
VVDStRL	Veröffentlichungen der Vereinigung der Deutschen Staatsrechtslehrer
ZStW	Zeitschrift für die gesamte Strafrechtswissenschaft

基本権の展開

本書を
石村マリ子
恵利子, 潤, 顕
に捧げる

I 基本権の意義と体系

1 憲法と基本権

i 本書の意図

　本書で扱う憲法とは近代立憲主義的な意味の憲法であり，この憲法においては共通事項として，「基本権」が規定されるだけでなく，その基本権が憲法の実体のなかで中心的な役割をもったものとして扱われている。その意味では，すべての人にとって基本権は不可欠のものであり，国家機関によって実効的に保障されていかなければならない特性をもっている（本章2を参照）。本書では，ドイツで一般的に使用されてきた，憲法に書き込まれた人権という意味での「基本権」の用法を用い，「人権」とは自然法として普遍的に存在しているものと理解し，両者を意図的に区別して使用することにする[1]。本章では，以下論じることになる基本権の各種の論理と展開を概観する上で，必要最小限の基本的視座を明らかにしておくことにしたい。

　市販の人権宣言集は，マグナカルタから始まりその一応の完成型を，1789年のフランス人権宣言とする倣いになっているが[2]，それはフランス人権宣言の16条が近代憲法のあり方を予告したものであったからである。つまり，これ以降の近代立憲主義で構成された憲法典には，「権力分立と基本権保障」が不可欠であり，少なくとも近代憲法と名乗りうる憲法はこれを内包していなければならなくなった[3]。近年では基本権の一部は「切り札」と称されるように[4]，その特性や機能は普遍的なものとしてグローバル・国際的に承認せざるをえなく

---

1) 基本権の用語については，具体的に2で触れることにするが，日本国憲法で用いる「基本的人権」とは大きな違いはないと考える。
2) C. Schmitt, Verfassungslehre, 1928，人権思想研究会編『世界各国人権宣言の研究』（巌松堂書店，1950年），高木八尺＝末延三次＝宮沢俊義編『人権宣言集』（岩波文庫，1957年）が典型例となる。さらに，その最新版は，欧州連合基本権憲章ということになろう。
3) 芹沢斉「立憲主義」芦部信喜編『憲法の基本問題』（有斐閣，1988年），長谷部恭男「立憲主義」大石眞＝石川健治編『憲法の争点』（有斐閣，2008年）等。

なったことになる。これと較べると世界で最初の立憲主義成文憲法であるアメリカ合衆国憲法 (1788年発効) には，人権条項は存在していなかった。この憲法はまさに「国法」としての使命を果たすべく，国制を固め独立国家の宣言をかつての宗主国に提示する必要があったことをもって，国家の成り立ちを憲法に書き込んだものであったからである。ただし，この憲法も少しの猶予をもって「権利の章典」を「修正条項」として付け加えたのは (1791年)，憲法典に人権条項が不可欠であることを後に想起し，連邦に係る共通項の人権宣言を規定することになったのである[5]。基本権・人権が，形式をもって人権宣言として宣言された時，自然思想に裏打ちされた自然権としてあった人権は他者と対抗する力をもつに至った。

　人類が共同生活を広汎な空間で実行し，これが整いだした「市民社会」の熟成をもって，国家統治のシステムが人権を憲法のなかで基本権として認めることを必要とするようになったのは理由のあることであった。この「基本権・人権」の根拠を求める作業は，近代市民社会の構成の仕方を論じ，同時に，その社会を構成する人間の本性を問いただすことになった。人々が社会形成するに際してまず関心のあったのは，自分と自分の周囲 (家庭，居住地そして職場) の狭い空間における自分であり，その場合にはいまだ自然状態にある人権の普遍性を深く認識できることはなかったはずである。狭い空間から広い環境にまで目配せができる広い視野をもった宗教・思想家が登場するに至って，人権の必要性が説かれ，その集大成として一連の人権宣言が結実することになったはずである[6]。もっとも個々の宗教が示した基本権は，その宗教を正当化する目的をもっていたことは確かであったが，宗教の効用は普遍性を目指すものであったが

---

4) ドゥオーキン (木下毅＝小林公＝野坂泰司訳)『権利論〔初版〕』〔木鐸社，1986年〕243頁以下) によるこの観念は，長谷部恭男によって広まった。長谷部恭男『憲法〔第6版〕』(新世社，2014年) 110頁以下，さらに，駒村圭吾「基本的人権の観念①」小山剛＝駒村圭吾編『論点探究憲法〔第2版〕』(弘文堂，2013年) 22頁。

5) もちろん，それに先立つ各州の人権宣言の存在を忘れてはならない。さらに後になって (1868年)，修正14条をもって，州に関わる基本権が明確になってくる。

6) この意味で神学と人権思想との関連は大きい。参照，W. フーバー＝H. E. テート (河島幸夫訳)『人権の思想』(新教出版社，1980年) 45頁以下。17世紀から始まる権利宣言の歴史を，「キリスト教的啓蒙主義」から描くことができるとされる。

故に,宗教は人間の権利を意識しなければならなかったはずである。こうした基本権の外にあった諸要素の力を借りて,基本権が人々に伝播していったのは,基本権が本来は個人に関わるものであったにも拘わらず,普遍性をもたないと現実の効果をもたなかったからであった。しかし,あえて自然法思想や脱宗教,とくに脱キリスト教に位置する基本権を描こうとした阪本昌成の視点は,イデオロギー批判をリベラリズムの視点から入れたものとして魅力的である[7]。その結果,冷静な基本権存在への冷静な分析を導いてくれることが期待されるが,問題は基本権保障の実効性をどのようにして確保することができるかを問わなければならない。この側面では,裁判的な救済制度の完成が不可欠であり,とくに,基本権衝突においての判定権者の完備は絶対条件となっている。その意味では,リベラリズムは基本権に対してどのような対応を最後まで貫徹できるのかを問わなければならないであろう。国家の役割を基本権との関係で問うことは,必要なことではあるが,それですべてでもない。後に基本権の体系を考えるのはこの点と関連してくる(本章3)。

今日,われわれに残されている「人権宣言」が,「法の支配」が完備したイギリス・アメリカを出発点としていたのは,近代法がもつ内容的正しさに起因していたのであり,以後はこれの変形が地場を変えて展開・発展することになるのである。やがて,アジアの国である日本国にも人権の思想と宣言集のモデルが形成されていくのも,基本権・人権が本来包含している実体が,近代社会に不可欠で共通項であるからであり,その点に異論のある者はいないであろう[8]。ただし,こうした基本権の発展は,近代憲法典の発展と軌を一にしてきたが,憲法が国家との親和性が高いのに対して,基本権は人間そのものの存在に備わったものであり,人間の尊厳を最大現に確保していこうとする傾向を強くしている関係で,普遍性をもって発展できる要素をもっていた[9]。国際化やグローバル化のなかにある基本権の展開がそれであり,これを見極めていくことも,今日の

---

[7] 阪本昌成『憲法2 基本権クラシック』(有信堂,1999年)序章を参照。なお,本書でも「基本権」の用法に拘っているのは同様な視点である。
[8] 日本での自由民権の開祖たる植木枝盛にしても,最初に影響を受けたのはキリスト教であった。家永三郎『植木枝盛研究』(岩波書店,1960年)87頁以下。
[9] B. Pieroth, Geschichte der Grundrechte, Jura 1984, S. 568 ff.

基本権論においては重要なことになっている[10]。ただし，今日の国家・憲法の枠内で基本権保障が実効されなければならない現実があり，その意味で「普遍的要請と国家主権のはざま」に，基本権が設定されていることは事実であろう[11]。

「基本権」論は，様々な視点から言及されなければならないし，論点は多種・多様である。本書では，大胆なタイトルを掲げ，基本権の全面展開を試みる意図をもっているものの，筆者の能力の限界から日本とドイツの憲法論で議論とされた基本権論のごく一部を扱うに留まる。その意味では本書は基本権論序説に留まるが，自分の研究の道程の一段落を迎えるにあたって，これまで書き散らしてきた基本権に関する論考を，一応体系的にまとめる作業の意図の下にあるに過ぎない。したがって，この導入の部分では序章の意味を込めて，「なぜ基本権論なのか」を説明していくことにする。基本的視座は，人間という存在の最大現に込められた「価値」設定の最後に行き着くところが「基本権」であり，他の生物体と異にして人間に備わったものとして基本権を考えるところにある。その意味では，本書の全体構成は，私に専修大学のなかで圧倒的な影響を与え続けてきた小林直樹が，晩年に「法の人間学的考察」に至った思考のプロセスに大きな刺激を受けている[12]。法を理解するのには人間学の経験的な理解が必要なことは理の当然であると思われる。小林が壮大な見取り図を構築して，「人間という生きものの総合的な理解，或いは少なくともそれへの努力」を求めた方法論は，当分は他者に追随を許さない仕事であった。本書では，人間学で求めた作業のほんの一部分である，人間の尊厳の由来と「人間の生命権」の実態を，基本権論のなかで考察することを意図している。もちろんその作業は，他の生物体との共生を考慮しなければならないことは当然であるが，他の生物体を犠牲にして活きなければならない生命体の宿命として人間を考えなければならな

---

10) 例えば，江島晶子「日本における『国際人権』の可能性」岩波講座『憲法5――グローバル化と憲法』（岩波書店，2007年）199頁以下。

11) E. デニンガー（石村修＝三宅裕一郎＝渡邊一弘訳）「普遍的要請と国家主権のはざまにある人権(1)～(3)」専修法学論集83号（2001年），84号（2002年），85号（2002年），人権を普遍的に議論する下地として，「人間の尊厳」があることが指摘されている（「(1)」41頁）。

12) 小林直樹『法の人間学的考察』（岩波書店，2003年）はしがきを参照。同書が，発行してすぐに版を重ねていることは驚くべきことではない。それだけ読者はこの本の出現を待っていたことになる。

い。人間のエゴイズムは基本権論にとってマイナス要素ではあるが、近代市民社会では、出発点として一応「強い個人」を前提としなければならなかったと思われた[13]。

ii 基本権の淵源

人権の淵源について、G. イエリネックとE. G.ブトミとの間でなされた論争が著名である。日本でも多くの学者が関心をもってこの論争を紹介し、どちらかに加担してきたのには、基本権の在り方をめぐる本質論が隠されていたからに外ならない[14]。ドイツ人であるイエリネック (G. Jellinek) は、フランス人権宣言は、ルソーの社会契約論に示されたものではなく、アメリカ諸州で示された権利章典にあったことを、両者を対比しながら論証した。とくに、バージニア権利章典 (1776年) に着目した点は、その第1条にある「奪うことのできない権利」を確認した自然権思想の宣言に顕著であり、この思想がフランス人権宣言に体現されたとする。時間的に先行するアメリカの人権宣言は、しかも、大陸からの決別の宣言であった関係で、アメリカの人権宣言はイギリス植民地での信教の自由を基礎にしており、大きな思想の後付けはなされうるとした。これに比して、愛国心に燃えていたフランス人のブトミ (E. G. Boutmy) は、フランス人権宣言はフランスの自然法論から描かれたものであり、フランス人権宣言こそが、その後の人権体系の基礎を確立し、世界に影響を与えたものであることを述べていた。この論争が注目を集めた割には特別の成果を生み出すことができなかったのは、すれ違いに終わった論争であったことにある。実は、2人とも別の構成を成している人権宣言の性質を見落としていた。つまり、イエリネックは、独立するという植民地人の意気込みである自然権とその思想（獲得目標）に注目していたのに比して、ブトミは、革命の法現象である宣言内容（獲得できたもの）に着目していたのである。人権宣言の共通項を語る論争であるが、

---

13) 強い個人とは、自己決定できる個人であり、この個人の人権を考える近代は「危ない綱渡り」であったことになる。樋口陽一『人権』（三省堂、1996年）59頁。
14) イェリネック（美濃部達吉訳）『人権宣言論外三篇』（日本評論社、1929年）、初宿正典編訳『人権宣言論争』（みすず書房、1995年）付録で解説されているように、1903年に織田萬によって紹介されてから多くの研究者が関心をもってきた。初宿編訳213頁以下。

基本権の淵源を模索する論争にはならなかった。ただし，基本権の淵源を訪ねるヒントは多く示してくれていた。

　基本権は，「自由と平等」を特定の者だけではなく，あらゆる者に与えられ，人は自分の意思で自由に生活する環境を与えることにならなければならない。アメリカは，独立後もしばらくは奴隷制度を維持したし，フランスも男の「人と市民」の権利を規定したに過ぎなかったので，いずれにしても完全な基本権・人権を保障したものではなかった。人権の淵源を探求する旅は，思想に裏打ちされた一定の権利の認知過程を探求するものであり，それは基本権の体系を描くためのヒントでなければならないであろう。その点で，M. クリーレ（M. Kriele）が示す5つの視点は参考になる[15]。彼は，先の2人の論争を辿りながら，次の5つの論点を分析すべきであるとした。①フランス革命での啓蒙主義哲学，②宗教改革，信教の自由の制度的保障を求める，良心の自由というプロテスタンティズムの原理，③制度化された抵抗権，④自由な商品活動の条件確保を試みる資本家の利害関心，⑤アングロ・サクソンの法伝統。クリーレが指摘するように，①はブトミの立場であり，②はイエリネックの立場であり，2人はよって立つ位置を異にしていたのであるから議論がかみ合わなかったのは当然であった[16]。

　クリーレは⑤をもって基本権の淵源とするが，筆者もこれに同調するものである。マグナカルタ（1215年）は様々な命題を含んでいるが，その内で今日の言葉で定義される「人身の自由」を定めた39条は，後の「人身保護法」（habeas corpus/1679年）の原型を規定するものとして重要であることは間違いない。本書で最も重要な自由とする「生きる権利」（本書第Ⅱ章）の原型はここにあったことになる。あたりまえのように保障される個人の身体の自己保障である「人身の自由」は，不当な他者の拘束から個人を解放するものとして，自由の根本と

---

[15] 初宿編訳，注14）の付録Ⅱのクリーレ論文，224頁。
[16] クリーレは，アメリカで信教の自由の権利が始原的基本権とされたとの考え方を批判し，これはせいぜい「寛容」がなされたものであったとする。これらの基本権は，まだ基本権とされるほどの保障はなく，自然権としての性格があったに過ぎないとされる。マルティン・クリーレ（初宿正典＝吉田栄司＝長利一＝横田守弘訳）『平和・自由・正義』（御茶の水書房，1989年）245頁。

位置付けることができる。確かにマグナカルタの当時の特権階級の権利を保障させたという意味では普遍的ではなかったが，E. クック（E. Coke）が王権と争った時点では，「すべての自由なイングランド人」への身体の自由を唱えることが許されたことになる[17]。信仰の故に迫害された人々への救済は，恣意的な逮捕から逃れることであり，自由は身体の確保をもって始まったことになる。クックが起草したとされる「権利の請願」(1628年) は，実際に援用できる権利として基本権が保障されたという積極目的があったからである。

　アメリカ合衆国憲法が，修正条項として2つ目のデュー・プロセス条項をもった時 (1868年)，つまり，修正4条の「法の平等保護」をすべての州にまで広げた時点で，人のもつ自由性が本質的に拡張できたのであり，諸州で示されてきた人権宣言の内実と呼応することができたことになる。ここでバージニア権利章典の「すべての人は生来ひとしく自由かつ独立しており，一定の生来の権利を有する」(1条) が，さらには独立宣言での「生命，自由及び幸福の追求」が，自然思想ではなく実体的な権利として活かされる場を確保できたことになる。人権宣言の展開は，先駆としてイギリスがあり，これをアメリカ大陸が思想として引継ぎ，フランス人権宣言がこれを整除したという流れになるであろう[18]。すると日本国憲法の基本権条項はどこからの影響を最も強く受けたことになるのであろうか。

ⅲ　13条の意義

　日本国憲法の13条程，その存在の意味が変化してきた条文はないであろう。最初は，「国民の権利の尊重に対する限界を定めた」，基本的人権に関する一般原則とされ，本条に示された「公共の福祉」が重要であり，「生命，自由及び幸福追求」の権利性は注目されることはなかった[19]。しかし，日本国憲法は，基

---

17) 「法の支配」の原点を，ここに見出すことになるとすれば，基本権は「法の支配」の原理の実践ということになる。
18) この点を整理したものとして，初宿正典『憲法2　基本権〔第3版〕』（成文堂，2010年）3頁以下，がある。
19) 例えば，宮沢俊義「国民の権利及び義務」蝋山正道責任編集『新憲法講座　第2巻』（政治教育協会，1947年）223頁。

本権にとって最も重要な13条と31条をもって、アメリカ憲法の精神的支柱を受け継いでいたことは、制定過程の文書で明らかである[20]。そうであるが故に、憲法解釈の方法に関して、13条の「個人としての尊重」を「人間の尊厳」と等値として、これを最高の価値体系とすることによって、基本権の価値体系を描き、それとの関係で統治機構を説明する方法が支配的になる[21]。他方で、「国民の政治参加のプロセスに不可欠な諸権利」を中核に設定して描く憲法解釈もありうる。先のアメリカの影響を鮮明に受けたデュー・プロセス条項が、重視されることになり、沿革的にはすでに述べてきたマグナカルタの伝統が活かされる道筋を、プロセス思考は徹底しようとしている[22]。しかし、基本権の淵源・体系、基本権と統治構造の理解に関する論争に通じる2つの考え方は、概ね前者の方法が主流となって展開されており、ここではそれが主になる理由を尋ねなければならないであろう。

　13条に注目し、そこに一定の規範的価値、しかも基本権全体を流れる規範的価値を精力的に実証したのは、1960年代からはじまったアメリカ研究の種谷春洋、酒井吉栄[23]とドイツ研究からの田口精一であった。彼らは、この時代に新しい現象として現れてきた人格権の対応に、「プライバシー権、自己決定権、環境権」といった権利を当て嵌めることによって説明しようとした。新しい人権の承認は、包括的な人権条項に頼るほかはなく、その候補として、「幸福追求権」が脚光を浴びることになったのである。その関係もあって13条は、多様な成立の由来を尋ね、包括権として保障しうる内容を確定する必要があった。また、性格の異なる内容を含んでいる関係で、条文全体の構造を読み取ることが困難な条文であり、とくに、後半の「公共の福祉」の文言に引きずられてきた懸念があった。学説的にも、「客観的な法規、個別基本権の総称、自然権の宣言規定」という権利性を否定する理解に対して、種谷はアメリカの議論を整理しな

---

20) 高柳賢三＝大友一郎＝田中英夫編著『日本国憲法の制定過程Ⅰ』(有斐閣、1972年) 199頁。
21) これに対して、憲法に明記されていないが日本国憲法の基本原理として、個人の尊重と区別して「人間の尊厳」を基本原理とする考え方がある。岩間昭道『憲法綱要』(尚学社、2011年) 4－5頁。しかし、明示されていないものを根拠とすることは難しいと思われる。
22) 松井茂記『日本国憲法〔第3版〕』(有斐閣、2007年) 15頁。
23) 酒井吉栄「日本国憲法13条の思想的背景」ジュリスト274号 (1963年) 34頁。

がら、今日の日本でも通説的理解になっている13条の包括的権利性を演繹し、次いで、個別基本権とは競合関係ではなく、一般法・特別法の関係が成立することを説明している[24]。ただし、この時点では、生命・自由・幸福追求を一体のものとして理解することに注意が注がれ、個々の保障内容に注意が向く余裕が無かった。本書は、後で述べるようにこれを分解して考える立場にあり（本書第Ⅱ章1）、その点で初期の考え方と異にしている。

種谷が概観した13条理解が通説的地位をえられたのは、これを自由権に限定し、しかも人格権に補塡されたものに限定したことであり、その点で新しい人権への対応も可能にしてきた点であろう。こうした理解の源流は、京都学派の重鎮であった佐々木惣一の人間の独自的立場に注視する思想にあった。彼は国家に従属している人間にではなく、自立している人間の存在を「存在権」として構成した。つまり、極めて素直な13条理解からして、存在権が主張されたのである。「人間の存在の内容は、生命を愛し、自由を有し、幸福を追求することである。故に、これらの意欲を有し、これを実現することを、国家に対して主張することが国民の個人としての存在を主張するの権利である。それが国民の存在権である」[25]。この存在権が核となって他の人権の体系が描かれていた。佐々木の考え方は、一定の修正を経て、佐藤幸治、土井真一へと受け継がれていくことになる[26]。

ドイツの「人間の尊厳」と日本の「個人の尊重」は系統を異にして宣言されたものであり[27]、人間の尊厳はワイマール憲法ですでに使われていた。それに比して、個人の尊重は封建性を一掃するという意図から日本国憲法に導入された

---

24) 種谷には、以下の綿密なアメリカ人権宣言の検討があり（種谷春洋『アメリカ人権宣言史論』〔有斐閣、1971年〕、同『近代自然法学と権利宣言の成立』〔有斐閣、1980年〕、同『近代寛容思想と信教自由の成立』〔成文堂、1986年〕）、その結果の13条研究になる。同「生命、自由及び幸福追求の権利」岡山大学法経論集14巻3号（1964年）、同15巻1号（1965年）、同2号（1965年）。同「生命・自由および幸福追求権」芦部信喜編『憲法Ⅱ 人権(1)』（有斐閣、1978年）130-193頁。
25) 佐々木惣一『改定 日本國憲法論』（有斐閣、1952年）401-402頁。
26) 佐藤幸治「法における新しい人間像」岩波講座『基本法学Ⅰ――人』（岩波書店、1983年）281頁以下、土井真一「国家による個人の把握と憲法理論」公法研究75号（2013年）1頁以下。
27) 別概念であるとする代表論文として、ホセ・ヨンパルト「個人の尊重（と「人間の尊厳」）」同『日本国憲法哲学』（成文堂、1995年）110頁以下、がある。

ものである。言語学的にも別概念であると認識しなければならない両概念であるが，国家に優越する個人像という意味合いにおいて，つまり，「人格主義」を追求するものである側面からは共通性をもつ価値であるといえよう[28]。日本国憲法では，13条で「個人の尊重」，24条で「個人の尊厳」が使用されており，「人間」ではなく，「個人」の表記をもつことを積極的に評価する押久保倫夫の姿勢が注目される。彼は個人の尊重に実践的な重要性を認め，主体的に行動できる「個人の意思の尊重」という局面を読み込んでいる[29]。解釈論のレベルでも社会権に係る意味合いが重くなるというメリットも描かれてくるので，その意味では，個人の尊重が後段に係る意味合いは総合的に重くなると考えられる。

　しかし，個人の尊重も人間の尊厳も，具体的な基本権とどのように関係するかは，具体的な保護の領域と他の基本権条項との関係を考えなければならない点は同様であり，ドイツの基本法の場合でいえば，1条の「人間の尊厳」原理は，2条1項の「人格の自由権」をもって権利主張されなければならず[30]，同じく日本国憲法13条の「個人の尊重」も権利性をもつためには，後段の「生命・自由・幸福追求権」の具体化を必要とする。両概念の基本権体系のなかでの今日での重要性は，その他の基本権に対する規定関係が同種の作用を行い，なによりも基本権を体系的に価値秩序あるものと描くことに関心を向けなければならない。基本権に一定の体系を描くためには，価値の中心が必要であり，人間の尊厳も個人の尊重もその役割を果たすためには同様の位置に置くことが可能であるからである。その証明は神学によってより啓示的に説明できることになると思われるが，この点はドイツでの各種の神学論争と同じ状況に至ることは必須である。典型的には，「磔刑像判決（学校における十字架）」は，現象的には教育の現場での宗教教育の限界を問う問題であったが，キリスト教に寛容な文化に，

---

28) 詳細については，田口精一「ボン基本法における人間の尊厳について」法学研究30巻12号（1960年）172頁以降，青柳幸一「『個人の尊重』と『人間の尊厳』」同『個人の尊重と人間の尊厳』（尚学社，1996年）5頁以下，等参照。「人間の尊厳」は，人間中心思考であり，人格主義を規定したものであり，客観的な価値を有することになる。
29) 彼は，多くの箇所でこの点を強調するが，取り敢えずは，押久保倫夫「第13条」芹沢斉＝市川正人＝阪口正二郎編『新基本法コンメンタール 憲法』（日本評論社，2011年）98－104頁。最も重要な条文との指摘がある。
30) この両者の関係は，各種の議論がある。具体的には，本書第Ⅱ章1で論じられる。

宗教的少数者が対抗した事例であった。個人の人格を尊重する意図からすれば，礫刑像を違憲と判断して当然と思われるが，これに反対の世論があったということは，基本権の正しさの判定は一見して困難を極めている[31]。基本権の内実の正しさの論証が，神学論争になるというのはこうした意味からである。それにも拘わらず，基本権に関する根本規範は，人間中心にあることは確かであるといえそうである。人間は存在することに普遍的な価値を懐いてきたのであり，その内実は生命にあると論証することが，どうやら本書での全体の意図ということになる。私の基本権に向かう姿勢はその点につきるのであり，この点をこれから段階を追って説明することにする（本書第Ⅱ章）。

2　基本権の特性

　基本権は，憲法に定められた限りで，規範力をもって他者と対抗するものである[32]。ここに基本権の特性の1つが現れている。基本権と人権の使い分けについて，ここでまず概観しておく必要があるであろう。ドイツのフランクフルト憲法以来の伝統は，自然権と区別された実体法上の権利を「基本権」として用いてきた。もっとも基本権は，前国家的性格を付帯する人権（Menschenrechte）と市民権（Bürgerrechte）の両者を今日では含むものと解されてきた。奥平康弘は，「憲法が保障する権利」の用法をもって，人権の特性を明らかにしようと考えた[33]。人権のジレンマである多様性を理解し，他方で，人権の「哲学的，倫理的，道徳的主張」とは一線を画するという意図がこの用語にはある。日本でははやり言葉となった，奥平がいう「人権は，じゃじゃ馬である」からして，われわれはこれを飼いならさなければ解釈することは不可能になるので，とり

---

[31] BVerfGE 93, 1＝石村修「公立学校における礫刑像（十字架）」ドイツの憲法判例Ⅱ（2006年）115頁以下，ヨーゼフ・イーゼンゼー（石村修訳解説）「基本権解釈による聖像破壊」ヨーゼフ・イーゼンゼー（ドイツ憲法判例研究会翻訳）『保護義務としての基本権』（信山社，2003年）287頁。
[32] ドイツで用いられる「基本権」については，「基本権理論，基本権解釈，基本権作用，基本権保障」のそれぞれから分析されなければならないが，本章ではその一端を特性として論じるに留まっている。Vgl. C. Bumke, Ausgestaltung von Grundrechten, 2009.
[33] 奥平康弘『憲法Ⅲ』（有斐閣，1993年）20頁。

あえずは憲法に定められた権利を考えようとする姿勢がここにある[34]。基本権論への別の視点からのアプローチということになろう。かつて奥平は長谷川正安と選挙権の本質に関する論争を行っているが[35]、選挙権は人の投票行動から国家の投票所設定行為まで含む場面を想定しなければならないことからして、その権利の本質を理解することは困難なことであった。つまり、単なる権利と公務の二元論ではなく、その性格からして主観的な権利と客観的な制度の融合のなかに選挙権の本質を捉える態度が求められという一応の結論が、この論争からえられた。すると、憲法に規定された人権への理解は、その人権（基本権）の本質を多面的に解釈することに集中しなければならないことになる。

ドイツでの基本権の用語は、ドイツ基本法でも使用されているが、唯一、1条2項にのみ「人権（Menschenrechte）」の用語が使用されている。そこでは「不可侵にして譲り渡すことのできない」性格をもつ普遍的な人権像としての「人間の尊厳」があり、2条以下は、基本権として実効性のあるものが具体化される構造になっている。人権と基本権の使い分けはこうして明らかにされている。基本法1条1項と結び付いた2条からは初めて「新たな基本権」が導出される余地があり、連邦憲法裁判所は、著名な国勢調査判決で「情報自己決定権」を、オンライン判決で、「コンピュータ基本権」を認めており、基本権は将来に向かって開かれていることになる[36]。日本でも同様に包括的な人権条項と判断されるようになった13条からは、肖像権が認定されるに及んで、人格権に関係する基本権の承認が広がりつつある。

日本で意識的に、人権と基本権を区別し、ドイツ流の解釈論を展開しているのは、ドイツの権利論に影響を受けた論者においてであった。例えば、田上穰治は「基本権は直接憲法の規定に基づいて認められるもので、通常の権利が法

---

34) 駒村圭吾「人権は何でないか」井上達夫編『人権論の再構築』（法律文化社、2010年）25頁。ここでは人権は「なぞなぞ」であるとして答えないことを正解とする。ただし、憲法に書き込まれた意味を問い続けなければならないであろう。

35) 奥平康弘「選挙権は『基本的人権』か(1),(2)」法学セミナー340号（1983年）、同341号（1983年）、長谷川正安「選挙権論をめぐって」法学セミナー348号（1984年）。

36) BVerfGE 65,1＝平松毅「自己情報決定権と国勢調査——国勢調査法一部違憲判決」ドイツの憲法判例Ⅰ（2003年）60頁、BVerfGE 120,274＝石村修「オンライン判決」大沢秀介＝小山剛編『自由と安全』（尚学社、2009年）261頁。

律・契約等に根拠をもつこととは異なる。それは憲法改正によらなければ，内容を変えまたは国民から奪うことはできない」[37]としていた。同じく，初宿正典も「憲法に明文上または解釈上の十分な根拠を有する場合は，これを総称して《基本権》と呼ぶことと」[38]するとしている。本書でも基本権の用語を使用するのは，人権の主観的な性格を明らかにして，これが有効に公共社会のなかで機能することを明瞭にする意図をもっている。

　基本権は，憲法に書き込まれているが，本来は人間に備わった属性を表したものであって，国家や他の機関から付与されたものではない[39]。日本国憲法では，「人類の多年にわたる自由獲得の努力」として生み出された基本権が，国民に託されていることを確認している（97条）。憲法11条の趣旨の確認であるが，11条よりも重みをもって基本権の憲法上の意義が示されていることになる。信託は，神によってというよりも，人類の先達によって後世の人類に託されたと考えると，近代人権宣言の重みがこの条文に体現されていると考えられる。同時に，最高法規の章の冒頭に置かれたという位置関係からしても，最高法規である憲法の実態の核心として基本権があることが実証されることになる[40]。さらに，「永久の権利」とされたことにより，基本権の各人にとって備わった「固有性」の性格が浮き上がってくる。基本権は各自のものであり，それの行使に関しては各自の責任において行使されなければならないのであり，ここに近代人が有する基本権の特性が色濃く表されていることになり，先に述べた強い人間がもつ個人像と重なってくる。

　固有性と関連して，「不可侵性」も11条・97条から導かれる。基本権論の難しさは，それが保障される局面を想定しなければならないからであり，不可侵性は国家との対抗関係のなかで保障されなければならない。しかし，基本権の実現は，「法律の留保」を伴うものであり，「法の支配」の理念をもって，「基本権

---

37) 田上穰治『新版 日本国憲法原論』（青林書院，1985年）88頁。
38) 初宿，注18) 43頁。
39) 日本国憲法での人権（基本権）の特性について，「普遍性，固有性，不可侵性，永久性」に言及したのは，清宮四郎『全訂憲法要論』（法文社，1961年）101頁，芦部信喜『憲法学Ⅱ 人権総論』（有斐閣，1994年）55頁以下。
40) 石村修「憲法の最高法規性と改正」法学教室141号（1992年）48-49頁。

の内容形成」が機能的・平等になされなければならない局面が想定されている。古典的な「法律の留保」に関わる完全な裸の立法裁量を認めるのではなく，基本権の性質を考慮した立法府の役割とこれに関係する司法部のチェック機能をここでは考えなければならないであろう。明治憲法時代に典型的なような，完全な法律の留保を避ける意味で，ドイツでは「法治国家原理，民主主義論そして基本権」による制約と絡み合って機能すべきであると解されている。例えば，基本法2条1項の基本権は一般的な活動の自由を保障したものであり，国外旅行の自由も一般的に保障されると解された。ただし，旅券法に基づいて理由があれば制限することは可能としていた[41]。

　基本権の特性の最後は，「普遍性」にある。神学概念を用いない自然法思考を取り入れた基本権は，担い手に向けた「普遍性」と適用の場面での「普遍性」をもつものとして想定される。国家主権を超えた，グローバル化・国際化した基本権は，平和の実現と深く関係し，基本権認識への新たなパラダイムをもって展開される運動となっている。つまり，「自由・平等・博愛」は，「多元性・安全・連帯」をもって，別次元での普遍性を実現しようとしてきている[42]。われわれが今日まで辿りついた地平は，基本権の普遍性をもって語る場面であった。この基本権はどのように存在し，構成できるのかを，時代に沿って問い続けなければならなくなっている。

　基本権論にメッセージを投げかける論者は，それぞれのドグマを設定し，ドグマに沿った基本権の有用性を語ってきている。これを哲学として分類した棟居快行は，それを「領域的人権観，事項管轄的人権観，価値論的（価値功利的）人権観，準則的人権観，原理的人権観，メタ民主主義的人権観，制度的人権観，コミュニケーション的行為的人権観」に区分している[43]。それぞれの提唱者は示されていないが，典型例は想起される。その内の数名については言及してきた。

---

41) 1958年のエルフェス判決（BVerfGE 6, 32）によってこの判断が示された。田口精一「国外旅行の自由と憲法による保護——エルフェス判決」ドイツの憲法判例Ⅰ（2003年）42頁。
42) E. Denninger, Menschenrechte und Grundgesetz, 1994, S. 13. ドイツの国家統一とEUの登場は，人権領域でのパラダイムの変貌を促したことになる。国家主権に強く拘束されない空間での人権論は，その存在意義を変えるのは当然であった。
43) 棟居快行『憲法学再論』（信山社，2001年）242-246頁。さらに同「基本権としての人権——『基本権訴訟』その後」専修法学論集128号（2016年）199頁以下。

これだけ多様な哲学的根拠が必要な程,熟されてきた領域はなく,憲法学のなかでも「基本権論」は一定の地平に辿りつきつつあるところなのかもしれない。本書での基本権の展開は,こうした基本権観の相克のなかで展開されなければならないところであろう。

3 基本権の体系

　基本権を体系化する試みは,主に便宜的ないし学術的な意図をもってこれまでなされてきた。これの原形を作り,日本の憲法学に多大な影響をもってきたのは,G. イエリネックの公権論であり,国家と国民の地位との関係に注目して,基本権を分類することでなされたものであった[44]。出発点となるこの分類が持てはやされたのは,国家を法人として中心に設定し,国民がその国家に向き合う諸現象を,公権として構成するためには,消極的な関係と積極的な関係に区分されなければならないとされた。公権は国家によって承認された法的な利益であり,個人のレベルで取り扱うことのできる私権と区別された。公権を賦与された国民は,まず,国家によって承認された国民の自由の地位があり,国家はこの自由の領域には不作為の状態でなければならない。他方,積極的地位から国家の積極的給付を求めることになり,これは「受益権」と称される。さらに,能動的地位と受動的な地位を描いている。こうした分類は,基本権の体系を意図したものではないにしても,個々の基本権の本質を規定する上で一定の意義をもち,日本国憲法における基本権の内容を説明する,つまり,講義する上で有用となり,「自由権・受益権・参政権」を変形させて説明することになった。

　逸早く新憲法を解説することになった,美濃部達吉・宮沢俊義の体系書では,イエリネック・モデルに忠実に,「国民の参政権・受益権・自由権」の区分で第3章を説明している[45]。しかし,受益権の範疇で,一連の社会権を説明しており,社会保障の本質的理解に欠ける説明になる。社会権については,「国家の取るべき大方針として声明して居るのである」[46]と,はなはだ弱い規範力しか認

---

[44] G. Jellinek, System der subjektiven öffentlichen Rechte, 1892.
[45] 美濃部達吉(宮沢俊義増補)『新憲法概論』(有斐閣,1947年)99頁以下,美濃部達吉『日本國憲法原論』(有斐閣,1948年)159–161頁。

めていない。しかし、宮沢が単独で書いた論文では、イエリネック・モデルを参考にしながら、ケルゼン流の法との関係の考え方も参考にして、修正を試みている[47]。それは、「自由、裁判を受ける権利、財産権、婚姻及び家、社会国家的規定、納税の義務」となった。ただし、説明はすべて平板であり、社会国家規定についても、19世紀的「夜まわり国家」からの決別を書いているに過ぎない[48]。これがやがて体系書では「自由権、社会権、国民の能動的関係における権利、固有の意味の基本的人権に属さないもの、制度的保障」となり、社会権の説明は充実してくる[49]。

　日本国憲法はアメリカ憲法の思考枠組みのなかで形創られてきたが、それでも第3章の理解に関しては、ドイツのワイマール期の、シュミット、ケルゼンそしてスメント的な理解を参考にしている点が興味深い。それは、アメリカ憲法にない条項である一連の社会権が含まれており、さらには、質だけではなく、量的にも日本国憲法第3章はワイマール憲法に近いところにあるからである。静態的に配分された基本権を、「法律の留保」との関係で分類したC. シュミットの「孤立した個人の自由権、他の諸個人と結び付いた個人の自由権、国家における国家公民としての個人の権利、国家の給付を求める個人の権利」は、権利の性質を考慮したものであった関係で、多くの日本の研究者へのヒントになっている。シュミットの理解は、二元主義的な国家構造にあって基本権が作用する場面を想定したものであり、とくに、自由権を他者との関係で二分類しており、審査基準との関係で有用になってくる[50]。司法審査が機能するようになると、基本権の体系はより実践的な役割が期待されてくることになる。芦部信喜の体系論も、その変形である鵜飼信成の体系論もこの範疇にあったといえよ

---

46) 美濃部、注45)『新憲法概論』94頁。
47) ケルゼンの基本権論をここで展開する余裕はない。詳細には、新正幸『ケルゼンの権利論・基本権論』(慈学社出版、2009年)、同書では宮沢が描ききれなかったケルゼンの基本権論が見事に描かれている。ケルゼンの権利論は、彼の諸著作から分析するものであり、必ずしも体系的なものではない。
48) 宮沢、注19) 246頁。
49) 宮沢俊義『憲法Ⅱ〔初版〕』(有斐閣、1959年)。
50) シュミットの自由権理解が、自由主義排斥に連動する点について、石村修「カール・シュミットの自由権理解」専修法学論集54=55号 (1992年) 133頁以下。

う。ただし，鵜飼は，経済的な自由に対して別枠を用意し，二重の基準の枠組みを早い時点で提唱していた。その意味で，意識的に動態的な人権の構成を試みたものとして注視していかなければならない[51]。後述する人権の動態的理解は，基本権のメタの部分を設定し，これを「基本権の前提となる諸原則」としたことにも表されていた。

　ドイツではシュミット的な法治国家原理に基づく二元論を見直す新たな理論が，1960年代から有力になってくる。その動きは，栗城壽夫の分析にもあるように，私的な社会における「公的なもの」を再認識することから始まった[52]。R. スメントによる動態的な憲法現象理解は，「社会国家原理と民主政原理」を基調とする新たな理論構成を志向するものであった。各論者によって描き方は異なるものの，私的な社会を重視するが故に，その変化を読み取って社会国家原理と民主政原理を強調することになった。そこで主張される基本権論も国家との距離を測るだけでなく，憲法で構成された国家内での基本権の体系的な理解を必要とすることになる。もっともこうした理解を忠実に表現したと思われるK.ヘッセは，憲法が「政治的共同体全体にかかわる法として，開かれた過程を通じて動態的に具体化・現実化にあたって諸原理・諸規定間の実践的調和を要請する法」[53]であると考えた。憲法が機能する局面を想定した場合，法治国家の役割の重要性に固執するとするならば，基本権は各基本権の役割を十分に自覚しながら存在すればよいことになる。しかし，複雑化した憲法現象に司法が，とくに，連邦憲法裁判所は機能する場面を想定するならば，基本権は憲法現象に対峙し，解決する力を自らがもたなければならなくなる。そこで，憲法価値を体現する基本権の独自の解決方法が必要となり，基本権の主観・客観化が認識され，新たな社会国家原理を測る基準として比例性の原則が浮上することに

---

51) 鵜飼信成『憲法』（岩波全書，1956年）87頁以下。権利の実質的側面から，「自由権から生存権へ」の主張も同様の傾向にある。
52) 栗城壽夫「西ドイツ公法理論の変遷」公法研究38号（1976年）76頁以下。
53) 栗城，注52) 82頁。ヘッセによる二元論への批判は，「このような理解によっては，なぜ基本権が違法な強制からの自由を求める一般的権利の代わりに，具体的なもろもろの自由を列挙して規定し，その都度，注意深く段階づけられたさまざまの留保によって説明することは困難であろう」と厳しい。コンラート・ヘッセ（阿部照哉他訳）『西ドイツ憲法綱要』（日本評論社，1983年）145頁。

なったのである。やがて連邦憲法裁判所では「社会的法治国家」(基本法20条)に対処するに際して、比例性の原則の具体的な使用方法として、段階を追って憲法現象を認識する方法が定着して行くことになる。

　イエリネック・モデルは、あくまでも法治国家の原理が安定している状態を想定したのであるのに対して、スメント・モデルはこれに立体化を促し、各権利が規範複合的な法現象に対処できるようにするために、権利の本質を１つにまとめることを止めることにした。例えば社会権でも、そこに自由権性を承認し、最低限度の理解に幅をもたせるように解釈した。また、主観的な権利とは別に静態的な制度を認めるシュミット的見方を批判して、制度的保障を、客観保障と言い換えることによって、ここでも動態的思考の契機を見出すことにしている(本書第Ⅰ章４参照)。基本権は、憲法の条文ですでに内容が確定されたものと、さらに立法作業を経て実体的に形成されるものとに区分されてくるものに区分される。この区分を構成する限りでは、基本権は憲法で確定された価値でなければならず、これが核となって体系付けられることになる。

　ドイツにおいて基本権の体系を今日議論する場合には、基本権の価値体系を前提として、基本権理論を展開することと同じことになり、その雛型は連邦憲法裁判所の判断の積み重ねによって確たるものになっている。つまり、完全な司法国家の様相をもって、基本権論は発展してきたことになる。法解釈に寄与することになる法ドグマと深く関わることによって体系化がなされてきたことになる[54]。連邦憲法裁判所は、1958年でのリュート判決において、基本権の二重の性格を認め、それは防御権であると同時に、全法秩序に対して示す客観的価値秩序を表しているとした[55]。基本法１条の「人間の尊厳」を核として、２条の人格を保持する自由、生命権とする流れは、基本法を縦に流れる構造を形成し、それは民法を含むすべての法秩序に妥当し、解釈の指針となっている。閉鎖的な基本体系に対する批判は存在してくるが、１条と２条の繋がりを承認するかどうかで、この体系に一貫性を認めることになるかどうかが争われてきており、価値の体系の重点の置きようが議論されることになる。基本法の基本

---

54) K. Stern, Das Staatsrecht der Bundesrepublik Deutschland, Bd. Ⅲ/2, 1994, S. 1758.
55) BVerfGE 7, 198 ＝ 木村俊夫「言論の自由と基本権の第三者効力——リュート判決」ドイツの憲法判例Ⅰ〔第２版〕(2003年)157頁。

体系は,伝統化された制度を客観化し,ワイマールが辿った問題点を昇華させる基本権の体系を構築するという使命のなかで形成されてきたことになる[56]。国家の存在よりも,人の存在に着目した基本法は,これを解釈するものからして「完璧なもの」と評価され[57],後には連邦憲法裁判所によって「国家による保護義務」論を導出せしめたのであった。

　ここでドイツの新たな流れのなかで生み出された「法的様相の理論」を提唱しているR.アレキシーにも触れて置かなければならないであろう[58]。基本権はドイツ基本法では格別重視され,これが一定の構想の下で配列されていることは,驚くべきことであった。この基本権の構造を,法的位置と法的関係の理論として再構成し,記号論理学をもって整除した仕事に関しては,これの受容を日本国憲法にも行う意図をもって,多くの研究者に参照されている[59]。彼の理論は応用範囲が広いこともあって,日本国憲法下でも再解釈できる余地は大いにあるのであろう。ドイツも含めて,こうした記号化の傾向については賛否がありうるし,素人が簡単にこれにコメントすることは避けなければならないであろう。しかし,一定の明確な視点をもって基本権の様相を関係のなかで描く動因は,基本権の体系論にとっても必要なことであった[60]。本書で意図する13条を頂点とする基本権の理解は,13条と25条の関係といった具合に個別に検討すべき事項であることが明確であるからである。その意味では,一応彼の方法論も,将来の検討の視座に入れておきながら,本書の論考を進めることにしたい。

　日本国憲法は社会権(生存権的基本権)を規定し,「自由権から生存権的基本権へ」のスローガンが前面にでてくる状況にあって,基本権の体系も自由権と社会権を並列的に置こうとした[61]。その関係で,イエリネック・モデルの変形を多くは採用してきたことになる。これを変える要因は,「新しい人権」の承認と

---

56) Stern, 注54) S. 1761.
57) G. Dürig. in: Maunz/Dürig, Grundgesetz, 1985, Art. 1, Rn. 5 ff.
58) R. Alexy, Theorie der Grundrechte, 3. Aufl. 1966.
59) 例えば,新正幸「基本権の構造」日本法学73巻2号(2007年)203頁以下,渡辺康行「討議理論による人権の基礎づけについて」憲法理論研究会編『憲法50年の人権と憲法裁判』(敬文堂,1997年)153頁以下,長尾一紘「人権の概念」法学新報108巻3号(2001年)99頁等。
60) 中野雅紀「基本権パラダイム論の諸問題」法学新報108巻3号(2001年)155頁。アレキシーのそれは「自由主義的・社会国家的・手続法的パラダイム」からなる。

憲法価値の再認識であったことになる。新しい人権論には，包括的人権論を構成する必要があり，そのために13条の「個人としての尊重」と「幸福追求権」の関連性を明確にする必要があった。また，9条の見直しとの関連で，「平和的生存権」の提唱があり，その原点になる「生命権・生きる自由」も別の流れで主張されるようになった。13条の「生命」を独立化させ，これを基盤にして基本権を体系化する発想は，ドイツの動態的な基本権論とほぼ同様の流れにあり，基本権を立体的に考察することを主眼とするものであったことになる[62]。生命権を機軸とする議論は，ドイツに関して議論してきたことを日本的に再解釈しただけではなく，平和的生存権及び生存権を活かすという意図があったはずであり，そこに日本国憲法での特色が現れるものと思われる。こうした発想の原点は意外なところに見出すことができる。フランスのディジョンでの人権連盟によって作られた「人権宣言補足」(1936年6月)は，1条・総則「人間の権利は，性，人種，国籍，宗教あるいは信条にかかわりなく認められる」に続いて，2条で「最初の人権は生きる権利である」とし，11条で「生きる権利は戦争の廃止を含意する」としていた。この描き方は，本書の全体を流れる発想を定式化していた。戦間期に示された人権宣言が「生きる権利と戦争の廃止」を連動していた点は，記憶しておかなければならない点である[63]。こうした思想は，何らかのルートを経て，日本国憲法での基本権条項形成に影響を与えたことは推測できるところである[64]。

　日本国憲法下での「平和的生存権」の提唱は，星野安三郎によってなされ[65]，その後多くの賛同者をえるだけでなく[66]，裁判の場で数度に亘って検証され，

---

61) この点を歴史的沿革から説明し，ワイマールの社会民主主義の影響を受けた説明をするのが主であった。参照，我妻栄「基本的人権」国家学会編『新憲法の研究』(有斐閣，1947年) 63頁以下。
62) 嶋崎健太郎「憲法における生命権の再検討」法学新報108巻3号 (2001年) 31頁以下，が最も明確である。
63) H. G. ウェルズ (小林直樹監修，浜野輝訳)『人間の権利』(日本評論社，1987年) 80頁以下。
64) ウェルズ，注63) あとがき参照。
65) 星野安三郎『平和に生きる権利』(法律文化社，1974年)。このルーツはF. ルーズベルトの「4つの自由」からはじまり「大西洋憲章」(1941年) に見られる。山内敏弘『平和憲法の理論』(日本評論社，1992年) 253頁以下。

ついに下級審であるがこれを認められたことがある[67]。平和的生存権を思想的に支えるのは9条の示す武器を持たない平和の実現であり、すぐれて実践的な普遍的な命題である。その理念を受け継ぐ、上田勝美、山内敏弘が、さらに、「生命権」をもって平和的生存権の再構成を行っているのももっともなことであった[68]。山内が生命権を根底に置くのは、13条の文理解釈から生命が独自の権利とされること、権利内容の独自性があること、国際的動向も同様であること、を指摘し、人権の体系論について生命権を中心にして論じている[69]。さらに、山下威士、根森健が、人間の存在に着目して同様の「生命権・自由」を基本権の基礎に設定するのも、意識された平和に実現が基礎にあることは確かである[70]。また、根森が人権の体系を描く作業のなかで、これを分かりやすく解説する意図をもって「人権の樹」を描いたのは、基本権が生きるという人間の本性を基盤にし、これが将来的に大木に育つことを願ってのことであったと思われる[71]。最も重要とされる木の根の部分に「平和的生存権」を置き、幹の平等権と個人の尊厳権を設定している意図は、上記した「生きる権利」の発想と同じと見るべきである。憲法13条後段の「生命」の理解が問題になってくるが、これに独自の意味を与えるか、13条前段の個人の尊厳にすでに「個人の尊厳権」という基本内容を求めるかの違いが出てくる[72]。

　議論の焦点は、生きる基盤として「平和の中に生きる権利」を中核に置くか、端的に「生命権」を中核に置くかの差異が論者によって異なってくるが、価値体系の発展的理解によって基本権を体系付ける方法は、一定の賛同者をえつつ

---

[66] 平和的生存権は論拠や内容を異にするものの、平和を欠いて人間の生存が満たされないという意味では同一の目的をもつ。深瀬忠一、浦田賢治、高柳信一、横田耕一、浦田一郎、稲正樹等の名が挙げられる。

[67] 自衛隊イラク派遣差止訴訟、名古屋高判平成20.4.17判時2056号74頁。

[68] 上田勝美「世界平和と人類の生命権確立」深瀬忠一＝上田勝美＝稲正樹＝水島朝穂編著『平和憲法の確保と新生』（北海道大学出版会、2008年）2頁以下、山内敏弘「基本的人権としての生命権」同『人権・主権・平和』（日本評論社、2003年）2頁以下。

[69] 山内、注68) 20頁。

[70] 山下威士＝山下泰子＝根森健『平和と人権の法〔改訂増補版〕』（南窓社、1991年）、ここでは生きる自由が基礎となり、「生存の権利から生存を保障する権利」へと展開される。

[71] 根森健「人権保障の原理」川添利幸＝山下威士編『憲法詳論』（尚学社、1989年）132頁。

[72] 根森健「生命権」杉原泰雄編集代表『新版 体系憲法事典』（青林書院、2008年）435頁。

あるように思われる。かつて鵜飼信成は、基本権を「個人的基本権、社会的基本権、基本権を確保するための基本権、基本権の前提となる諸原則」という体系を示し、この時点での先行性を提示することができた[73]。本書では、個人的基本権」をさらに詳細化することを意図しており、その中心に「生命権」を設定しようとすることを意図している。この点の論証は、本書第Ⅱ章1で「基本権の体系における生きる権利」としてさらに述べることにしたい。

4 （主観的）権利及び客観法としての憲法上の権利

i 憲法上の権利

基本権をその性格からして、主観・客観に類型化するのは、まずドイツの連邦憲法裁判所の判断中に示され、60年代以降は法理論のなかでも展開されてきたものであった。ドイツ法の影響が日本よりも強い韓国憲法学界においては、客観化の一つの現れである「国家による基本権」の法理も受け継がれていた[74]。それは民主化を意識した韓国87年憲法の下では、ドイツを強く意識した国家の役割を強く認める国家構想が不可欠であったからでもある。ところが日本では人権を基本権と呼ぶことに消極的であり、さらに基本権に主観的権利（防御権）と客観法の二重の性格があるとの認識が定着してこなかった。日本国憲法では、主観的権利の保障がまず重要であり、その権利性を確保することから始まったのであり、権利以外は独立した制度ないし義務として構成するのを常としてきた。選挙権を、権利と公務の二元的な構成とし、政教分離を制度的保障と理解するのが典型例として指摘することができる。

さらに、日本国憲法では、表記上では「基本的人権（fundamental human rights）」と「人権（human rights）」が用いられている。2つの用語が用いられていることからして、これを区別すべき指標と解すべきかどうかの理解から、以下の3パターンが考えられる[75]。①は、両者は淵源的には区別できるがこれを明確に区

---

73) 鵜飼、注51）85頁以下、同「基本的人権」清宮四郎＝佐藤功編『憲法講座1』（有斐閣、1963年）97頁。
74) 日韓比較憲法研究会での朴眞完の報告を参照。
75) 辻村みよ子「人権と憲法上の権利」大石＝石川、注3）64頁、65頁に記された参考文献も参照。

別する実益はなく,「人権」という用法でまとめて扱う。これが宮沢俊義以来の日本の憲法学界の通説であった。これに対し,②は,人権の内には前国家的に存在してきたものがあり,これと意識的に区別する上で,「基本的人権」として使用されるものは,憲法典に取り込まれたものだけを扱うという考え方がある。この考え方は,沿革的には異なるにしても,実証主義の法理から自然権と区分された実定法上の基本権を,フランクフルト憲法以来伝統的に使用してきたドイツの用法と構造的には似ている。もっとも基本権は,前国家的性格を付帯する人権(Menschenrechte)と市民権(Bürgerrechte)の両者を今日では含むと解されてきた。さらに,こうした思考は,憲法に取り込まれた人権の内容を語らなければならない関係で,人権カタログを明確にしておく必要があった。こうした問題点を乗り越える意図から,③は,人権ないし基本的人権が広範な内容を示唆することで,本来的に人権の意味に適合的でない現象まで包含することになることを避けようとした。そこで,すでに説明してきたように,実定法上の権利に限定して,「憲法が保障する権利」の用法が使用されてきたことになる。

　こうして②と③は,その主張の契機が異なるだけで,結果としては同様の結論として,憲法に規定された権利を憲法学が解釈対象とすることになる点で,結論は合一化されることになる。ドイツでの基本権の用語は,先に述べたように,フランクフルト憲法以来において憲法典に書き込まれた用語であるが,1条2項のみに全国家性の性格をもつ「人権」の用法をしており「不可侵性」が強調されている。それ以外は基本権が使用されている。そこで基本権を国会によって保障されたものと狭く理解する立場と,国会に先だって存在する個人の権利と広く解する立場に分かれている。基本権のこれらの権利は,すでに憲法の制定以前に存在していたから前国家的なものも含まれており,基本権には,ドイツの社会生活のなかで現実化してきたものが,憲法のなかに取り込まれたものであるからである[76]。そこで基本権は,人権と市民権を含む広範な内容を有している。基本法1条2項は「人権(Menschenrechte)」という前国家的な要素を規定しているが,これは裁判規範としての性格をもつ基本権ではないことになる。

---

[76] 青柳幸一「人権の意義と基礎」杉原編集代表,注72) 363頁右。

ii 　基本権の二重の性格を描く憲法国家構造

　a 　日本での現況　　憲法上の権利は,「主観的権利と客観法という二元性に構成されている (基本権の二重的性格)」というテーゼは,日本国憲法下でも成立するのであろうか。ドイツではほぼこの二重の性格については,学説及び判例のなかで認める方向にある[77]。

　日本の体系書のほとんどは,主観的な人権を説明するに留まり,「客観法」については,それを「制度の保障」ないし「制度保障」の問題として扱う傾向に留まってきた。例外的に二元的構造を認める戸波江二は,狭い制度的保障論から脱して,人権保障の客観的側面に注目し,これを国家の人権保護義務に連動させている[78]。これと必然的に関連してくる「基本権保護義務論」も日本では論争の渦中にあり,体系書では懐疑的な言及があるか全く触れないかのいずれかである[79]。こうしたことの理由は,以下のような要因が絡まって成立していると考えられる。つまり,明治憲法下と異なり,日本国憲法においてとりあえず国家からの自由 (防御権) を重視することが基本権の保障の積極的な意味であるとする思考態度があった。自由権を実現し,これを保障することを憲法上の権利の内容であるとして描く限りでは,イエリネックの国家を中心にした人権の体系的な理解で十分であった。あるいはこれへの若干の修正でよかったことになる。国家からの自由をなによりも実現するためには,国家の役割は限定化されるのであり,国家機関が基本権と向き合って機能する部分は意図的に放擲されたことになる。国家機関が私的社会と向き合うのは,私法の範囲のなかにおいてであり,警察業務も予防作用を果たせば十分であるとの消極的国家論が基礎に措定されていた。さらに,日本国憲法には,一連の社会権の条項が導入されており (給付国家),これとの関係で国家を登場させざるをえないことから,他の個所で国家の客観的な役割を限定化する傾向があった。また,憲法の運用

---

77) こうした議論は,ドイツでは19世紀からの基本権カタログの問題として議論されてきている。Vgl. K. Stern, Das Staatsrecht der Bundesrepublik Deutschland, Bd. III/1, 1988, S. 65 ff.

78) 戸波江二『憲法〔新版〕』(ぎょうせい,1998年) 130頁。

79) 代表的な高橋和之によれば,保護義務論はストレートに認められるものではないが,さりとて,制度保障も政教分離には使えないとしているので,ここに迷いがあると思われる。『立憲主義と日本国憲法〔第3版〕』(有斐閣,2013年) 81頁,107頁。

に関わる55年体制といわれる政治的対抗軸のなかで，不可思議な安定を維持してきた日本の政治状況は，公私の二元的な構造を維持できたのであり，国家の役割を私的領域にまで必要以上に拡張する必要はないと考えられてきた。つまり，私的な領域を維持して，そこでは自由競争に委ね，公権の発動を抑制化できる国家構造が奇跡的に成立してきたことになる。

　現時点での最も代表的な体系書，芦部信喜の『憲法』では，自由権を「国家からの自由」とし，「人権保障の確立期から人権体系の中心をなしている重要な権利である」とする[80]。この自由権のために，例えば立法府が果たす役割への配慮は十分にはなされてはいない。国家の積極的な役割は，社会権に関しては必要であり，社会権が裁判所に具体的な救済を求める権利となるためには立法に対する裏付けが必要とある。他方で，制度的保障についてのその理解は基本的には，カール・シュミットの静態的な理解に留まっていた。ただし，その機能の問題性を認識した上で，この制度的保障を「①立法によっても奪うことのできない『制度の核心』の内容が明確であり，②制度と人権との関係が密接であるもの」に限定するという。この制度理解が，シュミットが定式化した「配分原理」によって構成された基本権と，これと区別されたところにあるとの認識に止まっていることの問題点は，以下順次言及することにする。しかし，芦部もドイツの新傾向を知り，これへの対処は考えていた。教科書では書き込めなかった内容を，専門書（本人は一種の概説書という）では補っていた。多少長くなるが，本稿の内容をトレースしているので，そのまま引用する。

　「現在のドイツの学説で広く説かれ，判例によっても認められているのは，シュミットのように制度と自由を峻別し制度的保障を個人的自由（自由権）と厳しく対照させるのではなく，むしろ，自由（基本権）そのものを制度として捉える（……）新しい『制度としての基本権』ないし『制度的自由』の理論である。……新しい理論では，権力からの自由という伝統的な人権の思想が後退し，基本権を実効的に保障するための制度（……）を国は立法によって具体化し，自由の内容を形成する義務があること，あるいは，国民はそれを国に対して要求する権利（配分参加請求権）があることが強調される。……ただ制度的自由の理論は，

---

[80] 芦部信喜『憲法〔第6版〕』（有斐閣，2015年）83頁，制度的保障については86頁。

基本権が，主観的権利（個人の権利）であるという側面だけでなく共同社会の客観的秩序の基本的要素であるという側面をもつことをとくに重視するドイツ憲法学の理論の一般的な傾向を推し進めて展開された理論」であると結論する。しかし，これに直ちに賛同するのではなく，慎重な姿勢は崩さない。つまり，「国家権力の積極的な配慮と調節による人権の実現を広汎に認めることになるので，……日本国憲法の人権理論にはそのままでは妥当しえないであろう」[81]とする。

　基本権の客観化に関して同様の懐疑論をもつ限りで，客観法化の現れとなる，国家による保護義務論に対しても慎重論が多かった。しかし，「憲法観が変更されている」という認識は正しいとしなければならないであろう[82]。日本では，基本権の客観的性格がありうることは認めつつも，これを基本権の全体構造のなかで深く認識することはなく，いわばバラバラにその構造や現象に消極的に触れてきた傾向があった。それらは，すでに述べてきたように，シュミット的「制度的保障論」に限定化されてきたことになる。この制度理解についてもやっとその実態を探求することが始まり，一応の成果を残すに至った。こうして断片的に議論されてきた客観的な側面について，これをドイツの新傾向として紹介した栗城の日本公法学会での報告は，強いインパクトを一定層の日本の学者に与え，以降は人権論の見直しがドイツ基本権論に示唆を受けた者によって日本でもやっと開始された。

　b　ドイツの新傾向　　栗城によって紹介された新傾向とは，(すでに本書での述べてきたように)「憲法をもって，政治的共同体にかかわる法として，開かれた過程を通じて動態的に現実化・具体化されるべき法として，また，具体化・現実化にあたって諸原理・諸規定間の実践的調和（K. ヘッセ）を要請する法として把握する」ものであった[83]。こうした憲法の理解は，これまで主流であっ

---

81) 芦部，注39) 89頁。これは後に触れるヘッセの議論への感想と読むべきであろう。
82) 芦部，注39) 103頁。こうした状況を理解した上で，あえて自由を確保することの重要性から，保護義務論に異を唱えてきた西原の見解にも傾注しなければならないであろう。西原博史「保護の論理と自由の論理」岩波講座『憲法2――人権論の新展開』(岩波書店，2007年) 297頁以下。
83) 栗城，注52) 82頁。基本権に関しては，新傾向は基本権保障の量的範囲を拡大することになる。101頁。

た静態的な方法論に代わって，動態的な方法論を必要とすることになり，極めて時代の流れを敏感に受け止めるものであった。戦前からあった傾向の芽が，ドイツ基本法のなかで花開いたことになるが，その環境が西ヨーロッパの政治的緊張が顕在化した60年代になって顕著になったことによる。ヘラーやスメントの動態的な憲法論を，理論として開花させてきたのは，「憲法国家」の基軸を確認する作業の結果であり，自然な流れであった。さらに，基本権についてもシュミットの「憲法論」で展開された配分原理に依拠する公的な世界と市民社会秩序を区分する思考が批判された。新傾向の考え方は，「基本権をもって国家に対する防御権としてのみならず同時に国家への参加権として見るべきである」という考え方であって，この考え方は，基本法の下での民主政原理の強化をふまえて，基本法をもって政治的公共体を自由で民主的なものにするための権利，あるいは，個人を公的な事柄と政治的な過程とへ自由に参加させるための権限を設定する規範と見る理論と一層に強化された。これらはR. スメントの流れを汲んだ，H. エームケ，K. ヘッセ，H. リッダー辺りに顕著であった。さらに別の大きな流れは，社会国家目的と関連して，基本権のなかに国家への給付を求める参加権が主張されるに至り，静態的であった制度保障は一気に動態的なものへと昇華されて行くことになる[84]。こうした流れは，(西) ドイツがヨーロッパの一員として認知され，隣国と同様の法治国家への歩調を採ることによって，意識的に国制を自己変革してきたことの証明と考えられる。国家の存在意義が法的に問われることによって，総じて「公的なもの」の領域が拡張され，市民社会もその拡張を受け入れるという社会状況の変化が読み取れるのである。N. ハルトマンの「無意識の哲学」，M. シェーラーの「社会連帯」，そしてJ. ハーバーマスの「社会公共の哲学」がそれぞれ変革への哲学を提供することによって，新傾向は確たるものとなり，国民の信頼を確保できた憲法裁判所が追認的に法理論を実践してきたことになる。

　基本権の大部を占めている自由権的基本権に，従来から認められてきた「防御権」だけでなく，「客観法 (客観的原則規範)」をも認めるドイツの学説や判例の

---

[84] この点を強調したのは，例えば，P. ヘーベルレ (井上典之編訳)『基本権論』(信山社，1993年) であり，「給付国家の基本権」の用法に見られる。

内容は,そのまま日本でも是認できるものなのかどうかを,検討しておく必要がある。そこで,第2の前提として,スメントの国法論が導いた「価値関連的基本権理論」の評価をしておく必要があろう。スメントの国法学は,「精神科学的方法」をもって原点とする。彼の提唱する有名なテーゼに拠れば,「国家は継続的な更新と継続的な新体験のプロセスのなかで生き,さらに現に存在する」[85]。これを概括すれば,国家現実にあって,弁証法的に実証されなければならない国家の動的プロセスが重視されるのであり,これは未来永劫的に続くことになる。三宅雄彦の分析によれば,「国家現実は,実在要素と理念要素から編制された弁証法的運動であり,……統合ファクターと精神的法則の弁証的統合,これこそが国家現実」[86]であった。この国家論が基本権論に応用されると,価値秩序に体現化された憲法にあって,重要なファクターとなる。精神的価値法則を現実化させる上で諸基本権が果たす役割は確たるものであり,それは領土,国家形式の原理,国旗と同様であった。基本権を「制度」として客観的に認識し,その役割を総体として認識することによって,戦前の単なる「制度思考論」とは別な視点を提供していたことになる。

　憲法で保障された権利を扱う場合には,基本権には二重の性格があり,一は個人の権利であり,他方では,「国家権力の行使に関して,自己拘束の枠を超えて,基本権による義務付けが行われる」[87]。問題は後者をどのように正当化するかであり,その義務付けの程度にも大きな配慮を払わなければならないところである。こうした機能の具体化として,とくに,立法による基本権の実現に向けた内容形成の作業が注視される。小山剛の適切な表現方法を用いるならば,「基本権と立法との親和的な関係」に注視しなければならない[88]。ここではまず新傾向の完成者である,K. ヘッセの主張を紹介しておかなければならないであろう。彼の描く基本権の二重の性格の特徴は,主観的権利のところにあるのではなく,「客観的秩序の要素としての基本権」にある。新傾向の法理が,基本

---

85) R. Smend, Verfassung und Verfassungsrecht, in Staatsrechtliche Abhandlungen, 2. Aufl. 1968, S. 131.
86) 三宅雄彦『憲法学の倫理的転回』(信山社,2011年) 102頁。
87) ボード・ピエロート=ベルンハルト・シュリンク (永田秀樹=松本和彦=倉田原志訳)『現代ドイツ基本権』(法律文化社,2001年) 18頁。
88) 小山剛『基本権の内容形成』(尚学社,2004年) 17頁以下,参照。

法の「法治国家・社会国家・民主政原理」の調和を考慮していたが，基本権もこれに対応する客観性をもつことになる。ヘッセはこれを以下の3点において指摘している[89]。①地位を根拠付ける権利としての基本権，②主観的権利としての基本権，③客観的秩序の要素としての基本権。リュート判決がたまたま示した判決内容は，基本権の客観性の指標となる，「照射効，第三者効力，行為委託をなし，保護義務を構成する基本権」との構想を広げる契機となった[90]。

　こうした諸点は，すべて，新傾向の実践的な憲法理解の成果であり，客観的な考察によってえられた法認識は多面的な基本権の放射的な作用を市民社会にも及ぼすことになる。ヘッセは連邦憲法裁判所裁判官としても，こうした思考態度を貫き，連邦憲法裁判所の判例のなかでその応用を実証してきた。しかし，これへの批判はありうることであり，その批判も過去の静態的な基本権理解に留まることは許されなかった。同じく，憲法裁判所の判事としても活躍した，E.-W. ベッケンフェルデの理論を公平な観点から紹介しておく。彼の基本権論は，国家市民社会の二元構造を維持した上で，基本権と制度思考を峻別する点で，旧派に位置し，その点では日本の通説に近い。基本権が価値原理を実現することを使命とするにあたっても，すべての法領域への照射効を求めるものではなく，一定の制約があるはずであるとする。したがって憲法裁の判例も，主観的自由権としての基本権と原則規範としての基本権との関係について，明確な見解をもっていたわけではなかった，と懐疑的に総括する[91]。基本権の客観化原則を拡張して行くためには，憲法裁判所がその権限を拡張していく必要があると考えられる。しかし，ベッケンフェルデはドイツが完全な裁判国家になることへも懐疑的であった。自説を総括的に言及した講演にて，以下のテーゼを示している。基本権の規範内容は，理論によって二方向に決定される，一方

---

89) コンラート・ヘッセ（初宿正典＝赤坂幸一訳）『ドイツ憲法の基本的特質』（成文堂，2006年）182頁以下。コンラート・ヘッセ（栗城壽夫訳）「ドイツ連邦共和国における基本権の展開」公法研究42号（1980年）13頁。
90) 木村，注55) 157頁。
91) E.-W. ベッケンフェルデ（鈴木秀美訳）「基本法制定40周年を経た基本権解釈の現在」E.-W. ベッケンフェルデ（初宿正典編訳）『現代国家と憲法・自由・民主制』（風行社，1999年）368頁以下。さらに，浜田純一「制度概念における主観性と客観性」小林直樹先生還暦記念『現代国家と憲法の原理』（有斐閣，1983年）487頁以下。

では対国家的自由権として，他方では，「基本権が対国家的自由権及び（または）客観的原則規範であるという性質付与によって」である。後者の場合，2要素は並列的に作用するとして，あくまでも区分されるものとするのであるから，上記したヘッセとは考え方を異にする。第1の基本権を実質的に自由権に結び付けることによって成り立つとする立場であるが，以下のような基本法が設定したとする考え方もありうるとされる。そこではあくまでも観察者からの言及となり，「制度的な基本権理論，価値理論，民主主義的・機能的基本権理論，そして社会国家的基本権論」があるとされる[92]。

　ベッケンフェルデの自由主義的基本権理論は，国家によって創設されたのではない基本権の自由が前提となっている。国家が確定できるのは他者との関係で生ずる自由への制限であって，国家に先行する自由は国家の規制権限の外に置かれることになる。基本権をこうした一種の自然権と認識するのではなく，本書で繰り返して論述してきた「憲法で保障された権利」と限定する限りでは，基本権の客観的側面も実は無視できなくなる。しかし，方向性としての基本権解釈は，憲法裁判に限定化されたものではなく，原理としての「民主制と法治国，政治的自由と市民的自由」という憲法の王道から検討されるべきであると，結論付けている[93]。憲法裁判に依拠する国家構造は，冷静に分析されていかなければならないことになろうか。

iii　客観法の位相

a　主観的権利と客観法

法には2つの層があることは，法の歴史のなかで実証されてきたことである[94]。客観法は，その対象が広く国家を相手にしている限りで，法秩序ないし制度として構成することが多く，日本での学説では「制度は主観的法の前提にある」と説明される場合が多かった。しかし，ここで

---

92) この点を意識して詳述しているのは，クラウス・シュテルン（井上典之＝鈴木秀美＝宮地基＝棟居快行編訳）『ドイツ憲法Ⅱ』（信山社，2009年）45頁以下，これによればこの基本権の展開はすでに19世紀に始まることになる。
93) 同，383頁。
94) この点の的確な分析として，石川健治「『基本的人権』の主観性と客観性」岩波講座，注82) 5頁以下がある。

の議論は基本権が両面性を有していることを指摘するところまで言及するものであり，主観と客観のどちらが先行するかを例証することではない。また，制度に独自の意味をもたせ，これを拡張していったヘーベ(バ)ルレの「制度的基本権論」に対しては，極端に客観の世界を構築するものであるとして，日本では賛同者は少ない[95]。これはドイツ基本法にある，1条3項，19条1項，79条1項といった立法を明確に規定付けるような条項が日本国憲法にはないことにも関係し，逆に日本には25条が存在することに起因することにあろう。

　客観法が独自に存立していることを明らかにすることも現実的ではない。日本国憲法第3章が保障する内容は，憲法全体の，とくに，統治構造と関わるとする理解はかなり定着してきている。このことをもって直ちに主観法と客観法の関係を是認するものではないが，統治構造が正当に国民に向かい権限を行使する場合，憲法が認めた範囲での権限を実行する視点が欠落してはならないのは当然のことである。こうした主観と客観の関係は，権利と制度の関係をもって説明されることが多い。例えば，政教分離や選挙制度を憲法上で単に客観化されただけのものに過ぎないと認識することの無意味さは，直ちに指摘できることである。近年，やっと，制度的保障概念でもって政教分離を描くことの無意味さは多くの論者によって指摘されるところである[96]。政教分離を単に制度を保障したものであると解するのでは，いかなる実体が保障されるのかは明白ではなく，訴訟自体も空回りするだけである。政教分離原則との関係で，C.シュミットが意図した制度的保障論を展開したのは，シュミットの意図を曲解するものであったことになる。ただし，最高裁も，政教分離に関して制度的保障論を使用したり，使用しなかったりで，その区分けが不明瞭である。同じく，平等原則に関しても，一定の権利の存在を前提にして，国家機関がその権利の適用に関して平等に扱うことを第一義的には求めるものであり，その点では制度だけではなりたたない。平等権とした場合は，国民の権利性を直接問題にするので，制度も問題とは別の次元のことを議論しているのであるから，平等原則

---

95) 例えば，石川健治『自由と特権の距離〔増補版〕』(日本評論社，2007年)252頁以下，西原博史『自律と保護』(成文堂，2009年)108-110頁。
96) シュミットの制度保障の理解に収まる芦部自身も，この概念の無前提な使用には慎重である。芦部，注80)93頁。

Ⅰ　基本権の意義と体系　33

の問題とは異にしている。

　制度的保障がそれだけで成立するのは，すでに形成されてきた内容の保障に関するものであるから，例えば，憲法第7章の財政制度や第8章の地方自治制度の保障は，権利とは直接に関係しなくとも成立する可能性はある。主観と客観の両側面から人権を読みとく場合に，憲法と他の規範との関係が生じたときに対処すべき方途を考えなければならなくなる。つまり，憲法の最高法規性からして，憲法で規定された基本権条項と下位法規に規定された内容から，そこでの抵触関係は制度の場合でも導かれる可能性はある。具体的には，憲法で保障された各種の制度（財産権保障制度，家族保障制度，大学の自治保障制度）と私法で保障された制度の内容の齟齬が生じた場合である。憲法で保障された制度は，私法の制度ですでに伝統的に形成されてきたものを，憲法も保障したものに過ぎないのか，あるいは憲法は独自の観点からこれらの制度の中身にも憲法からの価値を充塡しているかの問題がある。これへの一応の解答もここで行っておくとするならば，憲法は，私法等の下位法規にまで制度の枠組と内容を提供できると解することまで要請されているのであり，「憲法の優位」とは制度保障の内容にまで及ぶことがありうると解することが，現代憲法の要請であると解される。R. ヴァールの分析では，「私法から区別された憲法上の独自の所有権概念や婚姻概念」に対して，憲法の優位が「内実に満ちた，帰結の豊かな原理」であると例証することができると考えれば，真の意味での憲法の優位を主張することができそうである[97]。

　b　防御権の二重の性格　ここでも注目すべきはヤラース論文であり，憲法裁判所の50年の記念論文集において，ヤラースは基本権の二重の性格を前提として，これが連邦憲法裁判所の判断により発展的に立証され，とくに，基本権の保護義務と司法形成に与ったと繰り返している[98]。連邦憲法裁判所は，初

---

[97] ライナー・ヴァール（小山剛監訳）『憲法の優位』（慶應義塾大学出版会，2012年）259頁［石村修訳］。憲法裁（砂利採取事件，BVerfGE 58, 300＝西埜章「憲法上の所有権概念と地下水利用権」ドイツの憲法判例Ⅰ〔第2版〕〔2003年〕313頁）の判断に対する民法学者（F. バウアー）の非難が誤っている点を，ヴァールは憲法からの所有権の優位を例証して説明している。

[98] H. D. Jarass, Die Grundrechte: Abwehrrechte und objektive Grundsatznormen, in: Festschrift 50 Jahre Bundesverfassungsgericht, Bd. 2, 2001, S. 35 f.

期の判決から基本権の客観的な性格を認め，その用法を様々な基本権の客観性を描く努力から拡張してきた。主張される局面も多様であることから，逆に，日本では歯止めのない拡張理論として懐疑的に扱われる余地を残した。

ドイツ憲法裁判所では，三段化された審査方法を編み出し，これを用いることによって，審査基準論に裏打ちされたアメリカ式司法基準の方法に対抗する姿勢を示し，憲法裁の安易な客観化実行にも明確な歯止めがあることを実証している。ここでの審査において比例原則の扱いが，審査基準に対抗できる程のものとであるかが問われている。時代は，法律の留保から「比例的な法律の留保へ」99)と変貌し，正当化の場面で用いられる「比例原則」が作用する局面が重要になったことになる。

基本権の客観性につき最も体系的に言及してきた小山剛の分類よれば，それはヤラースやシュテルンとほぼ同じで，「①間接適用説（照射効），②基本権保護義務，③給付請求権，④組織・手続きの指針，⑤制度的保障」と多様である。これを日本においてはドイツとは異なる展開場面で考えなければならない点は，憲法構造が異なる限りで当然である。ここでは，日本でも認める可能性が残されているが，論争する余地を残している，上記の②と⑤の現況に絞って以下で論じることにする。

ドイツ基本法1条1項2文は，人間の尊厳を「尊重し保護することが，すべての国家権力に義務付けられている」としている。さらに，基本法1条1項と結び付いた2条1項は，国家からの関与を排除する防御権の性格だけでなく，価値決定の原則規範となっている。さらに，人格の自由な保持を定める基本法2条2項の2文は，客観的な価値決定という基本原則を構成すると解されている。韓国憲法10条はドイツ基本法のこれらの条文に匹敵する内容を有しているので，同じく客観性原則を内包していると解されよう。問題は日本国憲法13条の性格付けに至る。本条に関しては，主観的権利とするか客観的原則と解するかの二者択一的な理解が初期にはなされてきた。通説的な理解は，13条の前段は個人主義を定め，「すべての法秩序に対する客観的な規範」であり，後段はこれを受けて具体的な権利を保障したものとする[100]。日本国憲法の多くは防御

---

99) 小山剛『基本権保護の法理』（成文堂，1998年）91頁以下。

権を定めた条文から構成され，例えば信教の自由は国家からの自由に宗教活動を実行できると理解されてきた。同時に近時では宗教活動を行う場所を保障するという国家による積極的な自由の承認へと至っている。表現の自由も同じであり，現象的には「プレスの権利」に関わる次元では，基本権の二重の機能を承認してきた。その他，放送，知る権利を始めとする表現の自由の課題が多様になってきたことをふまえて，民主的なプロセスとの関わりでの自由権の二重性を法現象としても承認しなければならない状況が日本にも生まれてきた。同時に，「安全」に絡む事象に対しても憲法的に対応しなければならなくなったことが，憲法の役割が必然的に増える決定的な動因となってきた。大きな展望をもっていえば，日本国憲法下でも基本権の再構成が必要になってくる[101]。

ドイツ基本法と日本国憲法では，憲法が承認した価値体系が異なる，つまりドイツ基本法が戦間のスイスを原像にした「闘う民主制」を採用しており，その点で客観法原理による基本権制限が強調される[102]。その価値原理を採用していない日本国憲法においては同様の論理を展開するものではないとの見解がある。この「闘う民主制」は憲法上で明記された価値原理であり，これが存することによる国家の役割を根本的にドイツと日本では異にすることになるといえるであろうか。この「闘う民主制」はむしろ憲法保障の関連で議論され，これの特質と変遷過程について分析した結果，それが最小限に機能する点が，「反全体主義」であるとするならば，それは格別な特異性をもって問題とすべきではないとの見解も示されうる[103]。そうであるならば，程度の問題はあるにしても，日本国憲法及び韓国憲法体制においても反全体主義の方向は志向してきたはずであるから，憲法が規定した価値秩序の違いだけによって，客観法の存

---

100) 13条の理解の変化について，種谷春洋「個人の尊厳と生命・自由・幸福追求権」芦部信喜編『憲法Ⅱ 人権(1)』(有斐閣，1978年) 138頁。

101) 小山剛「人権と制度」岩波講座，注82) 49頁以下。ここから直ちに基本権保護義務論に結び付くかはさらに，検討しなければならない。

102) 本来的には価値制限の付かない表現の自由にまで，当初から制限が課せられていた。参照，石村修『憲法の保障』(尚学社，1987年) 第3章，第6章。

103) 水島朝穂「ボン基本法における『戦闘的民主主義』」早稲田大学法研論集24号 (1981年)，これの変容については，渡辺洋「『たたかう民主制』の意味・機能変遷」神戸学院法学32巻4号 (2003年) を参照。

在を否定することはできないであろう。そこで，防御権に関しても何らかの意味で国家機関に働きかける客観法の機能は，日本国憲法下でも残されているのであろうか。

iv 客観法の実証

a 基本権保護義務論 国民が自己では解決困難な危険に陥ってその保護を求めていた場合に，危険の程度に応じて国家も国民の保護の任に付く必要がある。近代法治国家が承認してきた「警察消極の原則」はこうした観点から作用すべきことになる[104]。警察（法）が機能する場面とは別に，ドイツ連邦憲法裁判所が定式化してきたのは，基本権の作用に関して国家が私人における保護者と加害者に関わる関係で一定の役割を認めることになる。基本権保護義務論は，上述してきた「国家による自由」を結果的に必要とする点で，基本権が客観法として機能する局面であり，これが認知されてきたのはドイツでも70年代に至ってである。動態的な憲法理論を連邦憲法裁判所は，論争のあった妊娠自由化の流れのなかで，苦渋の決断を下した。つまり，憲法の最高の価値原理である人間の尊厳の延長に「胎児の生命権」を置き，国家の保護義務から，「生成途上の生命に対する国家による直接の侵害を禁止するだけでなく，この生命を保護し，促進することを命じる」として，3週までの妊娠中絶を認めた刑法の規定を違憲と判断した[105]。

基本権保護義務への批判が出てくるのは，一定の条件が満たされれば権力行使に与る国家が，さらに特定目的をもって一律に保護義務をもって私的社会に関わってくるとする場面が想定されるからであり，自由権への敵対者としての国家像の残像がここにあっても消えないからである[106]。この理論に慎重な論

---

[104] 警察は，むしろ，今日では行政組織ではなく，憲法との関係で語られなければならない。Vgl. Liskin/Denninger, Handbuch des Polizeirechts, 5. Aufl. 2012, S. 67 ff. 石村修「警察の法構造」公法研究70号（2007年）186頁以下。

[105] BVerfGE 39, 1 = 嶋崎健太郎「胎児の生命と妊婦の自己決定——第1次堕胎判決」ドイツの憲法判例Ⅰ〔第2版〕（2003年）67頁以下。興味深い点は，憲法裁は本判決以降，「基本権の価値体系」の用語ではなく，「基本権の客観法的内容」という表現を使用するようになった。詳細は，本書第Ⅱ章参照。

者は，日本国憲法の基調とする自由権中心の権利構造に反し，あえてこの構造を提起する必要性がないことを挙げている。さらには一定の理解を基本権の構造に示しながら，「保護義務論は劇薬である。保護義務論は，使い方を誤ると，……治安維持との関連における国家任務の組替え作業に直接の理論的正当性を提供する」[107]との構造的懐疑論がある。西原博史のこの徹底した懐疑論は，ドイツが保護義務論を導入した特別の理由を十分に理解した上でのことであり，他方で，日本国憲法における基本権が憲法からの枠組み設定を重んじ，価値の充塡をむしろ排除してきた経緯を評価するからであった。日本国憲法とドイツ基本法では，保護義務論が最も作用するであろう「安全」の実現に関して一定の距離があることは確かである。憲法価値の特定化とこれによる自由への関与を認めるドイツ基本法体制は，「自由で民主的な基本秩序」への憲法上の拘束を認め，これは安全の実現を意味する憲法保障では歯止めのない構造へと進むことが危惧されてくる。日本で基本権保護義務論を積極的に議論しようとする小山にあっても，「安全」を実行する国家（警察）の無前提な出動を是認しているわけでもなく，個々には慎重な言及が為されている[108]。すると，西原の批判構造と小山の保護義務論擁護論は，意外に近いところで議論している可能性がある。日本における保護義務論は，日本型にアレンジされていく必要があるのかもしれない。

　基本権保護義務は，「憲法国家」という法治国家にあって，国家があくまでも憲法規範によって包摂されている構造を想定してのことであり，とりわけ憲法のなかでの人権の重要性を前提としており，その限りで憲法における人権保護の任に与る，立法・行政・司法の国家機関はいかなる対応を人権に対処すべきかの問題として考察しなければならない。国家の存在意義を強調し，国民の生活は二次的とする利己的目的を前面に出して議論することで，行政権，とりわ

---

106) 保護義務論を論争形式でおこなった，以下の論考が問題の整理となる。反対論としての根森健の疑問点について，根森健「『国家の基本権保護義務論』とは何か？」憲法理論研究会編『憲法変動と改憲論の諸相』（敬文堂，2008年）147頁以下。
107) 西原，注82) 167頁。
108) 小山剛の「安全」に対する国家の対応に極めて慎重で有る点を見落としてはならないであろう。例えば，小山剛「„im Rahmen des Rechtsstaates"」大沢＝小山編，注36) 227頁以下。

け警察が恣意的に国民の権利に関わって行く極端な国家の役割論をここで提起しているのではない。国家目的論はむしろ今日の憲法国家を実現するという課題に資することに寄与すべきであり，憲法で保障されている権利を実効的に保障するための諸活動との関わりを意識していくことになる。国家を前面に出す構造を是認するのではなく，基本権が国家機関，とくに立法機関に作用する局面を考察することを，基本権保護義務論は意図しており，その作用の仕方が問題となる。したがって，「憲法における基本権」との関係でいえば，むしろ国家を強く拘束することに基本権が作用する可能性がある。国家機関の役割は，最終的には人権を実効させる場面では調整役を演じることになるのであり，基本権の客観性はここに一定程度現れてくることが予想される。日本での早くからこの理論に注目してきた小山が，基本権保護義務論の位置付けのために，国家目的論ではなく，人権（基本権）の客観法に注目してきたのは，それなりに意味のあることであった。換言すれば，基本権保護義務論の誤解を説くヒントを提示し続けてきたことになる[109]。

　基本権保護義務論は，基本権の私人間効力を問題にすることまでに至るが，当面は国家・加害者・被害者という法的な三極関係が成立する場合の国家の基本権実現のための正当化の論理として案出されたものである。過剰な国家権限の発動を抑制する構造を，本来的には有している関係で，保護義務論も無前提の国家の優位を導くものでもなかった。確かに，その抑制を担保することは困難さを伴うことではあるが，それは実際に義務を行使する国家機関に課せられている。各基本権は，憲法から託された規範的内実，つまり，その実現や侵害の程度を測る内実を有している。これを実行するのは，第1に立法機関であり，法律を制定する・制定しないという重要な任務は，常に基本権の射程のなかで判断されなければならないことである。日本でも立法過程の検討がなされているように，立法とは基本権との関係でなされる積極的な行為であり，法制審議会，調査会，両院の法制局は，立法過程において基本権の実行を監視しているのである。さらに，事後的なコントロールとして司法権が対立法・行政に有効

---

[109] 小山剛「基本権保護義務論」大石＝石川編，注3) 86-87頁。筆者もほぼ同様にして生の「国家目的論」の問題性を指摘してきた。石村修「今日の憲法国家における国家目的」同『憲法国家の実現』（尚学社，2006年）88頁。

に機能することは，基本権保護の観点から期待されるところである。憲法が有する規範力への理解が，ここでは最も重要な鍵概念ということになる。すでに紹介してきたように新派に属するヘッセは，この憲法の規範力を重視し，これを「憲法の現実化の問題へのアプローチ」と認識していた。憲法には他の法規とは異なる特性があり，憲法は現実の社会生活へも機能しなければならず，そこで，憲法における基本権は，その規範力（拘束力）をもって存在しなければならない[110]。

このようにして基本権の客観法の承認は，基本権保護義務論を正当化する根拠を構造的に提供するが，基本権が固有に有するいかなる機能において保護義務の構造が現れるのであろうか。日本国憲法において基本権保護義務論が是認されるのは，基本権の保護のために国家機関が機能すべき局面を絞り込んで，限定化された条件の下でなければならないと思われる。国家の登場を必然化する局面において，つまり，市民社会における重大な被侵害利益を救済しなければならないギリギリの局面において，国家でなければ救済できないことを強く認識した上で，必然化された救済の実行が期待される。基本権保護義務論は，市民社会の法秩序への関わりをもつことを構造的に正当化するものであるから，第三者効力論をそのまま承認するものでもない。

そこで，多くの論者によって提示された生命権を中核とする人格権の価値秩序に関しては，高いレベルで国家による保護が要請されると考えられる。生命権という普遍的な価値は，道義的で倫理的な価値の法秩序への組みいれを単純に意味するのではなく，自由な国家が求める価値中立的な対立が帰結した，「基本価値論争」を経て承認されてきたものである。同様の憲法構造を有している日本国憲法においても，生きる権利の価値は同様に認められるのであり，それを体現した法秩序は高く保護に値するものである。芦部さらには山内・根森が主張する生命権の保護も，ほぼ同様の構造を承認している。本書でも同様の観点から「生命権」の普遍的な価値原理を13条に想定してきた（本書第Ⅰ章3）。山内は「生命についての保護請求権」を，生命の侵害（の危険）からの保護を請求

---

[110] ヘッセの「憲法の規範力」を含めて，これに関連した論考を集めた，ドイツ憲法判例研究会編（古野豊秋＝三宅雄彦編集代表）『規範力の観念と条件』（信山社，2013年）を参照されたい。

する権利といい換えている[111]。つまり,「少なくとも国民の生命が侵害の差し迫った危険に曝されている場合に,国民にその保護を求める権利がある」としている。問題は,これの応用として,環境や健康,家族構成に関わる権利(リプロダクション)のどこまで広げることが可能かにある。従来,利益衡量論で処理してきた部分に,価値秩序を設定することはどこの領域まで可能とするか,この点での論証は日本では完全にはなされてはいないが故に,憲法論にとっては盲点であった。

同じく,環境・リスク配慮の分野での保護義務論への導入は日本では必須な様相を呈してきており,この点の言及は,とくに,3・11以降に盛んになった。韓国憲法には,「国家は,災害を予防し,その危険から国民を保護するように,努めなければならない」(34条6項)とする,一種の国家目標規定が存在しているが,日本にはこれほどの明瞭な規定はなく,憲法の役割あるいは基本権保護義務から導入すべきかどうかが議論になりうる。私的なレベルで安全への配慮をすることの限界が存在している関係から,国家の役割が最も期待される領域であり,単純な国家論の延長上,つまり,警察や防衛の側面で安全を語ることの危険性がある。あるいは,憲法論の世界に徹して,憲法で予定する「公共の福祉」の観点で,安全の実現を図ることも,危うい概念である「公共の福祉」の相対化を認めてしまう恐れがあり,この点でも抑制的でなければならない。その点からすれば,本書で言及してきた基本権の二重の構造からして,生きる権利の延長上で,換言すれば,生きる権利をリスク状況でも機能させるためにも,国家機関を実働させるという側面が是認されることになる。しかし,ここでもその発動を認めさせる基準が問題となる。

ドイツではこれについては,以下の3基準によって審査してきた。それは原子力発電所建設に関係して憲法裁判所が示した以下の基準である(カルカー決定)。①一般的に認められた技術による統制,②技術の水準,③高まった安全の要請に応じた科学と技術の水準,である[112]。この基準を参考にすれば,安全の配慮

---

111) 山内,注68)『人権・主権・平和』14頁。こうした生命権への言及は,「平和的生存権」及び死刑の違憲性を論証する根拠になることになり,日本国憲法の特性に寄与することになる。さらに包括的に,齊藤正彰「生命についての権利」高見勝利＝岡田信弘＝常本照樹編『日本国憲法解釈の再検討』(有斐閣,2004年)75頁以下,で言及がある。

Ⅰ 基本権の意義と体系 41

を国家が事前に予防し，実際の安全へのリスクが生じた時にはすでに考慮された基準にしたがって国家機関のそれぞれが対応することになるはずであり，この場面は国家緊急権に出番はないはずである。国家の保護義務論への誤解が生じるとするならば，国家の緊急事態での完全な権限掌握を国家に委ねる論理として用いられる危険性であり，これとは異なった法理で基本権の保護義務があることもここで確認して置かなければならないであろう。安全への配慮をもって国家権限の無限な拡張は避けなければならないはずであり，リスクに対処する国家権限は，あくまでも法の枠内で行使され，リスクを排除することを本来の使命とし，そこで法的な縛りが掛けられた義務が生じているに過ぎないのである。

b 財産権と制度　基本権と制度は相互関連のなかで検討していかなければならない。ここでは，さらに，財産権と制度保障との関連性に言及し，基本権の二重性の構造の例証を試みたい[113]。ドイツ基本法14条と韓国憲法23条は，ほぼ同様に規定された3か条の条文をもつ。ところが日本国憲法も財産権については同様に3か条をもつが，1項と2項の扱い方を異にしている。こうした構造上の差異は，実体的な財産権理解にも反映されるのだろうか。つまり，ドイツ基本法は，1項で「所有権を保障し，同時に，その内容及び限界が法律で定まる」とある[114]。ところが日本国憲法では，1項で財産権の保障があり，2項で財産権の内容は法律で定まるとの法律の留保が規定されている。そこで，問題とすべきは，「保護の対象である財産権(Vermögensrecht)と所有権(Eigentum)の内容は同一であるのか，さらに，その実態は私法ですでに定まるものなのか，憲法の人権で保障されるものはそれを超えるものなのか」について問われなけ

---

112) BVerfGE49, 89＝高田敏「高速増殖炉型原発の設置の許可と原子力法の合憲性」ドイツの憲法判例Ⅰ〔第2版〕(2003年) 369頁, E. デニンガー (石村修訳)「ドイツ連邦共和国における環境権論の今日的状況について」専修法学論集50号 (1989年) 327頁。もちろん，科学者への全面信頼ではなく，民主的な議論の手続も重要である。ウルリッヒ・ベック(山本啓訳)『世界リスク社会』(法政大学出版局, 2014年) 99頁以下。

113) 本格的な検討は, 小山, 注88) 164頁以下においてドイツの理論は検討されている。個人の具体的な財産権の保障とならんで法制度保障(国家による給付)が規定され，後者は「積極的な法制度形成の委託」(同203頁) という内容をもつと結論付けられる。通説の「制度的保障論」ではない点に注目しなければならない。

114) ドイツの議論の整理は，栗城壽夫「憲法と財産権」公法研究51号 (1989年) 63頁以下。

ればならない。次いで，29条１項に関して大方の体系書で登場する「制度的保障」の説明の仕方を検証しなければならない。

　ドイツ連邦憲法裁判所の理解では，「特定の時点で単純法が財産権と定義しているものすべて」[115]とするが，この定義ではその範囲を特定するのは困難である。所有権を厳密に解すれば，民法上の物を全面的・一般的に支配する物権を指す言葉になるが，ここでの所有権は，財産権と同義語として解される。ワイマール憲法153条の所有権の解釈においてすでにこの理解があり，ここでも私法におけるあらゆる財産を包含するものと考えられた。とりあえずは広義に保障された所有権の観念があり，それはあらゆる私法上の財産的価値のある権利と重なる関係で，保障程度は公法と私法の両者から判断されなければならない。つまり，「今日では，金銭所有権や他の財産的権利にも」同様の保障内容が含まれることになる。他方で，連邦憲法裁判所は，「所有権の保障は，人格的自由と密接な関連性がある」とし，基本法２条１項と連動させて所有権を理解し，「財産権領域での活動の自由を保障し，そのことで自己責任に基づく生活形成」が実現されることとなる（BVerfGE 50, 296）。結果的には，こうした理解は，所有権の範囲を拡張し，法律上で保護されている権利の現状保障を意味するが，それが永遠に保障されるものではなく，将来的に必要があれば立法を解して制限されるとした。

　日本国憲法では財産権として新たな憲法の価値を導入する観があるが，その保障の程度に関して，明治憲法のように２項の「法律が定めた財産」の理解を１項に代入することになれば，１項の保障程度は最初から低いものになる可能性がある。大方の体系書では，この財産権は，民法が保障する所有権を始めとした，「経済的（金銭的）価値があるものに対する権利」であり，さらに，経済的な価値に，人格的な価値（例えば，パブリシティ権）が加わる。上述したドイツの人格権論の応用で，財産権保障は「自律的人格の展開に対する物理的前提の提供」との見方もある[116]。その限りでの制度保障との連動性は明白となる。先の通説から導かれる制度保障は，将来的な財産権制度の保障」であり，それがせ

---

[115] BVerfGE 58, 300＝西埜章「憲法上の所有権概念と地下水利用権──砂利採取事件」ドイツの憲法判例Ⅰ〔第２版〕（2003年）313頁以下。
[116] 棟居快行『人権論の再構成』（信山社，1992年）265頁。

いぜい「生産手段の私有制」である限りで，生産性のある議論とはなっていない[117]。財産権の通説的な理解を凌駕しようとする努力は，財産権への歴史的な理解からも為されている。ドイツの民法学の泰斗ヴォルフの提言，「憲法におけるEigentumの概念を，民法に合わせて狭義の所有権に限定して解釈する必要はない」[118]は，今日でも通用する余地がある。石川健治の読み込みは，ワイマール憲法での所有権の保障が，ローマ法的所有権制度の現れである「一物一権主義」の保障であり，これと対比的な新たなゲルマン的な団体社会の共有制を原則とする所有権への対抗であったとする[119]。この定式を日本国憲法に置き換えると，憲法29条1項は，「財産価値保障，法制度保障，既得の財産的利益の現状維持」の三層からなる，財産権の現状を保障したものということになる。

　財産権と制度保障の関係は，先に言及してきたように，基本権の客観的性格を指摘することによって例証できることになりそうである。制度保障は現実的には，資本主義体制の制度保障という限定化された，あるいは歴史のなかで形成されてきた論理ではなく，憲法の全体構造のなかで本来的には描かれなければならないものであった。その点で，ドイツの憲法裁判所と日本の最高裁は，この条項の制度と権利の関係を理解する上での一定のヒントを与えてくれている。ドイツの連邦憲法裁判所の人格権的に理解された財産権理解は，後に示唆するところが多いハンブルク堤防事件において，所有権の概念を以下のように定義している。基本法14条1項1文が私的所有権を制度として保障した上で，さらに以下の内容の所有権を保障したとする。つまり，「所有権は，人格的自由の保障と内的な関連をもつ重要な権利である。基本権の全体構造において，所有権に与えられた任務は，基本権の担い手に対し，財産権領域での自由な領域を保障し，それによって生活の自己責任に基づく形成を可能とすることである」。こうした一定内容を有する財産権の存在を憲法の価値原理から演繹することによって，それが制度保障の内容を決定することになりうる[120]。他方で，森林法判決（最大判昭和62.4.22民集41巻3号408頁）において日本の最高裁判所は

---

117) 例えば，高橋，注79) 253頁では，民法の定めが憲法の内容を決するとされる。
118) M. Wolff, Reichsverfassung und Eigentum, in: Festgabe der Berliner Juristischen Fakultät für Wilhelm Kahl, 1923, S. 3 ff.
119) 石川健治「財産権①」小山＝駒村編，注4) 232頁以下。

難解な論理を駆使しながらも，初めて財産権への違憲判決を導出しているが，そこには財産権への独自の定義が展開されていた。財産権へは広義の保障内容を前提とし，「社会的経済的活動の基礎をなす国民の個々の財産権」としており，単なる「私有財産制度」の保障を超えたものを保障しようとする意欲を読み取ることは可能である。しかし，それがどの範囲に至るのかは，ここからは不明であり，この判決の解釈は多面的に及んでいる。

v 小括

ドイツ，また日本においても，戦後の基本権への認識は，憲法訴訟の盛行と共に目覚ましい変化を遂げてきた[121]。ドイツでも基本権の主観と客観的内容との関係は論争のなかにあり，①併存関係と独自性，②基本的自由の法益及び形成原理への客観化，③本来的な主観的権利としての効力の強化，に区分されている[122]。日本においては基本権の二重の性格には，学説の一定の論争があったにも拘わらず，判決の上では，制度保障の理解は静態的なものに留まっている観がある。ただし発展の可能性は，3番目の方向性で認知される可能性はある。それは新しい人権の承認に伴い，自由権の内容を補塡する意味で，基本権の客観的内実は機能する余地は十分にあるからである。典型的にはそれは13条を現代的にアレンジする道であり，例えば，「知る権利，プレスの権利，テレビにおける視聴者の権利」といった具合に拡張される道である。

財産権に関しても，ドイツの基本法からは人格的内容を含む自由であるとしてきたが，同様に，保護義務論で議論したように日本国憲法13条の「個人の尊重」をほぼ同様の内実を保障したものであると解することによって，29条1項の財産権の内容は，一応は確定できると解されよう。憲法から演繹された広範

---

120) BVerfGE 24, 367 = 柏崎敏義「法律による公用収用と正当な補償——ハンブルク堤防整備法判決」ドイツの憲法判例 I（2003年）309頁。
121) ドイツでの整理として，C. ブムケ（守矢健一訳）「基本権の構築」日独法学26号（2009年）1頁以下が参考になる。
122) ベッケンフェルデ，注91) 368-370頁。ベッケンフェルデやデニンガーの立場であり，「共同決定」判決（BVerfGE 50, 290）で示された見解でもある。栗城壽夫「所有者等の規制と立法者の予測——共同決定判決」ドイツの憲法判例 I〔第2版〕（2003年）302頁。

な内容の財産権を、さらに人格との関係で領域的に分類し、他の基本権との利益調整を比例原則に基づきながら実行することが、財産権の実行の過程で求められることになろう。私法の領域に結果として関係する部分は、基本権の客観的な性格に求めざるをえない。私法が憲法を内容的に規定しているのではなく、憲法から導出される財産権の内容もあるはずである。憲法で保障された基本権の価値の総体のなかで財産権の内実は決せられ、これは核心領域から周辺に向かう内容をもつことになる。核心領域には個人が生きる上での不可欠な内容が存在しており、この内容を決するのは憲法13条と29条との連関からであり、そこに日本国憲法の特性を見出すことが可能となろう。

5　基本権と私法上の公的主体

i　問題の所在

　本章では基本権の適用範囲のさらなる広がりを考えることにする。ドイツの基本法は、公権力が基本権に直接に拘束されることを明白に規定している。つまり、基本法1条3項はドイツにおいては基本権が直接に適用される法として、「立法、執行権及び裁判を拘束する」ことをまず明らかにしている[123]。このように基本権が国家権力を拘束するとは、三権を構成する国家機関だけでなく、当然に広義の意味での国家権力への基本権適用を保障するものと考えなければ、本来の本条の積極的な意味合いはでてこないであろう。仮に基本権が広く公権力一般に直接適用されるとするならば、基本権が及ぼす保障の効果が高まることが期待され、基本権の実効的救済の意義が自ずと高まることが期待されることになる。基本権が支配する領域が広がることによって、基本権の普遍的な役割が一層に明白となり、基本権の利益が質・量ともに基本権の主体に還元されることが約束されることになろう。基本権は強くあらねばならないことからして、基本法1条及び日本国憲法13条は、基本権全体を構造的に統合していることになる。基本法1条3項があることで、さらに、私法上で構成された公法主体に基本権がどのように適用されるかは、ドイツにおいても論点ではあるが定

---

123) 参照、Jarass/Pieroth, GG Kommentar, 10. Aufl. 2009, Art. 1, Rn. 54-55.

説はなかったとされてきた[124]。

したがって，この条文の解釈として，「公法上のすべての国家機関」が基本権に拘束されると広範に解するためには，さらにこの拘束主体の範囲の再検討が具体的に問題になってくる。この問題は，今日論争を繰り広げている「人権の私人間への適用」の問題とは別の次元のことであり，さらに，アメリカで議論されてきた国家類似行為の理論（ステイト・アクション）と全く同様のことを求めているものでもない。この問題は基本権（人権）の適用主体として，ある国家機関に対して，基本権が優位にあることを確認し（憲法の優位）[125]，基本権の役割強化の観点から，「公法上の国家機関」の認定を広げる努力の一環と考えられる。例え私法上に組織された法人であったとしても，本質的に公的なものであると判断される限りで，基本権の放射的効果を期待することが可能であり，その意味で基本権の適用範囲を広げることになる。他方で，ステイト・アクションの法理は，私的な機関を公的なもの（州の行為）と認定するための手法であり，そこでは何らかの操作が必要であり，対象はあくまでも私的な組織のままである[126]。ステイトと認定されることで，「国家からの自由」への侵害のおそれがあり，ステイト・アクションの法理の無限定な拡張は近代立憲主義の憲法原理からは好ましくないといわれてきた。これに反して，ここで問題とする「私法上の公的主体」は，組織として公的機関であることを当初から前提としており，その限りで基本権（人権）の適用が直接的に想定される。私法上の公的主体の判断が一定のルールをもってなされ，しかも広範囲でなされるとするならば，難問とされてきた人権の私人間効力の問題の一端が解決されることも考えられる。

---

[124] これへの概括的な説明は，W. Rüfner, in: Isensee/Kirchhof (Hrsg.), Handbuch des Staatsrechts, Bd. IX, 3. Aufl. 2011, §197, Rn. 68 にある。ドイツでも否定論 (Bettermann, Emmerich) と肯定論 (Ehlers, Starck, Gusy) に区分されている。最近の問題提起をした論文として，M. Möstl, Grundrechtsbindung öffentlicher Wirtschaftstätigkeit, 1999 があるが，残念ながら未見である。

[125] 例えば，ヴァール，注97）Ⅲ第2章［石村訳］では，基本法におけるその顕著な傾向を指摘している。そこでは私法の秩序に優位する憲法の構造が明らかである。

[126] ステイト・アクションのアメリカの法理の紹介として，君塚正臣「アメリカにおけるステイト・アクション理論の現在」関西大学法学論集51巻5号（2001年），法理の背景と変遷を扱ったものとして，榎透『憲法の現代的意義』（花書院，2008年）を参照されたい。

ただし，これを安易に認めることになると，私的社会の独自性が失われるという批判が出されることは明白である。そこで，この問題は，私法で扱われる各種の組織・団体が何らかの公的課題をもち，そうであるが故にこの私的な組織まで基本権適用を拡張する意味と限界を探求することとしなければならないであろう。こうした私的な組織に基本権が適用されることは，結果としてこの組織が行政の担い手として現れることを意味することになるが，行政組織として正規に扱われるかに関しては微妙なところがある。

　ところでこうした私法上の公的主体は，これまで日本では人権の主体の議論としてあった，「法人の人権」と重なって考えてられてきた[127]。標題に掲げた本稿のテーマは，人権の主体であるとされてきた「法人の人権」を別の視点から論じようとするものである。「法人の人権」問題は八幡製鉄事件判決（最大判昭和45.6.24民集24巻6号625頁）を契機にして批判的な言及にさらされてきた。法人が法的主体として権利を行使する限界を認めつつも，「性質上可能なかぎり，内国の法人にも適用される」とした安易な認定が主な批判内容である。この論点での問題は，ドイツでは基本法19条3項をもって，同様の解決を示唆しているようであるが，法人そのものを考えているのではなく，法人の背後にいる人を意識して把握（Durchgriff）している点は，多くの論者により言明されている[128]。つまり，「法人の人権」はそのまま生の形で「法人」を議論するのではなく，その内容を具体化して議論することによって，「中間団体」という反近代法的性格から脱出できるのではないかと思われる。ドイツで最も重要な憲法上の価値である「人間の尊厳」（基本法1条1項）との関係で「法人」を理解するときには，法人が基本権を掌握できる内容が決まってくるのは，このドイツの憲法構造からして当然のことであると思われるが[129]，同様の視点は日本国憲法に移しても可能なことであろうか。

---

127) 法人の人権の議論も様々な側面からの論述がなされている。歴史的意味での「中間団体」の否定論（樋口陽一）から，集団の人権論や構成員の人権への分解まで多様である。全体の構造について，橋本基弘『近代憲法における団体と個人』（不磨書房，2004年）がある。
128) この判断は，連邦憲法裁判所の判決によって示された。BVerfGE 21, 362＝芹澤斉「公法上の法人の基本権能力」ドイツの憲法判例Ⅰ〔第2版〕（2003年）335頁以下。
129) G. Dürig, in: Maunz/Dürig/Herzog/Scholz, Grundgesetz Kommentar, Bd. 1, 4. Aufl. 1977, Art. 19. Abs. Ⅲ, Rn. 8 が最も顕著である。

本節は,「私法上の公的主体」に基本権が及ぶことによって, 人権の主体でもある法人にどのような法的な効果が現れるかを考察することを目的にしている。人権の適用が広がることを論証することによって, 憲法の役割が強化され, 人権論での1つの論点の解決になるのではないかの期待がある。そこで, 以下, ドイツにおけるこの問題の対処の仕方を, 学説 (ii) と判例から検証する (iii)。さらに, 日本における同様の問題を簡単に分析する (iv)。日本国憲法においてはドイツ基本法と異にして, 1条3項, 19条3項に相応する条文は見られない関係もあり, 本節での問題は日本でも憲法ではあまり論じられてこなかった論点である。行政 (組織) 法や商法・会社法で, あるいは行政学・経営学ではこうした組織への言及は必要に応じてなされてきたのとは対照的であった。

ii　私法上の公的組織の構造

　a　国庫理論　　ドイツ近世における絶対主義・警察国家の時代にあって, 国庫 (Fiskus) 理論なるものがあり, 行政法の理論として便宜的に使用されてきたことは知られている[130]。法人格を保有する国家は, 一方で公権力の主体であり, ここでは法的な拘束を受けずに権力行使を為すことができ, 他方で, 財産権の主体として, 私人と共通の私法の支配を受け, 司法裁判所の裁判に服すことになる。後者の地位を国庫と呼び, 公用収用を強制買い上げ, 公用使用を強制使用貸借として構成し, 結果として国の公権力の行使による私人の既得権の侵害にも司法を利用することを意図した[131]。つまり,「国庫というのは, 通常の私人として登場する国家」と見做されてきた。この国庫説は人民の利益に寄与したのか, それとも国家の側の便宜の為であったのかの評価は分かれるところである。しかし, こうした便宜的に公権力を私法に置き換える理論は, 絶対主義国家崩壊後の立憲君主制国家 (憲法) の登場によって, 国庫説は消えていく運命になった。法治国家は, 行政活動にも法の支配を求めるようになったからである。しかし, 国家活動の一環としての国庫は存在するのであるから, 国の行政活動を高権行政と国庫行政に区分する対応は残された。ここに国庫説の

---

130) O. Bähr, G. Lassarの時代であり, O. Mayerは, 国庫を「営利企業としての国家, 私法上の法人」として紹介していた。O. Mayer, Deutsches Verwaltungsrecht I, 3. Aufl. 1924, S. 50.
131) 室井力「国庫説」杉村章三郎=山内一夫編『行政法辞典』(ぎょうせい, 1975年) 277頁。

残滓を見ることができる。民法に残された国庫（例えば，日本民法239条2項）は，こうした例である。

この国庫理論は今日ではそのまま使用されてはいないが，国家が私法行為をした場面で，これを純粋に私法行為と見做す場面では，意図的に国の私法的行為を認めることに繋がりかねない[132]。国庫の問題を公法と私法の区分論の一事例として紹介するH. クリューガーにしても，教学上の歴史の上からしても，土地領主の特権を認めていた時代ならいざ知らず，国家が「私法の世界へ逃亡して」自己の財産の保持を画策することはもはや許されないことになる[133]。国庫を私法の世界に設定することは，公共の福祉に服さない国家の財産を容認することになり，それ以上に公法的な監視の下から逃がすことになりかねない。国家の行為は，公法の下であっても，私法の下であっても，原理的には憲法の適用を受けなければならない。これが近代立憲主義の要請するところのものであろう。

ところが，私法上の公権をどのように構成するかの課題にあって，国庫理論はそれに示唆を与える部分も残していた。国庫理論の前近代的な要素は捨て去り，これの枠だけを借用して類似の問題や事情を説明する余地が残されたことになる。要は説明の仕方に国庫理論に近いものが登場してきたことになる。それが本節で問題とする事例ということになろう。

b　混合企業　　私法で構成された公組織・機関の候補は，日本では明治の近代化以降は数限りなく存在している。遅れて上からの近代化を図った明治維新は，国策で産業を推し進め，その殖産政策は，多様な公的主体を生み出し続けてきたのであり，その構造も戦後は本格的な改革として外から促されてきたが，精神構造からして完全な民営化は生まれにくい構造にすでになっている。こうした「半官半民」という組織は，日本人の精神構造に合致するだけでなく，実質的にこうした組織を運用して行くうえで多くのメリットがあった。まず，資金の安定的な供給とそれに見合った公的な指導体制の確立がある。さらに，

---

132) 本節と連動する「国の私法的行為」の問題に，国庫説は近いところの議論であるが，歴史的前提を異にする問題ということになる。日本では，例えば百里基地事件で本格的に扱われた。榎透「憲法9条と国の私法的行為」憲法判例百選Ⅱ〔第6版〕（2013年）368頁。
133) H. Krüger, Allgemeine Staatslehre, 1964, S. 323 f.

人的な交流を図ることによって，公も私も安定的な組織運営を図ることが期待され，他者による信頼が確保されることになる。しかし，行政による指導体制は，改革の路線ではなく，保守的な組織運営を促す結果，これの経営的な非効率化は，競争社会に寄与するものではなく，その後は官からの自立がこうした組織には必然化されたはずである。今日，ドイツにおける民営化と日本におけるそれは同一の「規制緩和」という流れのなかにあるが[134]，日本における合理性の過剰な要請はドイツとは異なったものであった。

　日本では，「半官半民」の組織構造は，近時では「第三セクター」という一見してスマートな名称をもらうことで，今日，連綿として機能し続けている。日本独自の名称としてある第三セクターとは，第一が公・官で，第二が私・民で，したがって，「半官半民＝混合企業」は第三であるというのは，あまりにも安易なネーミングかもしれないが，その実態を調べ，その結果公法の適用場面を広げることが可能となれば，一応の成果はありうるであろう。2つの機能・性格をもつことのメリットは，すでに「ハイブリッド車」で実証済であるとするならば，人権適用の局面を広げる努力の一環として本節のテーマを日本国憲法においても整理する必要はあると思われる。

　国家や地方公共団体が，私法上（主に，民法，会社法）で構成された法人の協力を受けて，その重要な公的課題を実行することは十分にありうる。必要性に基づいて生み出されたこうした法人を，別の段階にあるものとして認識することから議論は始まった。そこでは「保障された財政援助」の要素を重要視していた[135]。この自己資本団体は，総計で100％になるまで各種の団体から構成され，大方は公権の行使に与らない点で，この自己資本団体は私法上のものに留まることになる（混合公的団体，gemischt-öffentliche Gesellschaft）。他方で，親会社が公的な組織と認定される限りで，その子会社も公的なものであると認定されることがある。その両会社間の関係が不可欠な関係にある場合は，その性格は明白

---

134) D. Ehlers, Die Entscheidung der Kommunen für eine öffentlich-rechtliche oder privatrechtliche Organisation ihrer Einrichtungen und Unternehmen , DÖV 1986, S. 897 f. 本節の最後で述べる，保障国家論もこの流れから分析することが必要になる。
135) H. P. Ipsen, Öffentliche Subventionierung Privater, DVBl. 1956, S. 461 f. この枠組みを承認したのが，サスバッハ判決であった。BVerfGE 61, 82.

である。問題は，一部公権力が担い，私的な関与者の権利を考慮しなければならない場合である。想定しうる「混合企業（会社）」での基本権適用を必要とする場面を想定することが重要であり，混合企業に基本権を適用して，私人のいかなる基本権が保護されるのかの可能性を考慮することから始めなければならないであろう。

　本節で問題とする私的に構成された広範囲の公的行政組織には，「混合組織」に対する名称は様々なものがあった。例えば，統一前では東の自動車である「トラバント」や，「公的資本企業（öffentliche Kapitalgesellschaft）」，造語の「クアゴス（Quagos = quasi-governmental organization）」という表現が充てられてもいる[136]。「トラバント」という表現は東ドイツでは，その組織が何らかの意味で公的なもので形成されていることから由来しているのであろうが，国家が加わることで競争社会を否定していることを揶揄したのであって，トラバントの性能の悪さも手伝って混合企業はドイツの80年代では評価されなかったことを意味する。いずれにせよ公私を判断する上で，その組織体の形式審査と実体審査が必要であり，その形式だけをもって判断することはできないであろう。実体的には混合の仕方の問題があり，公法上の行政官が私人と一緒になって会社の資本に財産をもって参加する形の「混合−私的企業」と，私法上で設立されているが，すべての資本が自己資金で運用されている「混合−公的企業」とは，区別されなければならない[137]。後者の例として，ドイツ土地建物銀行とフランクフルト飛行場株式会社（AG）が挙げられていることを記憶しておいてもらいたい。

　ドイツ基本法はこうした混合企業まで明確に言及しているわけではなく，法人について言及しているに過ぎない。唯一バイエルン憲法が，「放送は公的責任と公的担い手によって行われる」（111a条2項）と規定し，放送における私的な資金の混入を排除している。さらに消極的な規定として，公勤務は公勤務者に委ねられているわけであるから，行政課題の遂行に関しては私人には託されてはいないはずである（基本法33条4項・5項）。混合企業をこの規定は排斥するものではなく，民営化の方向性も否定するものではないはずである。混合企業

---

136) R. Stober, Die privatrechtlich organisierte öffentliche Verwaltung, NJW 1984, S. 450.
137) Stober, 注136) S. 452.

に勤務する私人も，組織的には公的な任務を行使していると判断されなければならないはずである。その点は，この組織の役割を具体的に分析する必要があり，その結果によってこの組織の総合的な性格が明らかになるであろう[138]。

　混合企業の法的な形態は，会社法上の株式会社（AG），株式合資会社（KGaA），有限会社（GmbH），社団法人（eV），同業組合，基金，合名会社（OHG），合資会社（KG）といった多様な形態にある。さらにはコンツェルンやホールディング・カンパニーが合体し，私法上で組織された行政機関となることもある。問題はその役割にある。経済的な役割をもって，国，ラント，ゲマインデで構成されるものが主要な組織であった。その代表格が，「ベルリン産業銀行AG，ドイツ交通クレジット銀行AG，ドイツ担保証券所」である。第2のジャンルは，社会的役割であり，日常生活に必須の「ガス，水道，電気，道路清掃，ごみ収集」から，「交通機関，飛行場，港湾，河川」まで広範な領域をカバーしている。第3のジャンルは，文化・教育の分野であり，「国民学校，劇場，競技場，公園，博物館，芸術団体，各種奨学団体」と広範な内容を包括している。資金的には複数の公私が共同で当たるという点がメリットとしてあるが，その運営や責任の所在が不明確になるおそれがあるために，運営は一本化されるような努力が払われている。資金の上では，公的資金のみで運用されるものと，営利的には子会社方式を採るか，単独の私的利益を運用することで展開される場合がある[139]。

　混合企業は，法的形態，目的，資金の出所も様々である，しかもその組み合わせが輻輳してくるので，該当する組織の公的性格を見極めるのは困難な作業を求められることになる。その点の検討を，基本権適用に絞って，以下学説を中心にして分析することにしたい。

　c　国家性の要件　基本法1条3項の問題の帰着点は，その対象の広げ方であることはすでに言及してきた。早い時点でG. デューリッヒは第三者効力の問題に言及する上で，混合企業の適用性について「純粋に形式的」に理解し，基本権への接近を認めなかった。国家のもつ特別な機能と特別な地位が，私法的な国家作用にあっても作用することになる[140]。私人にも基本権が適用され

---

138) まず，行政活動の補助組織として，次いで，経済循環への財政目的をもって，そして最後に，公的な役割をもって現れる。Vgl. H. Dreier, GG, 2. Aufl. 2006, Art. 33 Abs. 4, Rn. 65.
139) Stober, 注136) S. 451.

る実質的な理由は，権力が関係してくる国家の質にあることになる。「国家は一般性の弁護人であり，公共の福祉のためにある。それ故に，国家は必ず私的なものとは本質を異にするのである。国家は何らかの私人ではないことになる。」141)。彼の考え方からして，国家への私法の適用も何らかの条件がなければならないことになる。この点の学説の整理を，ドイツで最も定評あるK. ヘッセの基本書から引用する。「公的任務」を直接に遂行するか，財政活動が公的に拘束されているかという基準で区別しようとするデューリッヒの考え方を以下のように批判する。「行政行為の一般的規範への拘束から行政を全面的または部分的に解放するために私法の形式が用いられるのであれば，このことは，任務の適切な遂行のために合目的的な場合もありうるし，まったく許されない場合もありうる。しかしながら，このことは基本権には当て嵌まらない。財政上の任務であって，かつこれを適切に処理するために自由権の適用免除が要求されるような任務などというものは，存在しないのである」142)。

ヘッセによるこの部分での結論は，クリューガーの国法学者協会での発言143)を受けて，「国家性」の要件と程度に拘った議論に落ち着く。「憲法によって創設された国家は，私人とは異なって，決して自分の意のままに振舞う権利を有しているわけではない。基本権をもつ憲法にとっては，国家的活動の形式だけでなく，その実質的形態も大事なのである。私法の形式で執行されるが故に，憲法を適用すべしとの請求に服さないような，国家的活動の何らかの留保領域があると想定することが禁じられるのは，このためである。……あらゆる国家権力は常に憲法に拘束されている，ということになろう。基本法1条3項が，とくに基本権への拘束を顧慮しているのは，かかる法的状況なのである。それ故，財政行政も基本権に拘束されるということを指摘するに留めておこう」144)。このヘッセの主張の骨子は，基本権適用の拡張の方向性を示した点で重要であ

---

140) G. Dürig, Grundrechte und Zivilrechtsprechung, in: Festschrift zum 75. Geburtstag von Hans Nawiasky, 1956, S. 157.
141) Dürig, 注129) Art. 3 Abs. I, Rn. 501.
142) ヘッセ，注89) 225頁。
143) H. Krüger, VVDStRL 19 (1961), S. 261. ちなみにこの時のテーマは，「非高権的行政の限界」であった。
144) 注89) 226頁。

った。ヘッセは憲法と私法の関係の歴史的分析を行い、「憲法と私法の関係の変化は、両者の法領域の課題、特性、作用の変化の現れ」[145]であったと分析しており、憲法の側からの変化の多さが、私法の領域の変化を促したことになるとする。もちろんこの点では私法の側からの反論があり、例えば、F. リッターは私法の優位を主張していた[146]。ヘッセはこれに対して憲法の優位を主張することで対抗しており、それでは論争は未来永劫的にも続くことになってしまう。

　憲法の優位を論証するためには、例えば、基本権の客観的な効果を明らかにすることが必要であり、他方で、基本権適用が推定される実質的な管理社会の領域を画定する作業を具体的に行う必要がある。適用がほぼ明確な核心領域として、先に述べた社会目的に沿う機関（ガス、水道等）がある。この社会目的をもって立法で形成された経済活動の主体は、こうして基本法1条3項での基本権の担い手の最大の候補者になりうる。それは私的社会での純粋な競争原理から排除されているからであり、それに寄与する者は公権をもって市民のために働いているという構造を維持しているからである。とくに、混合企業に対して基本権適用を問題にするときに、その構成が公的なものが多数を占めているかどうかを基準にするという考えが浮上してきた[147]。この論点を明確にする事例がやがて現れてくる。それがフランクフルト飛行場事件であった。

iii　判例分析

a　先例判決　　先例は少ないが、72％が公権力によって営まれている電気会社における基本法2条、3条1項、20条3項の適用が問題となった事件では、事件は却下されている（BVerfG, 3. Kammer des Ersten Senat Beschl. v. 16. 5. 1989 —1 BvR 705/88）。この決定では単純に法的に認められた職務を遂行している限りでは、基本権の適用はないと判断されている。この判決への評釈のほとんど

---

145) K. Hesse, Verfassungsrecht und Privatrecht, 1988, S. 31. 同書は憲法史の分析であり、基本法になっての変化を指摘している。
146) F. Ritter, Über den Vorrang des Privatsrechts, in: Festschrift für Wolfram Müller-Freienfelds, 1986, S. 521.
147) Vgl. Stern, 注77) S. 1421. 最初は、Bettermann の発言にあった。

が判決の不当さを指摘しているが[148]，この時代の行政裁判は，混合企業を私的な性格が多いと判断していたことになる。逆に基本権適用を認めた事例として，98年の行政裁判所の判決がある。郵便配達人が信書の秘密（基本法10条1項）を犯して金銭を抜き取ったとして罰金80ドイツマルクが科された。民営化されたドイツ郵便会社であるが，資本の多数が連邦に残されていた関係があり，当該人物は抗弁にも拘わらず公勤務者として扱われ基本権の適用がなされた(BVerwGE 113, 208)。

　基本権適用を認めた先例として，2003年3月14日のカッセル行政裁判所の判決がある。同じフランクフルト飛行場でのイラク戦争反対を目的として，アメリカ空軍入口前にある駐車場でのデモに対して，その規模が小さく他の業務への影響が少ないことを理由として，基本法8条の範囲内と判断された（NVwZ 2003, 874)。ただし，この時点でのフランクフルト飛行場は，約70％が公的資金で運用されていた混合企業であった。しかし，同じ行政裁判所は，2006年1月20日の決定で，民法で保障された住居の不可侵権を根拠として基本権の適用を排除している。この判決には，批判的な評釈が多い[149]。

　b　事件の概要　　ここでドイツ連邦憲法裁判所で初めて混合企業の基本権適用を認めた事件であるフランクフルト飛行場での集会・ビラ撒き事件を紹介する[150]。事件は，ドイツで最大の規模を誇るフランクフルト飛行場で起きた。この飛行場は，連邦，ヘッセン州，フランクフルト市と私人からなる，典型的な混合企業・合資会社であった。ここで規定されていた「飛行場利用規則」に反して，集会を開き，ビラを撒いた私人が罰金に処せられた事件が下級審を経て連邦憲法裁判所に移送されてきた。前審の民事裁判（2004年12月20日，フランクフルト地区裁判所，2005年5月20日，フランクフルト地方裁判所，2006年1月20日の連邦通常裁判所）では，いずれも民法の財産権を理由にして基本権の直接適用を行わず，集会を開いた者に罰金の支払いを命じていた。飛行場は広大な空間をもち，し

---

148) 例えば，B. Pieroth, NWVBl., 1992, S. 83 f.
149) 例えば，Fischer-Lescano/Maurer, Grundrechtsbindung von privaten Betreibern öffentlicher Räume, NJW 2006, S. 1393 f.
150) BVerfGE 128, 226 (226 f.). 飛行場運営会社の名を採って，「フラポート」事件と呼ばれる。石村修「フランクフルト飛行場における集会・デモ規制」自治研究89巻10号（2013年）137頁以下。

かも，純粋に公的機能をもち，国際航空法の適用を受ける部分，連邦航空局が管理する部分（基本法87d条），さらに，この飛行場は一部軍隊が使用している関係で，連邦軍・NATO軍が管理する部分が混交していた。飛行場に兵器をもつ国境警備隊がいるのも，飛行場がドイツの国境であることを認識させてくれる。他方で，国際飛行場であるが故に，各種の施設が充実している。高級品から日用品目まで扱う商業施設，銀行，郵便局，食堂，薬局，旅行代理店，理髪店，そして祈りの場所まである。この部分は一般の市民を受け入れており，フランクフルト飛行場はこの部分が広大であり，「すべての人のためのショッピングタウン」と宣伝していた。

c 判決要旨 判決は，冒頭で判決指針として「公権によって営まれている私法上の混合企業は，私法上で組織されているが，国家の単独所有にある公共企業体と同様にして，基本権の直接適用を受ける」とする新しい判断内容を示している。この部分は以下の同様の事例に対する先例となる部分であるから，学説への影響も大きい部分である。判決は基本法1条3項の適用場面を広く解している。「基本法1条3項の意味で国家権力が基本権に拘束されるのは，公共の福祉を保持するために義務付けられた課題を実行することであるから，あらゆる国家機関・組織に妥当することである。」（ガイドナンバー，47。以下同じ）国家が基本権に拘束されるのは，その課題の特殊性にあるとされる。

問題は混合企業が国家機関と認定される条件である。「混合企業においても基本権適用は，企業全体で，つまり，統一的に回答されなければならない。……基本権の適用は比例して適用されるというものではない。同じく出資者の関与権は当該会社運営に関して制約されており，とくに，株式法及び共同決定法を考慮して，基本権の適用が株主の多数によって決まるものではない。」(52)。そしてここでの結論として，「混合企業体は，公的な関与者によって運営されている場合には，基本権の直接的適用を受けることになる。<u>公権による所有の半分以上がある場合は，通常は上記のことが当て嵌まる</u>。……その企業へは，目的や内容とは関係なくして，国家の役割を担っているという一般的な拘束が妥当している。こうした措置が維持される場合，公権に服する企業は基本権に直接拘束され，逆に市民に対してはその基本権を拠り所にすることが出来なくなる。」(53〜54，下線は筆者)。「私人がこうした企業に関わる以上は，公権による制

約から生じるチャンスやリスクに同様に関わることになる。個人の法的地位は，とくに，財産権という基本権の担い手として，公的関与者ないし公権力に対して変わらずに残されている。」(55)。

　混合企業のもっている公的部分と私的部分との対立と競合が生じる可能性がでてくる。例えば，「国の関与のある企業に対して，自由な経済活動に参加する基本権の直接適用を妨害することはできない。とくに，基本法3条1項は，企業の自由な経済活動を保障するために，生産物の質，信頼，価格等の基準から生ずる区別付けをすることを禁じてはいない。」「公権力は，例えば，住居不可侵のような私法上の財産権を援用することができるものの，その決定は基本権の基準と比例原則によって正当化された公共目的により行使されなければならない。」(57)。この部分での結論はこうして明らかにされ，どのように適用されるかは，それぞれの基本権によって異なってくることになる。「公企業への直接的な基本権適用は，私人や民間企業に対する，とくに，間接的な第三者効力の原則や保護義務による間接適用とは異にしている。私企業は国民に対して説明責任を行うものの，その責任は国民の自由に応じて機能し，初めからそれは相対的である。基本権の効果及び――直接的であれ間接的であれ――民間人への義務付けは，いつの場合でもほんの僅かであるというわけにはいかない。むしろ保障内容や実例に応じて，私人への間接的な基本権適用が国家による基本権拘束としてより身近に現れ，等しく適用されることになる。……被告は株式会社であり，その50％以上の株を公の株主が保有している故に，基本法における基本権が直接に及ぶことになる」(59〜60)。

　d　パブリック性　　この判決は，飛行場における具体的には集会の自由・表現の自由の適用の在り方を検討している[151]。とくに，アメリカ・カナダで使用されてきた，パブリック・フォーラムの指標を用いて，開かれた空間での適用を篤く認めたことによって，集会の自由への侵害を本件では認めたことが特徴的である[152]。一般に開放されている場所での集会は，安全を配慮しての閉鎖的な空間とは本質的に異なるとした。さらに，一般に通行可能な屋外と認

---

[151] この判決の評釈は，概ね賛成するものが多い，M. Sachs, Grundrechte: Versammlungs und Meinungsäußerungsfreiheit, JuS 2011, S. 665 f.を参照されたい。

定された場合の一定の法律の留保を認めた上で，リスク排除の観点からの立法措置を認め，現実に規定された規範の内容を検証していた。次項では，こうした議論を日本国憲法に当て嵌めた場合を簡単に検討することにする。

iv 日本における「混合企業」

a 第三セクター 　混合企業は行政法の教科書では，行政組織法の分野で扱われ，国又は地方公共団体等の行政主体に帰属する法主体とされてきた[153]。これらの100％公的資金で運用される統治団体以外でも行政活動を担う非統治団体が存在する。法令用語ではなく，講学的，便宜的に用いられている概念として，「特別行政主体」と定義されている組織は，その分類として「独立行政法人，政府関係特殊法人，公共組合，地方公社」があり，さらにこれに準ずるものとして「認可法人，指定法人」がある。この内で，指定法人を除いて，行政主体であるとする見方が通説のようである[154]。なぜならば，立法による根拠が必要であり，委任関係のなかで行政実務を履行し，国家政策の実現に寄与するところがあるからである。

ここで対象としている「混合企業」（公私共同企業）は，日本では1970年代以降で概ね「第三セクター」と呼ばれていることについてはすでに言及してきた。本来的に存在してきた国策企業が新たなネーミングをもって日本の企業の主役になってきたのも，同じく地方公共団体からの発信として誕生してきたものであった。1973（昭和48）年の経済社会基本計画が登場し，設立のラッシュを来した。民法あるいは商法上で設立された「特殊法人」は，ドイツと同様に各種の法的形態を擁しているが，その経済的な基礎が「半官半民」であることは同様であった。つまり，民法上の法人であるが，公的に機能する財団法人や社団法人，商法での株式・有限会社，そして特別法人（住宅供給公社，地方道路公社等）は，

---

[152] 最近のパブリック・フォーラムへの言及は，中林暁生「パブリック・フォーラム」駒村圭吾＝鈴木秀美編著『表現の自由Ⅰ』（尚学社，2011年）197頁以下，参照。表現の自由との関係からしての重要性は認識しておく必要があろう。

[153] 岡田雅夫「行政主体論」雄川一郎＝塩野宏＝園部逸夫編『現代行政法大系7 行政組織』（有斐閣，1985年）。

[154] 塩野宏『行政法Ⅲ〔第4版〕』（有斐閣，2012年）106頁以下。

すでに「特別行政主体」と判断されるが，残りの混合企業の位置付けを悩んだ末に，第三セクターの名称が使われるようになったのであろう。この第三セクターが意欲的に設立されたのは，80年代になってからであり，これを促したのは1986(昭和61)年の「民間事業者の能力の活用による特定施設の整備に関する臨時措置法」(民活法)と1987(昭和62)年の「総合保養地域整備法」(リゾート法)であった。これらの法の効用は，無利子での融資制度にあり，公的助成と同様の効果をもたしたことになる[155]。

　第三セクターは，アメリカで使用される「サード・セクター」を用語的には模倣したような印象を受けるが，本家のそれは「独立部門」すなわち，「非営利組織」として設定されたものであり，混合という意味合いはないとされている。広義の意味では公と私の間にある「中間セクター」という多様な組織が含まれることになる。その概念を広げていくと，あらゆる私法上の組織体，つまり，財団法人，社団法人等のなかの公益法人を指すという極端な理解へと至ってしまうことになってしまい，ドイツで議論してきた私法上で構成された公的主体の範疇からかなり離れていくことになってしまう。したがって第三セクターのすべてを私法上の公的主体と認定することはできず，第三セクターのなかからこれに相応する組織を選定していかなければならない。選定の基準は，国ないし地方公共団体からの出資金の割合の程度，組織が有する設立目的の公共性の比重，公的なコントロールの可能性，最後に，国民との関係，を総合的に判断する必要があろう。とくに，地方公共団体レベルで示されてきた公的な出資金が全体の4分の1以上という基準は低いような気がする。研究対象として混合企業を抽出するのではなく，公的縛りをかけるための条件であるから，これまでの第三セクターの概念にもはや拘ることなく，「混合企業」の用語を使用することに意味がありそうである。以下，典型事例とされる飛行場の事例を日本でも検討してみることにする。

　b 成田飛行場　フランクフルト国際飛行場に匹敵する日本の飛行場は，成田国際飛行場であり，同組織を対比的に以下，分析することにしたい[156]。同

---

155) 以上の内容は，今村都南雄「第三セクターの概念と国会審議」同編『第三セクターの研究』
　　(中央法規，1993年) 22頁，前田成東「第三セクターと『サード・セクター』」同42頁に拠った。

飛行場の前身は，1966 (昭和41) 年に政府が全額出資して造られた特殊法人である「新東京国際空港公団」であった。2004 (平成16) 年に成田空港株式会社法 (以下，会社法) により，成田国際空港株式会社となった。会社の目的は空港の「設置及び管理」(5条) を行うものである。会社といってもその株主は2人に限定され，国土交通大臣が90.01%，財務大臣が9.99%を有しており，株式の一般公開はなされていない。設立時の混乱が大きかったこともあり，政府支配を当面は続けることになっているものの，将来の株式の公開も予定されている (附則14条)。同社は，資金の側面からすれば完全に公的な性格を持っているので混合企業というわけにはいかないが，組織の上では混合企業であることは間違いない。

現在の役員の内3名が他の公務員からの転職組であり，2名が国土交通省から1名が警察庁からの転職であるから，総合的に判断して同社は資金との関係，監督官庁との関係が密接であることは確かである。会社法15条では監督官庁であり，第1の株主である国土交通大臣による業務に関する監督命令の発布権限を認めている。この点からすれば，ドイツで議論してきた「混合企業」の形態を実質的に当該会社が有していることは確実であり，その限りで憲法の直接適用を受ける可能性は極めて高いということができよう。当該会社は「成田国際空港管理規程」を定め，一般の利用者との関係を規定している。同，管理規程は2013 (平成25) 年に改定されているが，空港利用の規制内容はそのままの制約を定めている。

6条2
　成田空港においては，会社の承認を受けた場合を除き，次に掲げる行為を行ってはならない。
　(1) [略]
　(4) 看板，旗，幕，印刷物，書面等の掲示又は展示を行うため，一時的に施設を利用すること。
　(5) 演説会等の集会を催し，宣伝活動又は示威を行い，寄付金を募集し，その他これらに類する行為を行うため，一時的に施設を利用すること。

---

156) 同社のwebサイトに公開された範囲の情報に依拠している。www.naa.jp/jp/airport/kitei.html

この規定内容からして、吉祥寺駅構内ビラ配布事件の最高裁判決（最判昭和59.12.18）の判断枠組みが踏襲され、飛行場管理者の財産権、管理権を根拠にして、成田飛行場での一連の表現行為を制約することが問題なく認められることになる。しかし、成田飛行場の公的な性格やパブリック・フォーラムの性格は配慮されておらず、ドイツ連邦憲法裁判所の判断とは大きな差異が見られる。

　c　分離論　最高裁の大阪飛行場事件（最大判昭和56.12.16民集35巻10号1369頁）は、日本の航空行政の実態を明らかにしたものとしてここでも参照できると思われる。この事件では、空港管理権に基づく管理（仮に①とする）と航空行政権に基づく規制（仮に②とする）との関係が問題となった。判決では、①と②は「不即不離、不可分一体的に行使実現されているものと解する」とされ、原告の主張した①と②の分離論は否定された[157]。分離論では、少なくとも①の部分での民事上の人格権に基づく差止めが可能となり、将来の民事上の利益が救済される可能性があったわけであるが、それは一体論で否定されたことになる。ただし、差止めの部分に関して、補足意見と反対意見があり、補足意見は行政上の差止めの法改正を必要とし、反対意見は①の民事上の差止めも可能としていた。とくに反対意見のなかで中村治朗判事は、「航空機の離着陸が行政権限として認可されている場合でも、飛行場の主体は近隣住民の利益を考慮して、独自に離着陸の妥当性につき判断できる」としていた。

　この分離論は十分に傾聴に値するが、行政事件訴訟法の2004（平成16）年の改正は新しい訴訟形態を導入した結果、①の部分を私的な作用と把握する必要がなくなった。その結果、①と②を区別することなく差止めをする可能性が出てきた。最高裁大法廷の論理によれば全体として、飛行場には権力作用があるので、国の管理権がトータルに及ぶということになる。しかし、実態は私法上に構成された株式会社であるから、国民が一般に利用する部分は公的作用が排除されるという反論も出されるであろう。この点については、フランクフルト飛行場に関する判決の理解が参考になるはずであり、すべて憲法の適用を認めておいた上で、行政作用が強い部分と、一般に開かれた部分との分離を認め、後

---

[157] こうした議論を整理してあり、参考になったのは、綿貫芳源「差止請求の適法性」判例時報1025号（1982年）3頁以下。

者における利用関係は会社側と国民の利益とのバランスをもって解決することが可能と思われる。

v 保障国家（論）

1980年代のイギリスのサッチャー首相やアメリカのリーガン大統領が提唱し，その流れが橋本龍太郎・小泉純一郎首相に影響した政治姿勢を新自由主義政策と呼ぶとすれば[158]，ここには共通項として経済現象に見られる強力な国家論の変化を読み取ることが可能になる。行政国家・福祉国家論をもって本来強力である政府が，経済現象には多く介入せず，しかし軍事や外交の側面では強力で有り続けるという構造を生み出し，その動向を行政改革のシナリオに託すということが起こっている。この動きは，新たな妖怪として世界現象としてのグローバリズムの動きと一体となる意味で，憲法学からは否定的に捉えるのが正しい理解ということがいえよう[159]。「人・金・物」が自由に動く現象は，EUが典型的なように作られた構造であり，経済的な力は国家主権の壁を突破して動く要素を本来有していたのであり，これをあえて止めることをしてこなかった法政策は，新自由主義経済を形作っていたのかもしれない。憲法学は逆にこうした法政策に対して，グローバル化の負の遺産である社会福祉の切り捨てを批判し，同時に精神的な自由権に代表される立憲主義国家を維持しようとして反対の態度を示してきた。ところが行政学・行政法学の一部からは，現実に生起する現象に対して「保障国家（Gewährleistungsstaat）」の法理をもって説明する向きがでてきた。本章で扱っている問題も，この法理の存在を無視するわけにはいかない。それは連邦憲法裁のW. ホフマン＝リームや現在の長官であるA. フォスクーレを筆頭にして，連邦憲法裁のなかにはこの理論へのシンパがいる。そのことを考慮すると，本章の論点が，連邦憲法裁でもフラポート事件で承認されてきたことの意味は大きい。

保障国家論が，国家による市民社会への関与を否定する古典的な法治国家論とその逆の国家の社会への関与を目論んだ社会的法治国家の間隙を突いたもの

---

158) 参照，「特集・憲法学は『規制緩和』にどう向き合うか」法学セミナー619号（2006年）。
159) 森英樹「『グローバル化』変動と憲法・憲法学」樋口陽一＝森英樹＝高見勝利＝辻村みよ子編著『国家と自由』（日本評論社，2004年）201頁以下。

であることははっきりしている。その意味ではこの理論が改革の時代に相応しい新たな理論であり、新たなヨーロッパの法現象に適合する理論であり、シュレーダー政権のスローガンである「活性化させる国家」に適合的な理論であったことは間違いないところであろう。この保障国家論の定義は、先に紹介したホフマン=リームによる指導を受けたM. アイフェルトのものがすでに紹介されている。「自身の具体的な公共福祉責任をがっちり保持するが、自分の手で直接的に任務を実現する道具を部分的に放棄しており、それでいて、社会のなかの特定の積極的な諸関係や諸状況を目掛けて、引き続いてこの諸関係や諸状況への最終責任を負う、そのような意味で自身の社会形成的な原理的要求を続けて提起する、そうした国家である」[160]。

　指導教授であったホフマン=リームは、この保障国家の概念を、「今日の国家論の知見から分析することでえられる省察と要請であり、精察は国家による制御（Steuerung）の意味と可能性を誘発し、要請は今日の現実に見合った規範概念の発展である」[161]とした。国家と社会の二元構造を維持した上で、規制緩和を実行する場合、国家の役割を明確にしておくことが必要になってくる。規制緩和は市民社会の競争原理に期待をし、従来国家が担うことを常識としてきた。「電気・ガスといったエネルギー部門、公共放送、廃棄物処理といった環境管理、鉄道や飛行場といったインフラ」が規制緩和の対象の候補に挙がった時、手放したこうした部門が上手に機能するために、社会の自己規律と公共善実現に信頼を寄せておく必要があった。残された国家の役割は、行政に求められる責任の構造であり、その責任の内容と発生する契機を明確にしておく必要があったはずである。ここで問題としてきたこうした局面での憲法（基本権）の出番は、保障国家現象のなかにこそあったことになる[162]。だいぶ婉曲的に論じてきた

---

[160] M. Eifert, Grundversorgung mit Telekommunikationsleistungen im Gewährleistungsstaat, 1998, S. 18, 三宅雄彦の訳による、三宅雄彦『保障国家論と憲法学』（尚学社、2013年）18頁。具体的には、国家の撤退の論理と程度を個々の事例で検証していかなければならない。

[161] W. Hoffmann-Riem, Das Recht des Gewährleistungsstaates, in: G. F. Schuppert (Hrsg.), Der Gewährleistungsstaat – ein Leitbild auf dem Prüfstand, 2005, S. 89.

[162] 行政法が憲法に期待する部分は、こうして明らかにしておく必要がある。参照、板垣勝彦『保障行政の法理論』（弘文堂、2013年）148頁以下。

国家論からの私人間関係の見直しは，結果として私人間関係にも想定されてこなかった憲法の出番を促すことになったことになる。しかし，保障国家論には依然として異論のあるところであり，まだ固まった理論とするわけにはいかないのであるから，私人間関係への関与の根拠として，この理論を主唱するのは慎重でなければならないであろう。

小括

ドイツでも日本でもこれまで議論してきた問題は，公権力の担い手は私法関係においても基本権の主体として行為できるか，あるいはどの程度行為できるかという点であった。ドイツでも肯定・否定説が入れ混じって説明されてきた。日本では，百里基地事件が典型事例として提起されていた。ここで問題としてきたのは，私法上で設定された機関（主に法人）が，重要な公的課題をもって国家・公共団体として機能する場合が今日では多く現象として現れてくる場合（民営化が典型的）に，そこで基本権がどのように適用されるかの問題であった。これもドイツは基本法に独自の規定がある関係で議論になりえたが，日本でそこまでの議論が熟していない状況を説明してきた。ところが，連邦憲法裁判所が示したフランクフルト飛行場の集会の自由・表現の自由の認定は，この問題の解決への重要な示唆を，ドイツだけでなく，日本へも与えてくれたものとして理解できそうである。

伝統的にドイツでは，財産権の主体としての国家（国庫的領域 Fiskus）に関係する行政行為と公権力が主体としての行為を区別する伝統があった[163]。とくに前者の考え方を援用して，50％以上の資本金が公的（国及び地方公共団体）機関によって提供されている場合の基本権適用に，憲法裁が言及したことの正当性が指摘される。つまり資金力がすべてを実証してくれるのであった，その私的な組織に関わる権利や利益をもってではないとされているからである[164]。法人は通常は「定款その他の基本約款で定められた目的の範囲内」（民法34条）で行為を行うことになっており，「混合企業」においてもこの目的はこの約束を満

---

163) Vgl. Stern, 注77) S. 1413.
164) Rüfner, 注124) Rn. 82.

たしているかどうかで判断されることになるので，この組織体が公の利益を考慮しているかどうかに言及する必要はないということになる。そこで「商業上の利益と対立する特別な政治目的を実行する機関として，混合企業は予定されてはいない」[165]のであり，混合企業の設立の特性を十分に考慮すれば，この組織体が存立する積極的意味合いが自ずと分かることになろう。こうした国庫理論を裏付ける内容が，実は日本の地方自治法221条3項を受けて設けられている地方自治施行令152条にはっきり表れている。同政令では，普通地方公共団体の長の調査の対象になる法人として，以下の内容に符合するものも含まれるとしている，つまり，「二　当該普通地方公共団体が資本金，基本金その他これらに準ずるものの二分の一以上を出資している一般社団法上及び一般財団法人並びに株式会社」としており，ドイツ法の国庫理論を援用している。この考え方を用いるとするならば，日本における混合企業においても，2分の1以上の国庫が支出されている組織には，基本権が適用される可能性がでてくる。この2分の1の要件だけでは広義にすぎるという批判が出されることが予測されるので，その組織の公的課題を定款から読み取ること，さらに，国ないし地方公共団体からの監督される程度を勘案することが重要であろう。

　フランクフルト飛行場判決では，第1に「国庫」理論を使い，第2に，「開かれた空間」という一種のパブリック・フォーラム論を展開した。後者は，飛行場や駅舎のような誰でも訪れることが可能な場所は，通常の道路と同じであるという認識を示したものであった[166]。その結果，「公共性」への言及とその見直しは必須のこととなってくるはずである。こうした作業によって絞り込まれた混合企業にこそ，基本権の適用が予定され，もって公共の福祉が実現されることになるであろう。もちろん，基本権をこうした組織にも提供するのは，国民の利益の実現を配慮してのことであり，企業と国民の利益はさらに比例原則によって調整されることになる。

---

165) Rüfner, 注124) Rn. 82.
166) Kersten／Meinel, Grundrechte in privatisierten öffentlichen Räumen, JZ 2007, S. 1127 f.

Ⅱ 基本権と生命権

1 基本権の体系における生きる権利

i 基本価値論争

　本章の2で述べることになる，1976年から77年にかけてドイツを中心としてヨーロッパ全域で展開された「基本権における価値論争」は，現代化社会が生みだした基本権のあり方を問う論争であった。さらに，この論争は，やがてアメリカでの「フェミニズムとリベラリズム」指向[1]及びその活動としての「文化戦争」へと質を変えて議論される性格のものであった[2]。この価値論争は，胎児の生命権に端を発し，次いで，離婚法に至る宗教の桎梏から離れることを意図して，人間のあり方を問うものであり，宗教観から離れた所での人間存在の原点・本質を求めたものであった。その点で，ドイツ基本法（以下，基本法）の価値の置かれ方を問うものであった。それぞれの立法府と憲法裁判所との回答は，まさに基本権の価値の構造への問いかけに応じたものであったことになる。この論争は現象的には「自由な国家は自己の生活基盤としての市民の倫理的文化を形成すべきか否か」の問題であり[3]，本質的には「あらゆる民主制に共通する基盤への探求」ということにもなる[4]。この論争は，主にカトリックを中心とするところの宗教団体が提起した倫理的な価値の法秩序への組みいれと，自由な国家が求める価値中立性の対立であった[5]。さらに，この論争は国

---

[1] 例えば，山根純佳『産む産まないは女の権利か』（勁草書房，2004年）。
[2] 多様な現象に現れることになるが，生命権は家族の形成や同性愛の問題と絡んで大きな論争になることを内包していた。参照，志田陽子『文化戦争と憲法理論』（法律文化社，2006年）164頁以下。
[3] 日比野勤「基本価値論争をめぐって」芦部信喜先生還暦記念論文集『憲法訴訟と人権の理論』（有斐閣，1985年）845頁。
[4] E. Denninger, Verfassungstreue und Schutz der Verfassung, in: ders Der gebändigte Leviathan, 1990, S. 281 f.
[5] 自由そのものが，ドイツにおいて国家に先立つ価値としてあることはいうまでもないことである。

家の対社会への役割の程度ないしこれに対応する憲法規範の機能を問うている。同時に、価値の公定機関の所在を問い、個別には政教分離の程度まで問うことになる広い範囲の問題でもあった。

　この基本価値論争は、基本法がこれまでの憲法典とは異なった意欲的な基本権のカタログを掲げた時から、実は始まっていたといえよう。1条から19条までに体系的に規定された基本権は、新たな民主的、法治国家的な秩序に関する特性を表明したものであった[6]。これは日本国憲法の第3章の構造とも類似したものであった。基本法が、さらに、改正限界として、連邦制と並んで1条・20条をその内容として明記したこと（79条3項）、日本国憲法の最高法規の章に「基本的人権」が記されたのも、同様に改正内容として基本権が含まれることを明記したものと考えられる[7]。他方で、基本法は、「自由で民主的な基本秩序」とされる基本権制約の原理を有しており、その関係で基本権の存立基盤もこの原理に相応することが求められるという、別の問題も有してきた。警察機能に要請されてきた、「安全な社会の実現」はこうした原理に沿った形で機能しなければならず、人間の尊厳とこれと関係する人格権の具体的な基本権保障が、様々な局面で多面的に機能しなければならなかったのであり、これを憲法裁判所は積極的に判断してきたことになる。本章では、第Ⅰ章と同様にして、ドイツと日本の基本権を前提にして、基本権の適用のされ方を体系論としてまず考え、次いで、本書の特色となる価値の本源としての「生命権」にスポットを当てて具体的な展開を見て行くことにしたい。

　敗戦を契機にして作られる憲法には、明確に否定すべき国家体制と無視されてきた基本権保護の内容を盛り込まなければならないことは必至であった。基本法の憲法が、国家の機能論よりも、基本権擁護の価値論を中心にして構成されたのは、旧体制があまりにも極端な政治運動をもって憲法を運用してきたことの裏返しと考えられなければならない。同国の憲法が東を意識して1条の

---

[6] K. Hesse, Bestand und Bedeutung der Grundrechte in der Bundesrepublik Deutschland, in: ders., Ausgewählte Schriften, 1984, S. 283.

[7] すでに、別書で明らかにしたテーマである、石村修『憲法の保障』（尚学社、1987年）第5章、215頁以下、参照。そこでは価値の問題を、「正憲論」として見直している。スイス的には、「民主主義論」に還元されていた。

「人間の尊厳」に関する宣言を掲げたのは，むしろ，同国が国内外に向けて発すべき最低のマナーであったことになる[8]。基本法の直前に出された，「世界人権宣言」の冒頭で「人間の尊厳」で保障されているのと軌を同じくしている。この徹底した個人主義の宣言が，この憲法の全体を貫き通しているのは明白であり，その内容は「自由で民主的な基本秩序」の最も重要な価値を示していることも，後に憲法裁判所の判決のなかで規定されたことであった。つまり，これらの価値が徹底して自由主義を堕落したものと規定してきた，ナチス全体主義のイデオロギーと対極にあるものと捉え，自らの国制の再出発を宣言するためには，基本法１条と２条の連携は不可欠なものであったことになる[9]。当初は１条と結び付いた２条の「人格の自由な発展」は，同憲法の最高の一般原理を規定したものとする理解がなされたが，やがて，国家の基本権に向かう構造としての「基本権の保護義務」を導き，他方で，情報化社会に対抗する「情報自己決定権」や「コンピュータ基本権」を導出させて，２条の包括性を追認するまでに至ってきた。前者の保護義務論は，安全の基本権として，本稿で問題とする「生きる権利」の多面な議論を，憲法裁判所において以後は展開されることになった。本章の２で扱う「胎児の生命権」は，こうした議論が後に展開されることになるプロローグであったことになる。

　こうした価値論を中心にした考え方は，旧来のC. シュミットやT. マウンツによって示されてきた，民主制原理と法治国家原理を分離させる思考態度の変更を求めるものであった。つまり，彼らは民主主義を国家意思形成の形式的な概念とするのに対して，法治国家を非政治的な形式原理とし，後者に帰属することになる「基本権と権力分立」を，国家を制限しコントロールするものと静態的に理解するに留めた。憲法は基本権の配分を定めればよかったことになる。こうして，市民的自由権の体系と国家権力の相対性の体系が維持されることになり，シュミットは基本的にはG. イエリネックが体系化した，国家を中心にし

---

[8] フランス人権宣言の前文「人の譲りわたすことのできない神聖な自然的権利」に通じる発想であった。Vgl. E. Benda, Die Menschenwürde, in: Benda/Maihofer/Vogel (Hrsg.), Handbuch des Verfassungsrechts, 2. Aufl. 1994, S. 161. 人間の尊厳の使用例として，青柳幸一『憲法における人間の尊厳』(尚学社，2009年) 7頁以下。
[9] BVerfGE 30, 1.

た基本権カタログを踏襲することになった[10]。これに比して，K. ヘッセやU. ショイナーによって示された，民主制原理と法治国家原理の結合は，自由権が果たす民主的機能を積極的に評価するようになる[11]。こうして表現の自由の参政権的機能，例えば，知る権利が導き出される。この時点で必然的に基本権の新たなカタログ定式が求められるようになる。つまり，国家と社会の二元論を乗り越えるような，基本権の価値論が必要になり，その構造を当初から明白にしたのは，基本法1条と2条の連携構造であったことになる。

　他方で，これまで日本国憲法での基本権の体系化は，講学上の必要に応じて論じられ，しかも，それはイエリネックの公権論の焼き直しであったが，これの変形もすでに現れている（本書第Ⅰ章1を参照）。その見直しは，基本法での構造や，13条の包括的基本権論の影響を受けたものであったことは明らかなことであった。同時に，日本では新顔となった社会権の処理に執着する必要も出てきた。「自由権から生存権」へのスローガンはやや大げさではあったが，基本権のもつ価値への見直しは日本でも意識していたことであったはずである。ドイツで起きた基本権の価値論への言及は，日本国憲法13条の規範的な価値を是認することによって，つまり，個人の尊重をそれに続く「生命・自由・幸福追求」権の規範価値とし，それを体系化することで憲法全体の価値内容が見通される予測が生まれてきたことになる。本章では。こうした認識をもって以下論じていくことにする。さらに，本書では，生命権を他の2つと別個の内容をもった独自のものとする考えに立つ。これを示唆していたのは棟居快行であり，彼は「『生命』は絶対的価値，『自由』は自主的社会システムの保護とシステム内での自己決定の保障，『幸福追求』は社会システム外の不定形な自己決定」という分類を行っている[12]。

　13条に独自の「生命権」を認め，ここから他の基本権が演繹されるという理

---

10) C. Schmitt, Verfassungslehre, 4. Aufl. 1965, S. 163. 尾吹善人『憲法理論』（創文社, 1972年）203頁，ただし，自由権のみを基本権とし，制度的保障を伴うものとして，独自の体系である点の注意が必要である。
11) 参照，工藤達朗「憲法学における『国家』と『社会』」同『憲法学研究』（尚学社, 2009年）263頁以下。
12) 棟居快行「幸福追求権について」同『憲法学再論』（信山社, 2001年）260頁以下。

解は，すでに指摘してきたように，山内敏弘，嶋崎健太郎，そして齊藤正彰の論考においても示されてきたことである。嶋崎はさらに，前半の個人の尊重と関係する「生命権」との関係にまで言及し，ドイツの同様の議論を紹介している[13]。後に述べる胎児の生命権を扱ったドイツ憲法裁判所の判断は，人間の尊厳と生命権を関連させており，その結果，改正された刑法の堕胎罪の規定を違憲としたのである。しかし，両者を連動させて考える思考態度には，これを分離して考える態度が対抗することになる。なぜならば，人間の尊厳が法的概念であるのに対して，生命権が生物学的定義を前提とするものであるからであるとする根本的な疑問があるからである。つまり生命権が法的な権利に留まりえないのは，生命への侵害が生物学的な生への侵害に一貫するからであって，精神的な生きる豊かさは二次的なものになるからである。ここに生命権の特殊性があることになる。生命権も後に言及するようにその保障態様は様々であるところから，人間の尊厳と密接に連動する部分と，ここから離れて法的に保護された状態の部分と分断された部分とに分かれる。生物学的な生命で一貫して説明・保障する部分と法的に説明される部分で分かれる可能性がある。現実はこうした生命権を生物学的側面と法的側面で区分するのは不可能であり，例えば，クローン研究を規制することも法的な側面で最終的には対応することになるはずであり，死刑の禁止も生物学的生を確保する意図でもって禁止措置がなされることを考えるならば，生物学的生を考慮しながら，生命権は法的な生命の存立基盤を考えるべきことになる。人間の尊厳と生命権はその点で連動するものであるといえよう。

　齊藤は，生命権の国際人権法での展開にまで議論を広げている。山内と同様な目的，つまり国際環境における平和の実現に寄与する方向を目指すことに，生命権に注目するのは戦後の憲法動向としては当然なことになる。警察法（リスク論）[14]や環境論[15]への応用も当然の射程に入ってくるのは見えている[16]。

---

13) 嶋崎健太郎「生命の権利と人間の尊厳」栗城壽夫先生古稀記念『日独憲法学の想像力　上巻』（信山社，2003年）311頁以下，嶋崎健太郎「憲法における生命権の再検討」法学新報108巻3号（2001年）31頁以下，生命権を独自のものと理解することで，生命権の係る多様な現象に対する憲法からの回答が可能になってくる。神秘なものとしてある生命であるが，これを法的に扱う場合の限界も認めた上で議論していかなければならないであろう。

ii　動態的な体系論の必要性

　すでに本書の第Ⅰ章3において基本権の体系の変容について言及してきた。それを受けて、さらに、生命権を前提とする体系論を提示することにする。この作業は、生物体として生きる権利の体系と経済的自由をもつ市民の生きる権利（生活権）の体系に区分される。前者が精神活動に連動するに対して、後者は現実に生きるための手段を求める体系になる。『憲法詳論』のなかの前半で根森健が描いた「人権の樹」は、前者の観点から創られたものであり[17]、後半で蒐原明が描いた財産権と母胎にして構成される「生きる権利」は、「人はパンにて生きる」ことを表したものであった[18]。近代の市民革命で求められたのは、両者の生きる日々の生活実態であった。こうした生命と自由のなかに人の権利の原点を読みとる作業は、すでに、アメリカの初期の人権宣言のなかに現れていたことであり、例えば、バージニア権利章典（1776年）には、J. ロック流の思想の受容があり、生来の権利として「財産を取得所有し、幸福と安寧とを追求獲得する手段を伴って、生命と自由とを享受する権利」[19]が書き込まれていた。これをルーツとして独立宣言があり、修正5条、修正14条があり、日本国憲法13条があることは、すでに、種谷の業績で明らかになったところである（第Ⅰ章の注24）参照）。先に述べた根森と蒐原の両名は、こうした人権の流れを意識した上で、生きる権利の2つの側面を体系化しようとしたことになる。基本権は社会のなかで活かされなければならないことからすれば、国家との対抗だけでなく、私人相互の関係においても一定程度作用されなければならない。動態的な体系

---

14) 石村修「国家目的と警察」同『憲法国家の実現』（尚学社、2006年）204頁以下、さらに、西浦公「『安全』に関する憲法学的一考察」栗城壽夫先生古稀記念『日独憲法学の創造力 下巻』（信山社、2003年）81頁も含めて、警察の役割が市民の生活の安全にあり、これは市民の生命の保護に当たることは明白である。

15) 例えば、桑原勇進『環境法の基礎理論』（有斐閣、2013年）8頁も生命権と環境権の関係を意識している。

16) 齊藤正彰「生命についての権利」高見勝利＝岡田信弘＝常本照樹編『日本国憲法解釈の再検討』（有斐閣、2004年）75頁以下。

17) 根森健「人権の体系と価値序列」川添利幸＝山下威士編『憲法詳論』（尚学社、1989年）第5章第3節。

18) 蒐原明「人権の体系(3)――生きる権利」川添＝山下編、注17）第11章。

19) 高木八尺＝末延三次＝宮沢俊義編『人権宣言集』（岩波文庫、1957年）108頁［斎藤真訳］。

論は，縦関係と横関係の相互で作用することになる。その機軸になるものはいかなるものなのかを明らかにすることが，体系論の本義ということになろう。

「人権の樹」を動態的な体系論への理解にまで導いた発想に最大の賛辞を送った後で，実際にこの樹の構造を説明しなければならないことになる。樹が生命体としても生きるということを想定するならば，これを活かすための最低の条件である，太陽と水という存在が必要になるが，これが憲法国家 (Verfassungsstaat) という構造であり，基本権は憲法国家のなかで人間のために機能しなければならないことになる。するとこの大木は憲法国家に根を降ろしていることになり，その根から養分をえながら成長することになる。日本国憲法でいえば13条における「個人の尊重」，基本法での「人間の尊厳」は，根から来た基礎の部分を構成すると考えて，その上に生命権が独自の存在としてある。ドイツでは人間の尊厳を関係概念として再構成する学説も存在しており[20]，この思考方法は，ここで述べている人権の樹のイメージに近いものと思われる。人間の存在が当然の前提になる基本権論であるが，ここでその人間の生活実態を基本権論的にどのように構成するかをめぐってさらに議論は進められることになる[21]。

かつて佐々木惣一が定義した「存在権」が，ここで述べてきた「生命権」に近いことはすでに言及したとおりである[22]（第Ⅰ章）。この存在権の発想に近いところで人権の構造を設定していたのは，佐藤幸治であった。人権観念は「人の人格的自律の存在に由来する」とし[23]，基幹的自律権として「人格的自律権」をメタ基本権として構想する。これを受けて，13条は個別的自律権（権利としての幸福追求権）となり，具体的には「人格価値そのものにまつわる権利，人格的自律権（人格的自律権），適正な手続的処理を受ける権利，参政権的権利」という広がりをもった権利が保障されていく[24]。すべて人格に密接に係るという根拠が

---

20) 参照，押久保倫夫「関係概念としての『人間の尊厳』」東海法学46号（2013年）14頁以下，R. ポッシャーの議論が近いと思われる。
21) この関係からして，人間の尊厳が優位して，生命権を制約する場面もありうる。尊厳死の場合が典型例となろう。参照，山内敏弘「生命権と人間の尊厳」同編『新現代憲法入門〔第2版〕』（法律文化社，2009年）95頁以下。
22) 佐々木惣一『日本国憲法論〔改訂〕』（有斐閣，1952年）400頁。
23) 佐藤幸治『憲法〔第3版〕』（青林書院，1995年）395頁。

示されることによって，人権の広がりが演繹されることになる。佐藤が基幹的人格権を構想したのは，自身もいっているように佐々木の存在権や桜田誉の「生命権」の発想に影響を受けたものであった[25]。佐藤は生命権の代わりに基幹的人格権を置き，より広い人権の射程範囲をここで描こうとしたことになる。私見は，具体性のある権利として生命権を置いたのであり，その違いが両者にあるのであって，その差は大きなものではないと思われる。いずれにせよ，幸福追求権では余りにも広範かつ抽象的であることから，それをなるべく具体化しようとしたのは，生命権と人格権という用法にあった。さらに，基本権をめぐる人間中心の発想からくるパラダイムの転換があったことになる[26]。

iii 人格的存在としての生命

生命に関する権利は，例えば，「市民的及び政治的権利に関する国際規約（B規約）」の6条[27]，ドイツ基本法2条，欧州連合基本権憲章2条に規定されている。これらは基本的には防御権として構成され，人身の自由という狭い範囲ではなく，人間の身体的存在の保護を求めている。法治国家の理念に起因する人間の生存が，「人間の尊厳・尊重」という絶対的な命題と結び付いた時には，人の多元的な意味での生命そのものが尊重・保障されなければならないことになる。かのブラックストーンの時代にあっても，すでに「生命権」は，「人格的安全権」のなかで捉えられ，人の生命，身体，健康，名誉と一体となって理解されていた[28]。今日，生命権は，単なる法的認識のなかで埋没しているのではなく，憲法価値を含んだもので，基本権として実効性のあるものとなった。今日の新たな基本権を構成する憲法哲学が，科学の時代に相応しい正義の理念を主張して

---

24) その内容は，佐藤幸治「日本国憲法と『自己決定権』」法学教室98号（1988年）14頁で展開されている。
25) 桜田誉「憲法における生命権の保障」関西大学法学論集37巻2=3号（1987年）4頁。
26) 佐藤幸治「法における新しい人間像」岩波講座『基本法学Ⅰ——人』（岩波書店，1983年）302頁。
27) 笠原桂輔「生命権・人間的処遇を受ける権利」法学セミナー臨時増刊『国際人権規約』（1979年）7－10頁。ルーツは世界人権宣言3条にあり，本条文は実効性のある規範として新たな生命権の保障を求め，一 国際協力を基本とする生存権，二 死刑制度の廃止，に寄与した。
28) 佐藤，注26）302頁。

いるのは，多面的な人の生存を，まずは基本権として構成し，これを実行する役割を憲法機関に委ねたことになる。基本権保護義務の構成は，生命権という局面で最も展開しやすかったことになる。

　生命権（生きる権利）を憲法で規定する意義は，生きること自体が絶対的基本理念であると同時に，多様な社会現象に客観原則として対応していくことにある。その意味で，基本権の中核に位置する「個人の尊重原理」と結び付いた人間の生存は，人格権と一体となって，人が生存する各種の局面に貢献することになるはずである。ワイマール憲法においても，総合的な人格権の保護は不足していた。その不足分を，G.ラートブルフに代表されるような自然権思想はこれを具体化する努力を行い，その意向が基本法では明確に規定された。これに関係する訴訟は，憲法裁判所においても多様に展開されてきた。その代表例が，第1次妊娠中絶に関する判断であった。欧州連合基本権憲章も，こうした流れのなかで生命権を明記したのであり，この関係は明瞭である。こうしたことを前提として，2に進んでもらえば幸いである。

2　憲法における胎児の生命権——第1次妊娠中絶論争

i　はじめに

　日本国憲法下における基本権（人権）の共有主体に関する議論は，外国人や法人の問題を扱い，ここで問題とする「胎児」は問題とされることはなかった[29]。その理由は，憲法が基本権の主体を国籍法が規定する意味，つまり先天的権利主体たる「出生」に求めていたと考えられる（憲法10条，国籍法2条）。このことはフランス人権宣言における「人は出生及び生存において自由及び平等の権利を有する」という意味，さらに世界人権宣言の「すべての人間は，生まれながらにして自由である」という意味，つまりあたかも1個の形に現れたる生命（出生体）を指して，基本権の共有主体と考えてきたように思える。ただし，この考え方は近年において変化を遂げてきた。それは，基本権の実態に「生命」を置く考え方が現れ，同時に自然科学や医療の発展に応じて，生きる主体としての人

---

[29] 例えば，川添利幸「人権の享有主体」同『憲法保障の理論』（尚学社，1983年）234頁以下。

間の実像に様々なスポットが当てられることによって，人が生きることを法律学からも真剣に考えることが求められるようになった。人間の「生と死」をめぐる問題は，憲法での価値論争を誘発し，グローバルな面で議論されるようになってきたのは，当然のことであった[30]。その議論は，「胎児の生命権」論争という形で1960年代に議論されるようになったのも理由があることであった。憲法で最も真剣になって議論されなければならない「人間の尊厳」の実態は，人間の始まりである胎児にも十分に関係していたことになる。

　民法において胎児は将来の人としての限度において，公平を期するために例外的に生まれた者と見做されている（損害賠償＝民法721条，相続＝民法886条１項，認知＝民法783条）。また刑法は，堕胎罪（212条〜216条）を規定することで，一部露出前の胎児を保護法益とし，胎児の生命権を認めている[31]。しかし，堕胎罪は故意の殺害の場合においてのみ犯罪となり，しかも通常の殺害に比して量刑が軽少である。したがって，生育中の生命は通常の生命よりも保護法益は軽いことになる。しかも，新たな傾向として堕胎罪の緩和化の方向が現れてきている。刑法改正審議会の議論においても，堕胎罪としては不同意堕胎と同致死傷のみを残し，自己堕胎，営利目的同意堕胎を削除する議論もあった[32]。

　かくして憲法における胎児の生命権の議論は，日本国憲法のものとしては議論されることがなかった。日本の前近代的な法思考のなごりとして，国家，家による人口調整には比較的寛大であり（形としての家父長制，戸主制度等），男子による跡取りをことさら重視してきた風潮のなかで，胎児の存在にまで法的に意識するまでに至らなかったのかもしれない。胎児にとって最も重要なことは将来の人として生まれることにあるが，これを保障する精神的な環境が重要であり，宗教が果たす場面は多くあった。それも科学としての不明確な部分が多かった関係や食糧問題を始めとする社会環境に影響されてきたこともある[33]。

---

30) 代表的に２冊の文献を示しておく。F・サルダ（森岡恭彦訳）『生きる権利と死ぬ権利』（みすず書房，1988年），鯖田豊之『生きる権利・死ぬ権利』（新潮社，1976年）。
31) この点については次のように説が分かれる。①胎児の生命，②胎児の生命・身体，③胎児の生命身体と共に母親の生命身体，④妊婦自身，⑤生まれる子に対する父母の共通の利益。滝川幸辰編『刑事法学辞典〔増補版〕』（有斐閣，1968年）569頁。
32) 法制審議会刑事法特別部会小委員会第１次参考案，参照。なお，堕胎と妊娠中絶はほぼ同義であるが，堕胎は殺害の危険な行為も含むので若干広義である。

とくに，キリスト教文化圏においては，神の意思による人の存在感があったこともあり[34]，その限りで胎児も保護されることになったが，産む性としての女性の側の意思を尊重すべしとの「ジェンダー論」の視点や胎児と女性の関係性の問題は，倫理・文化や宗教だけの問題として「胎児の生命権」を処理することに反発をもつことになった。こうして論争を，女性の自由と胎児の生命権という対抗関係のなかで読み解くことは，本来的に避けるべきであり，この論争に一石を投じたドゥオーキンの理解が重要になってくる[35]。彼は2つの視点を区分し，一は妊娠という現象に派生する価値があり，ここでは主観的なものであるからこれを「派生的価値」とする。それに対して，胎児の客体に本来備わっている「独自的価値」があり，ドゥオーキンはこれを憲法上の生命権とする限りで重視しなければならないはずであるとした。Pro-lifeとPro-choiceの論争は，独自的価値を尊重するとする姿勢を貫徹する以上で，一定の結論がでてくるはずである。本節は，この論争の初期に表された主要な憲法裁判を通じて見えてくるものを概観することを目的とする[36]。[本稿が当初書かれた時期（1978年）は，参考文献が乏しかったが，後に出てきた文献を多少補いながら本書では議論を進めて行くことにしたい[37]。]

---

33) M・ポッツ＝P・ディゴリイ＝J・ピール（池上千寿子＝根岸悦子訳）『文化としての妊娠中絶』（勁草書房，1985年），この問題を「医学，社会学，人口学，歴史，政治，経済，法律，宗教」の問題とする視点が必要なことになるのであろう。その歴史的意味は，人口調整から始まっていた。Vgl. R. Jütte, Geschichte der Abtreibung. 1993. 中義勝「堕胎罪の歴史と現実および比較法」関西大学法学論集24巻1・2号（1974年）187頁。

34) J・グッドフィールド（中村桂子訳）『神を演じる』（岩波現代選書，1979年），とくに，131頁以降。古くは，ピオ12世「結婚生活における道徳問題」（1951年），これの緩和化は，中義勝「堕胎と道徳神学」関西大学法学論集24巻5号（1974年）1頁参照。

35) R・ドゥオーキン（水谷英夫＝小島妙子訳）『ライフズ・ドミニオン』（信山社，1998年）33頁，さらに，これの解説である，早川のぞみ「人工妊娠中絶と人間の生命の価値」齊藤豊治＝青井秀夫編『セクシュアリティと法』（東北大学出版会，2006年）115頁以下。

36) この論文は，以下の論文に啓発されている。D. P. Kommers, Abortion and Constitution, American Journal of Comparative Law, vol. 25, 1977.

37) この時期の文献の案内は，R. Fitzsimmons, Pro-Choice/Pro-Life: An Annotated, Selected Bibliography (1972-1989), 1991に豊富にある。私のこの論文を紹介する，古野豊秋「重要論文紹介」Law School 2号（1978年）98頁。

ii 胎児の生命

まず一般的な医学上での胎児の扱いについて、明記しておくことにする。妊娠から第6週末（2か月半ば）までの胚胎・胎芽（embryo, keimendes Leben, werdendes Leben）とし、それ以降出産までを狭義の胎児（fetus, Leibesfrucht, entwicklungs Leben）と呼ばれている。狭義の胎児は胎盤を伴い、そこを通じて母体から栄養を摂取するものである。この区別付けは、期限モデルによって妊娠中絶を正当化するためには有用である。この期間を境にして、胎児の生命権の保障と女性の自己決定権との利益が変わると判断されてきたからである。それに対して、妊娠から出産までの全過程を示す包括的な概念として広義の胎児（nasciturus, unborn child, ungeborenes Leben）という用法もある。こうした区分は医学上でも明確になされているわけではないので、とりあえずここでは広義の意味で胎児の用法を用いることとする[38]。

胎児の生命の開始時はこれと関連して、どのように理解されているのであろうか。胎児の生命の存在をことさら強調してきた教会法において、19世紀に至るまで「霊魂起源論」と深く関係し、生気の備わった時期を指して生命の開始時とされてきた。よく引用されるように、アリストテレスは、男子については妊娠後約40日目、女子については約90日目に生気が備わると考えていた。ローマ法はこの考え方を受け継ぎ、生気の備わる以前の胎児は母親の身体の一部と考え、堕胎罪さらに殺人罪を適用することがなかった。それに対して近代科学、とくに生理学は、人間の生命の開始時をできるだけ正確に追求しだした。神の領域に意図的に侵入するという批判に意図的に挑戦し続けてきたことになる。顕微鏡の発明により精子はオランダ人のレーウェンフックにより発見され、その後、哺乳類の卵子についてはドイツ人のベーアが1824年又は1828年に、さらに、人間のものは20世紀になってからとされている[39]。こうして卵子と精子の運命的な結合によって受精が始まり、これをもって生命の開始時となるとの理解が、医学・生理学の理解となる。しかし、近時の避妊具の開発とその使用により、安全に性行為を営むことが可能になり、性行為は人間にとって別の目的

---

38) H. W. Lay, Zum Begriff der Leibesfrucht in §218 StGB, JZ 1970, S. 467 ff.
39) 澤井直「ウィリアム・ハーヴィの発生論」ルネサンス研究6（1999年）54頁。

をもつようになり,単に卵子と精子の結合のみによって生命の開始と解するのを困難にし,夫婦にとって望ましい性のあり方が模索されるようになった。こうして生命の開始時に関しては,以下の3様の理解がなされるようになった。①配偶子接合 (Gametenverschmelzung) とそれによって始まる一定の生成過程,②胚子着床 (Nidation) の終了,③個体発生と系統発生が同時に備わる時点,つまり,生物学的培養基が精神をもつ時点,のいずれかとされた[40]。③は人間に特有の大脳の活動期とされた[41]。

　法学的には,まずコモンローの法則が,一般に生命の開始期を胎動 (quickening) を母親が感じられた瞬間としてきたが,これとて判例法上で確立していたものではなかった[42]。しかし,「人間の生命が受精の時点と違う時点で始まること,例えば胚子着床や固体化によって,または心臓や頭脳が活動し始める時,あるいは分娩によって初めて始まるということは科学的には証明できない」ものである[43]。憲法における「胎児の生命権」の問題は,あくまでも法学的に議論する問題であり,胎児の生命の開始期の判断も,他の科学の諸成果を考慮しながら法学から決定されなければならないことになる。ドイツ刑法ではもともと「子宮内に受精卵が着床を完了する」(219d条) をもって生命の開始時としていた。この条文は連邦憲法裁判所により違憲と判断されて,今や存在していない規程であるが,この定義を当面は参考にして議論を進めることにする。ここで使用する「人工妊娠中絶」(以下,妊娠中絶) は,一般的に使用される堕胎と同義であるが,刑法的には堕胎罪の適用は,胎内で胎児を殺害しなくとも,殺害する危険のある行為を行う場合も含むので,正確には妊娠中絶よりも広義の概念ということになろう[44]。[今日まで続いている論争のきっかけを作った初期の憲法判例を概観した本稿は,刑法では主題であったが[45],まだ憲法では馴染みのなかった時

---

40) Lay, 注38) JZ 1970, S. 469. Vgl., H. Lüttger, Der Beginn des Lebens und das Strafrecht, JR 1969, S. 445.
41) 脳波 (EEG) の動きは7か月目から見られる。死亡期もこの脳波で判断するのも同様である。W. J. Malendon, The Law and the Unborn Child, 46 Notre Dame Law Review, 1971, pp. 371-372.
42) D. W. Louisell, Abortion, 16 UCLA Law Review, 1969, p. 239.
43) A・カウフマン「刑法218条の改正に関する法哲学的視点からの所見」ユルゲン・バウマン編 (中谷瑾子=人見宏訳)『堕胎 是か非か』(鳳舎, 1977年) 34頁。

期にこのテーマを論じたメモリアル的な論文としてここに再現しておくことにする。ただし内容は最低限度で新しくなっている。]

iii アメリカ合衆国における判例

いうまでもなく合衆国は連邦制国家であり，その限りで連邦刑法については連邦の立法権限に委ねられており，各州での刑法において堕胎罪が規定されている。南部と北部での動向の違いに注目しなければならないのは，南北戦争後の修正14条の成立 (1868年) が，州間の格差を生みだしたことになると想定しがちであるが，これ以前にすでに36の州が中絶規制立法を有しており，修正14条の成立は直ちに違憲論争を生みだすものではなかった[46]。各州の宗教観や倫理観に左右された点が多かったのは，離婚の条件と似た点がある。州間の移動も考えれば，居住を変えることのできる者にとっては，大きな負担になるものではなかったはずである。

20世紀の初めに社会的な理由による治療上の中絶を正当化したロビンソンが提唱した規制の緩和は，後の最高裁の判決を予測するものであった。大きな中絶緩和の流れは，1960年代に始まった。それは母親の生命を救うということよりも，母親の健康を守るという内容に変化したことを意味していた。アメリカ法学会は，1962年にモデル刑法典を発表し，不法な妊娠中絶を，妊娠24週を超えた，意図的かつ不法に為されたものに限定した。逆にいえば，その期間内で，総合病院で，ライセンスをもった医師による，医学的，優生学的，倫理的理由による妊娠中絶は認められることになる。このモデル刑法典に依拠して，合衆国の約3分の1の州が，新たな中絶を認める立法を行った。

Griswold v. Connecticut はこの期における代表的な事件であり，連邦最高裁

---

44) Abortionを流産と訳せば，ここには自然流産も含まれることになり，違法とされる堕胎は，人工的な作用の一種ということになる。
45) 例えば，上田健二『生命の刑法学』(ミネルヴァ書房, 2002年) 第2章〜第4章を参照されたい。
46) アメリカにおける全体の動向は，石井美智子『人工生殖の法律学』(有斐閣, 1994年) 第2部がある。さらに，注33) 第10章 (255頁以下) が詳しい。Section 230.3, in Supreme Court Reporter, 35 L. Ed. 2d pp. 220-221. この規定が概念的に抽象的であるが故に，それを解釈する機関に困難な問題を残すという批判があった。J. V. McNulty, Los Angeles Times, 8. 14. 1966.

は画期的な判断を示した[47]。もともとイングランド系住民が多いことの影響を受けて、キリスト教の影響が強く、州法で避妊器具の使用を刑法で禁止していた。同州家族計画連盟の役員をしていたグリズウォルトが避妊具の情報を既婚者に提供したことで、避妊薬使用の幇助・教唆犯として訴追された事件である。事件は最高裁まで上訴され、ダグラス判事が書いた多数意見では、修正14条の半影（penumbras）のなかにプライバシー権を認め、同法の違憲性を判断した。既婚の夫婦間のプライバシー権を憲法が認めた価値としたことは大きな意味をもつが、ここから今日までこの問題は多面的な論争の種となった。

さらに進んで、Babbitz v. McCann事件では、「婦人はまだ胎動が感じられない胎児を中絶する憲法上の権利を有する」との判断も示されていた[48]。1970年代に入りこの傾向は確たるものになった。ニクソン大統領に諮問した人口増加委員会は、その72年のレポートにおいて、全州においてこの判断で示された中絶を認めるよう勧告を出している[49]。このレポートのなかで、L. ペッファーは、「婦人は自分の身体に起こるであろうことを決定する権利を有する」という有名な言葉を残している。アメリカ法曹協会も同年に「統一妊娠中絶法」を採択した[50]。それによると妊娠して20週以内は、医師と婦人の判断により特別の条件もなく、妊娠中絶が求められることになった。さらにこの20週を過ぎた場合でも、医学的・優生学的・倫理的理由により中絶を求める余地を残した。

これによりアメリカの各州法は何らかの形で中絶を認める規程をもつことになるが、それは先のアメリカ法学会型（適応モデル型）か、法曹協会型（期限モデル型）のいずれかによっていた。前者は比較的厳格性を求め、実際に南部や西部の諸州がこれに倣っていた。これらの州のなかで、テキサス州とジョージア州の中絶立法と修正14条の違憲性が争われたのが、今日著名になった２つの連

---

47) 381 U.S. 479 (1965). 佐藤幸治「憲法上のプライバシー権」英米判例百選Ⅰ 公法（1978年）126頁、同「Doe v. Bolton, 410 U.S. 179 (1973)——堕胎を規制するテクサスおよびジョージア州法は、堕胎を決める婦人の憲法上の権利を侵害する」アメリカ法1975年１号111頁に判例紹介がある。
48) 310 F. Supp. 293 (E.D. Wis. 1970).
49) Population and the American Future, The Report of the Commission on Population Growth and the American Future 142, 1972.
50) 58 ABAJ 380, 1972.

邦最高裁の判決であった。

　第1は，テキサス州で起きた，Jane Roe v. Henry Wade である[51]。事件では未婚で妊娠中のRoe（匿名）が，適応モデルであるテキサス州中絶法1196条の合憲性を争い宣言的判決と執行の停止を求めて訴えたクラス・アクションを起こしたことに起因する。同法は，婦人の生命を救う目的で，さらに医師のアドバイスを受けての中絶を認めていた。最高裁はまず原告適格の問題に言及し，時間の推移で妊娠は継続していなくともその利益はあると判断し，本案に至っている。判決ではこの中絶に関する歴史的推移に言及し，問題の憲法におけるプライバシー権に触れる[52]。「プライバシーの権利は，個人の自由と州の行為の制限に関する修正14条に依拠しているか，あるいは地裁が判断しているように修正9条の人民の権利の留保に依拠しているかを問わず，妊娠中絶するか否かを婦人が判断するだけの広さを有している。この選択権のすべてを否定することで，州が婦人に課することになる損害は明白である」（判例集 p. 177。以下同じ）。しかし，この権利も絶対的なものではない。州は「健康を保持し，医学的規準を維持し，潜在的生命を守る上で重大な利益を正当に主張しうる」。問題は，州は婦人のプライバシーの権利を侵さないでどの程度まで立法上で堕胎を制限できるかにある。最高裁は，この難問を受精後の3か月までとした。つまり，3か月までを婦人のプライバシーの及ぶ範囲とし（ただし，妊婦の主治医の医学的判断による），それ以降は医学的規準による判断に委ねた。こうした理解をもって，当該テキサス州刑法1196条は，内容上で不明確なものを含んでいる限りで，違憲と判断された。

　さらに判決は，判決は胎児も憲法上の人（person）になるかどうかに言及する。これについては以下の理由をもって，胎児の人格性を否定している。重要な部

[51) 410 U.S. 113 (1973). 高橋一修「妊娠中絶と憲法上のプライヴァシーの権利」英米判例百選〔第3版〕（1996年）82頁。最高裁へのBriefにおいては，婦人団体の上告支持，医師団による控訴被告人支持が目立った。Landmark Briefs and Arguments of Supreme Court of the U.S.: Constitutional Law, vol. 75 (1973).

52) アメリカ憲法の条文そのものにこの権利が明記されているわけではない。修正1，4，5，9，14条の精神のうちに含まれていると解されている。参照，戒能通孝＝伊藤正己編『プライバシー研究』（日本評論社，1962年），阪本昌成『プライヴァシー権論』（日本評論社，1986年）第6章，等。

分であるので引用することにする。憲法は「人を他の言葉でもって明らかにしてはいない。修正14条1項は，人を3通りの意味で使用している。第1は，citizensの意味，つまりアメリカ合衆国において出生し，または帰化した者である。第2は，正当手続条項及び平等保護条項で使用されている意味である。第3は，代表者を選出する資格として用いられる。……こうしてあらゆる場合で，この言葉（person）は，出生後の人で用いられている。明確に出生前の者までを意味してはいない」(p. 157)。さらに「19世紀のほとんどを通じて行われてきた中絶が，今日のそれよりも自由に行われてきたことからしても，修正14条で使用されている人という表現が，胎児を含むものではないことを信じさせてくれる」(p. 158)。こうして結論としては，胎児を憲法で保障された「人」と見做せば，原則としてあらゆる中絶は不法で，不当なものとなる。しかし，判決は胎児の生命の開始時を明確にすることもなく一応の結論を出し，アメリカ法曹協会型の期限モデルを正当化することに至った。

同日に出されたジョージア州での同様の事例においても，最高裁は婦人のプライバシーの権利を認めている。Mary Doe v. Arthur K. Bolton[53]は，テキサス州の場合と異なり，妊娠中期の適応モデルを問題とした。同州妊娠中絶法§26-1202条は，受胎後3か月までの中絶を認める要件として，医学的・優生学的・倫理的理由を求め，当該者が同州に居住し，特別に認可された病院において，加えて，病院委員会ならびに他の2名の医師の承認を，そして強姦による場合はその時の状況の証明を求めていた。こうした要件は，それぞれ過重なものであり，広汎な内容であり，とくに，居住要件は4条2節1項の「他州での市民の特権・免除権の享受」に違反するとされた。

妊娠中絶法をめぐる憲法判断は，さらに，1977年6月30日，新たな角度からの判断が示された。Frank S. Beal v. Ann Doe, Edward W. Maher v. Susan Roe, John H. Poelker v. Jane Doeの3件である[54]。ペンシルベニア・コネティカット・ミズーリ州における妊娠中絶法の違憲性をそれぞれ争っていた。直接に胎児の生命権を扱っているものではないので，先の事例との違いが顕著な

---

[53] 410 U.S. 179 (1973).
[54] 97 Supreme Court Reporter, 2366-2399.

ところのみを紹介しておく。この77年の判決は貧困者を救済するという経済的な事情による妊娠中絶を扱ったものである。合衆国社会保障法は，各州がそれぞれ医療扶助計画に与るように定めていた。しかし，これらの州では，非治療的な妊娠中絶 (nontherapeutic abortion) に対しての財政援助を排除していた。原告はこれらの規程が修正14条の平等原則に違反すると主張していたが，多数意見によれば州はその目的に応じて，医療扶助を決する広い裁量権を持つとして，原告の訴えを退けていた。この３件の事例の，ブレナン，マーシャル，ブラックマン判事による少数意見を注視したい。なぜならば，この３名は72年に最高裁が判断したファーマン事件における死刑違憲判決においても，死刑を違憲とした多数意見に与していたからである[55]。この死刑違憲判決は，76年に覆されアメリカでは現在に至るまで死刑は合憲となっているが，72年は大胆に違憲判決を書いた理由に，人の生命権への見直しがあった。その点で，死刑廃止と妊娠中絶自由化とは，本来は繋がらないはずであるが，中絶がプライバシー権と関係するという点，あるいは，社会保障の実現という新しい人権感覚に，彼らのなかでは結び付いていたことになる。ブレナン判事は，非治療的妊娠中絶の場合，貧困者に財政的扶助を行わないという計画は，明らかにプライバシーの領域を侵すものである，と述べている[56]。ここで述べられたプライバシーの権利は，「少数者保護」という内容的に新たなものを志向していた。多数意見に最も批判的であったのが，黒人の立場で主張するマーシャル判事であった。つまり，ここで問題となった法的取扱いが，結果として貧困な者の出産を強要する結果になるという憲法社会学的な主張を述べていた。この時点でのアメリカにおける非白人は全人口の13％であるのに，その非白人のグループは白人の２倍以上の中絶を行い，さらに，少数人種の40％（白人の５倍）は，自己の健康管理において公的医療扶助に頼らざるをえない現実がある。当時のアメリカにおける中絶問題は，その背景に人種問題と絡んでいたという指摘が判決文には認めら

---

[55] Furman v. Georgia, 408 U.S. 238 (1972). ５対４の僅差の違憲判決であり，この判断の枠組みを超えない形で，各州は死刑を規定することになる。鵜飼信成「憲法と死刑」専修法学論集27号 (1978年)，24頁以下に本判決の紹介がある。
[56] というのも，その計画が貧困な者に財政的なプレッシャーを与え，その者をして，そうでなければ行わなかったであろう出産を促すからである。p. 2388.

れていた (p. 2357)。

　70年代に出された最高裁の判断は，州法に影響を与えて改正を促すことになったが，逆にこれへの反対運動を強化させる動きにもなった。この時代を支えたのは，女性の側のフェミニズム運動に見られる社会・家族のなかの権利意識の向上論であり，M. トゥーリーに代表される「パーソン」論の具体化であった[57]。これは生物学的ヒトと道徳的パーソンの区分を通じて，憲法に規定されたパーソンは，生物学的ヒトとは別個の存在であり，パーソンは自己の責任のある範囲で決定できる主体となって登場し，その権限の行使は自らに還元されることになる。こうして，このパーソンはプライバシーという人格権に付帯する権利をもつことのできる憲法上の主体となって，その権利行使は他のパーソンに危害を与えない限りで保障されることになる。他方で，関係性の理論からも，この婦人と胎児の関係が見直され，婦人の胎児に対する優越性が論証されることによって，一定の（特定の）条件の下で中絶が認められることとなる[58]。70年代のアメリカは，英米法におけるパーソンの見直しを通じて，胎児への法の向かい方を大きく変えたことになる。それを変えたのがプライバシー権の優位であり，婦人の体の一部の時期における胎児のあり方への見直しであった[59]。

　後のアメリカの最高裁は，1992年のCasey判決をもっていずれの陣営にとっても不満の残る玉虫色の判断を下し，論争の決着を先延ばしにした感がある[60]。最高裁裁判官の傾向が大きく左右され，大統領のもつ裁判官指名権の大きさを再認識できるのは，いずれにせよこの問題であった。中絶論争がリトマス試験紙の状態は，今日まで続いている[61]。

---

57) この点の詳細は，小竹聡「人工妊娠中絶と胎児の『生命に対する権利』(1)」愛知教育大学社会科学論集39号 (2001年) 121頁以下，駒村圭吾「『生命・人間・倫理』の憲法論(3)」白鴎法学3号 (1995年) 99頁以下。
58) 中山茂樹「胎児は憲法上の権利を持つのか」ホセ・ヨンパルト＝三島淑臣＝笹倉秀夫編著『法の理論 19』(成文堂, 2000年) 13頁以下。
59) 戸松秀典「Abortion判決の傾向」アメリカ法1980年1号51頁，早川武夫「妊娠中絶論争」法律時報57巻7号 (1985年) 90頁，他。
60) Planned Parenthood of Southeastern Pennsylvania v. Casey, 505 U.S. 833, 844 (1992), 小竹聡「アメリカ合衆国における妊娠中絶をめぐる法と政治の現況」浦田賢治先生古稀記念『現代立憲主義の認識と実践』(日本評論社, 2005年) 147頁以下。95年までの判例の全体像は, Abortion law in the United States, vol. 1-3, 1995で読みとれる。

iv ドイツ基本法における判例

ここでは西ドイツ時代も含めた形で，基本法に見られる胎児の人権に関する判例分析を行いたい。同じ連邦制であるが，ドイツではアメリカの場合とは次の点で明確な違いがある。第1に基本法という名称であるが憲法と同じ規範力をもち，この憲法ではとくに基本権と命名された特定の価値内容を主権的に国民に保障するだけではなく，この価値を客観的に定めて，これを保護する役割を国家機関に命じている点である[62]。第2に，これと関係して，基本権への介入を法律で認めるが（19条1項），これへの侵害のあるなしとその程度への審査を，憲法裁判所に委ねている点である[63]。憲法裁判は，主観的な具体的権利侵害を争うだけでなく，抽象的な侵害にも対応する広汎な権限をもつことになった。第3に，基本法への侵害の可能性のある刑法・民法に関して，連邦を跨いだ法典が存在している。そこで，胎児の人権への侵害となる恐れのある刑法典の条文の改正をめぐって，以下問題にする2つの連邦憲法裁判所の判決（1975年と1993年）があり，この2つの判決には大いなる関心がもたれた。こうしてアメリカの場合と同様にして現出してきた妊娠中絶への緩和策に，ドイツでは少し異なった展開がなされてきたことになる。基本権への認識の違いと訴訟制度の違いがもたらした，大きな結論での隔たりといえよう。

基本法はことさら人権を実体的に保障する意味で，基本権の理念をまず実体憲法の冒頭に掲げ，「人間の尊厳は不可侵」であることを高らかに宣言した（1条）。基本権をなによりも重視している点で，これまでの憲法典からはまったく異色であり，後の憲法典のあり方の1つの雛型を作ったと考えられる。1条の理念を実行するものとして人格の自由（2条1項），生命及び身体を害されない権利の保障（同2項）と続く構成は，すでに本書でも論じてきた基本権カタログを実証する上で，一定の明確性をもっていた。こうした憲法構造からして，

---

[61] 最新の判例では，テキサス州における設備の完備した病院でないと中絶を認めない事例に対して，これを違憲とした判決が出されている。Whole Woman's Health v. Hellerstedt, 6. 27. 2016 がある。

[62] 本書の第Ⅱ章1 ii で言及したところである。

[63] 憲法裁判所の研究は盛んである。近時のまとまった著作として，畑尻剛『憲法裁判研究序説』（尚学社，1988年），宍戸常寿『憲法裁判権の動態』（弘文堂，2005年），畑尻剛＝工藤達朗編『ドイツの憲法裁判〔第2版〕』（中央大学出版部，2013年），等。

妊娠中絶の緩和は大きく反発し合うことが予測された[64]。
　改正前の刑法218条は，基本的には1851年のプロイセン法を引き継いだものであり，その後1971年の統一法典化されたドイツ刑法にそのまま規定されていた。つまり，ナチス期を除いて[65]，約半世紀間，ドイツは変わらない規程をもっていたことになる。もっとも罰則に関しては数度に亘って変化し，ワイマール期において，妊婦の生命，健康を保持する目的で，妊婦の同意をえて，医師によって実行された妊娠中絶が罰せられなかった事例があった（RGBl. I, S. 773）。戦後でも，例外的に，婦人の生命を守る医学的必要性が超法規的な緊急状態にある場合には，この妊娠中絶が合法化された通常裁判所の判決もあった（BGHSt 2, Ⅲ）。基本法での基本権の構成から，堕胎罪を憲法レベルで再構成するかの議論は，2つの立場を導き出した。1つには，基本法1条1項は人間の自然な固有な価値を「人間の尊厳」とこれと関連する2条1項の「人格の自由な発展」の権利を保障するから，婦人の自己権的権が優位に立つと解釈し，中絶緩和の方向を導く[66]。他方，2つには，基本法2条2項における「生命権」に担い手として胎児も含ませ，生成中の生命を守るのは国家の義務であるとして，「保護義務論」の導出を試みる。憲法学者だけでなく，他の分野も含んだ論争は，基本権の価値論争という形式をとることになるが[67]，これらの初期の代表的な論調をまず紹介しておくことにする。ヴェルニッケは，基本法2条の制定者は，胎児の生命権を明確にしてはおらず，その結果，立法者に委ねられた部分があるから，基本法からは直接には導くことにはならないとした[68]。こうした考え方は後に大統領になるヘルツォーグにも同様であり，立法者は「基本権の本質内容を侵害しない」（19条2項）限り，原則として立法者に広い裁量があり，①どの程度，生育中の生命に関与できるか，②その関与に刑罰をもって対処できるか，

---

64) 立法の概要は，吉田敏雄「西ドイツ刑法典218条（堕胎罪）の改正」ジュリスト573号（1974年）92頁以下。
65) この時代は「民族の勢力の保護」の下で，法的には「遺伝病をもった者の予防のための法律」（1935. 6. 26）により，中絶は大胆に実施された。
66) この権利の性格についての分析は，田口精一「ボン基本法における人格の自由な発展の権利について」法学研究36巻11号（1963年）9頁以下参照。
67) 保護義務論については，本書の第Ⅰ章 4 iv 参照。さらに，日比野，注3）845頁。
68) K. G. Wernicke, Bonner Kommentar, 1950, Art. 2, S. 3 f.

③どの段階で生育中の生命に国家的な保障を与えるかという問題は、それぞれ立法者に委ねられ、立法者は特別の憲法からの拘束からは自由であるとされた[69]。レッツケも中絶の問題を「どのように立法者が決定するかは、政治的合目的性の問題であって、憲法上の問題ではない」とする。その理由として、生物学的生命は、それ自体は憲法上議論する問題ではなく、その点で胎児が憲法上で保護されるかどうかは、国民の支持を受けている国家権力が決定することであって、一片の成文法に答えられるものではないとした[70]。

これに対して肯定派は多かった[71]。しかし、その多くは積極的肯定に至る理由を明らかにするものではなく、胎児の生命の開始期を早い時点に求めることで、その胎児の生命権を憲法上で認める傾向にあった。最も早く性交時に生命の開始を認めるデューリッヒを始めとして、その他の論者もこれに準じた理解をしていた。ところが、もともとも刑法218条は次のように定められていた。

「自ら胎児を故意に殺害するか、母体内において殺害を行う婦人は、5年以下の懲役に処する。酌量減軽すべき事由のある場合は、6か月以上の自由刑に処する。」

この規程は、1969年の改正によって、「懲役」が「自由刑」に変わり、医学的適応の事例が加わってくる。本格的な見直しは、1970年代に開始された[72]。

原因は、社会の現実と法規範との間に大きなズレが生じたことによるものであった。非合法な堕胎が、少なくとも出産数の3分の1を占めており、その数値は年間で数十万件を超えていた。しかし、処罰されたのは、1963年～65年で、全部で3621人であったのであり、自己堕胎の90%が罰金または3か月以下の保護観察付きの自由刑に処せられたに過ぎなかった。刑法に定められた刑罰があるにも拘わらず、堕胎罪は他人によるものを除いて軽犯罪となってしまった。他方で、違法なもぐりの医師による堕胎は、死者、または健康を害するものを

---

69) R. Herzog, Der Verfassungsauftrag zum Schutz des ungeborenen Lebens, JR 1969, S. 441 f.
70) ゲルト・レレッケ「基本法と堕胎の禁止」バウマン編、注43) 34頁。
71) レレッケ、注70)論文で記されている名前を記せば、Mangoldt-Klein, Maunz, Nipperdey, Schorn, Guardini, Wertenbruch, Wintrichといった具合である。
72) 畑尻剛「ドイツ連邦憲法裁判所と人工妊娠中絶」城西大学研究年報（人文・社会科学編）17巻（1993年）4頁以下に条文の全訳がある。

出し,出産よりも安全とされていた3か月以前の中絶を却って危険なものとしてしまった。かくして堕胎罪の見直しを迫ったのは,1970年の夏,「私の腹は私のもの」というショッキングな標語をもってフランクフルト市街をデモ行進した婦人達であった。これに対して,カトリック教会側は,「堕胎の自由化は殺人」というスローガンを掲げて対立した[73]。

1970年のドイツ刑法学会のテーマも,堕胎罪の改正議論となった。その詳細に関しては,中義勝が行っており,そこから改正の方向を探って見ると,その雰囲気は改正に概ね賛成のものであった[74]。そこでは社会民主党(SPD)や自由民主党(FDP)の主張する「期限モデル案」とキリスト教民主同盟(CDU)の「制限適応モデル案」とが,学者の間でも対抗的に議論されていた。例えば,ベムマンは前者の考え方に与し,妊婦は胎児に対して防衛的緊急状態にあり,こうして妊婦は胎児に対して緊急避難権が認められるとし,その権限を妊婦により「自由な人格権」に位置付けている。基本法2条1項で保障されたこの権利から,ベムマンはとくに負担と出産の困苦の継続を求めるか否かの権利が導出されるとした。その理由として,2条1項において,「他人の権利,憲法的秩序,または道徳律に反しない限りで」,その人格権が保障されているのであり,中絶はこれらの制限に直接は該当しないのであるから,堕胎行為は2条1項の範囲内ということになる[75]。さらに,胎児が独立した保護客体であることは認められるものの,胎児が直ちに憲法における権利の主体であることは否定される。つまり,基本法2条1項・2項に規定された「各人」(jeder)のなかには胎児は含まれるものではないとされた。彼はそのことを根拠付けるのに,基本法の起草者達が「萌芽的生命は保障される」の文言を憲法上に明記することを拒否していたことを指摘する[76]。もしも胎児の生命権が認められるとするならば,妊婦がその妊娠行為に伴う負担を意識した時期,すなわち妊娠後期(6か月以降)に至

---

[73] ユルゲン・バウマン「生成中の生命の保護」同編,注43) 9頁以下。
[74] 中義勝「堕胎罪をめぐる立法問題」関西大学法学論集22巻1号(1972年) 79頁以下,中谷瑾子「妊娠中絶に対する法的規制の在り方」ジュリスト678号(1978年) 35頁以下。
[75] G. Bemmann, Zur Frage der Strafwürdigkeit der Abtreibung, ZStW, Bd. 83, 1971, S. 98.
[76] Herzog, 注69) JR 1969, 442. 実際にそこでの議論は十分に行われたのではなく,ほんの一部で胎児の生命権が議論されたに過ぎなかったとされる。

った場合であって、胎児の生命権は、したがって、無条件にかつ妊娠第1日から認められるわけではないと強調された。

これに対してルドルフィは、胎児が独立した保護客体であり、その存在はそのまま憲法においても認められるという点から論を始める。その理由として「胎児はすでに作り挙げられたプログラムの当初から、妊娠のプロセスを通じて自らの法則に従って発展する人格を自己の内に含んでいる」ことを挙げる。例え生成途上にある生命が、基本法2条2項で保障された人間の生命とは異なったものであるとされたとしても、「胎児は人間の生命の前形態であり、これへと発展するものであり、内在する法則に基づいて、独立して道義的に責任をもった人間へと発展するものであることについては何ら疑いがない。かくして生成途中にある生命という憲法上の評価を部分的にもち、基本法の保護によって達成される実質的法治国家の原理によれば、社会が保護すべき法益としてあることになる」[77]。この2人の論者のいずれに依拠するにしても、刑法学会の議論は憲法の議論も同時に射程にいれており、刑法の改正によって、堕胎罪の規程の見直しを行うという点では、同一の方向を向いていたことになる[78]。

議会における刑法改正への議論は、1965年〜72年にかけてこの218条の見直しを図るものの、多数案が作られることはなかった。1972年11月に行われた連邦議会選挙に於いて、社会民主党と自由民主党との連立政権が誕生するに至って、与党提案が改正案として示された（第5次改正案）[79]。この時点で4案（期限モデル、拡大適応案、制限適応案、限定制限適応案）が提案され、ブラント率いる連立政権は期限モデル案を投票に掛け、僅差（245対219票）で通った。さらに、記名投票に掛けられ、ここでもさらに僅差（247対233票）となって可決された。連邦参議院は基本法77条3項に基づいて異議を申し立てたが、連邦議会は同条4項に従い過半数でこの異議を却下した。218条の改正案は、1974年6月21日に官報に告示され効力をもつに至った。改正条文の概要は以下のとおりであった[80]。

---

77) H.-J. Rudolphi, Straftaten gegen das werdende Leben, ZStW, Bd. 83, 1971, S. 113.
78) ハーバーマン「堕胎の社会学のために」バウマン編、注43) 309頁。
79) アルビン・エーザー（浅田和茂訳）「ドイツ堕胎刑法の改革」大阪市立大学法学雑誌32巻3号 (1986年) 579頁以下で詳しい。吉田、注64) 92頁以下。
80) BGBl. 1974 I, S. 1297.

218条　受胎後13日以降の妊娠中絶は，3年以下の自由刑ないし罰金刑に処する。

218a条　12週以内，妊婦の同意をえて，医師により行われた妊娠中絶は罰しない。

218b条　12週以降であっても，①医学的に正当化される場合，②優生学的に正当化される場合は，22週以内で行われた妊娠中絶はこれを罰しない。

218c条　事前に医師または相談所による教示を受けず，かつ，医師の助言を欠いた場合は，1年以下の自由刑または罰金刑に処する。

219条　218b条に定められた妊娠中絶を行う場合は，事前に権限を有する機関の確認を受けなければならず，これを欠いた場合は，1年以下の自由刑または罰金刑に処する。

　この法改正により，原則的に12週（3か月）以内での妊娠中絶の自由を，医師と婦人の側に与え，さらに，医学的判断によって12週以降においても中絶が可能となった。多数案の論拠が示す考え方は，「婦人の妊娠中絶を行うという決心とその決心の実施は，妊婦を一定の行為へと進める物心的・社会的・家庭的困難を除去するために可能な限りでの援助が提供される」ように考えだされたものであった。しかし，国会の議決が僅差であったこともあり，直ちに論戦を司法の側に持ち込もうとする動きが現れた。バーデン・ビュルテンブルク州政府以下4州，さらに連邦議会議員193名（CDU＋CSU）により，連邦憲法裁判所に抽象的規範統制（基本法93条1項2）が提起された。同時にバーデン・ビュルテンブルク州は，218a条の執行を停止する仮命令を求めていた[81]。憲法裁は直ちに仮命令によって，218a条の執行を停止した。仮命令はやがて出される判決を予測させる内容になっており，仮ではあるがそれなりにしっかりした論拠をもって問題に答えている。

　判決は，5対3に分かれたが，多数意見は大方の予測に反して大胆な違憲判断を示した。BVerfGE 39, 1 (1975)[82]。原告達の訴えは，改正刑法が，基本法1条1項と結び付いた2条2項に違反するというものであり，多数意見はこの

---

81) 畑尻，注72) 27頁以下で判決内容を知ることができる。

原告の訴えを概ね認めている。また，以下のような代替立法を指示していた[83]。

1 12週以内においてあらゆる妊娠中絶を認めるものではなく，医学的・優生学的場合にそれは限定される。
2 妊娠が刑事法上の暴行に起因した場合，それが12週以内で医師によって行われた限りで認められる。
3 妊娠中絶が妊婦を重大な緊急状態から救うために合理的に望まれた唯一の方法である場合，それが12週以内であれば，裁判所は不可罰とする裁量的権限を有する。

同判決はこれまでの論争に決着をつけるかの如くして，基本法2条2項1文において，母体内で生成中の生命を保護対象として認めた。その理由は以下の5点にある。a 基本法は死刑を廃止しているのと同じように，人間の生命を根本的な価値としている。b 人間の生命の開始時は，受精後の着床の段階である14日目とする。2条での「各人」(jeder)は「あらゆる生命体」を意味し，人間の生命を分割して考えることを認めるものではない。c 2条2項が求めている意味と目的は，生成中の生命にも生命の保護を与えることにある。d 2条2項の制定過程で様々な議論がなされたが，そこでは2条に「萌芽的生命」をも含まねばならないことを暗示していた。e 第5次刑法改正時においても，憲法上の問題が究極的に議論されたわけではないが，生まれる前の生命の保障についての生命への保護価値については一致が見られた。

基本法2条2項と1条1項は，国家に生成中の生命への保護への直接的な関わりを禁止し，さらに，生成中の生命への保護と促進，とくに，第三者からの侵害から守る義務を命じている。こうした国家による生命の保護義務は，母親か

---

82) 憲法論として扱ったものとして，G. Rüpke, Schwangerschaftsabbruch und Grundgesetz, 1975. 同書は判決に批判的である。嶋崎健太郎「胎児の生命と妊婦の自己決定――第1次堕胎判決」ドイツの憲法判例Ⅰ〔第2版〕(2003年) 67頁，小山剛「妊娠中絶立法と基本権（胎児生命）保護義務」名城法学43巻1=2号 (1993年) 137頁，がある。
83) 代替立法について，オットー・バッホフ（塩野宏訳）「法と政治の狭間の憲法裁判官」日独法学2 (1978年) 13頁では，「立法者が最終的規律をするのに必要な活動の自由を保障するためになした」と述べていた。

らの侵害からの保護も含んでいる。基本権の体系は，防御権だけでなく，客観的な価値秩序の保障も行っており，国家の生命保護の存在と範囲は，基本権の価値体系から認められる。

　他方で，2条1項のなかに婦人の人格の自由な発展を目的とする権利を読みとることができるが，ここでは「他人を害しない限りで」その権利が認められるのであり，他人に胎児が含まれることによって，婦人の人格決定権が認められることはない。1条の「人間の尊厳」には胎児にも該当しており，胎児の生成中の生命の保障が強く保障されなければならないのは，自分を守る手立てを知らない生成中の生命の特殊な生物学的な立場に配慮しなければならない。

　この判決に一貫して流れていたのは，生命尊重を国家の最大の義務と解し，胎児の生命を尊重することもこの枠組みのなかで理解する努力がなされていることである。この時点でアメリカの影響を受けて東・西ヨーロッパ全体が中絶緩和の方向を見せていたのに対して[84]，ドイツはあえて特殊な戦前の歴史のトラウマを本判決でも維持した。それはナチス全体主義が生命の価値を秤にかけ，劣勢の生命には徹底してその存立を否定してきたことへ反省が，判決の文意で散見できる。基本法において格別に強調され，1条で堂々と宣言された「人間の尊厳」という根本原理は，客観的な価値をもって立法者を強く拘束するものであり，多数意見はその確認を判決のなかで繰り返したことになる。

　多数意見とそれに続く判決が示して代替立法案の内容は，改正前の堕胎罪規程も適切ではなかったということで，かつての少数提案にあった「拡大適応」案に近いものであった。この代替立法案に示されているように，医学・優生学・倫理上，さらに「妊婦に対して，他に期待しうる方法では避けられない重大な緊急の危険」を避けるためにのみ，妊娠中絶は認められることになった。しかし，この考え方にも問題は残されていた。第1に，期限モデル案に較べ，拡大適応案にはその項目・内容の上で抽象性が残り，判定者の恣意的判断がなされる余地がまだ残されていた。つまり，代替立法の場合でいえば，内容的に不明確な妊娠中絶カタログを裁判所が判断することになりかねないおそれがあ

---

[84] 和田英夫＝明大DC公法ゼミナール「妊娠中絶をめぐる米・墺・仏・伊・独の比較憲法判例研究について」Law School 27号，28号（1980年，1981年）。

った。第2に，判決が胎児の生命権の問題を憲法レベルで論じることと，いかにこの生命を守るかという立法問題を同次元的に論じていたことで，憲法裁判所のこれまでに形成してきた役割を逸脱するのではないかという問題があった。少数意見は，この論点を鋭く突いている。とくに，当時第1法廷での唯一の女性判事であったブリュネック判事は，堕胎罪の特異性，つまり妊婦個人のなかに加害者と被害者の同一の関係があり，その点を立法者は十分にこれからは判断していかなければならないと指摘し，その立法は妊婦の立場で判断しなければならないとした。そもそも胎児の生命を守る意味で，国家が堕胎罪を設けるにしても，妊娠初期においてこの規定が有効に機能する場面を考えなければならないとしている。

この判決の約1年後の1976年5月21日付けで，第15次刑法改正が公布された[85]。この間において刑法の変遷は数度に及んでいたことが分かる。その結果，第5次刑法改正法の218a・218b条のそれぞれが，概ね憲法裁の代替案に沿って改正された。大きく異なる点は，医学的(医師の)判断を重視し，妊娠中絶がなされる場面を具体的に想定し，少数意見の批判にも有る程度答えていた。しかし，この具体例を詳細に法令に定めることによって，解釈者の判断が重視されることになり，とくに，218a条に書き加えられた「緊急状態の危険から妊婦を救うため」の行為が，その判断者に恣意的な判断する余地を残した点でも，問題は大きい。第2次の大きな改正も必要なことは確かであった。改正刑法は，218条で妊娠中絶の可罰性をそのまま規定し，218a条を全面改正し，「妊娠中絶のための適応事例」を定め，「医学的，倫理的，社会的ないし緊急状態の危険」が存在した場合という指標が示された。さらに，218b条は，この中絶が事前(少なくとも3日前)に，社会・医学的な指導の受けなければならないとする(補助的原則)。要するに，違憲とされた「医師の同意による12週以内の妊娠中絶の自由」に代わって，第三者の指導の下に，特定の要件が加味された妊娠中絶だけが認められることになった。これらの指標の内で，優生学的，倫理的なものはその証明が比較的厳格になされることになるが，医学的あるいは緊急状態の危険という指標は依然として判断者の恣意的な裁量が残る。ここに，「ドイツ立法史

---

85) この条文は，畑尻，注72) 9頁以下，及びエーザー，注79) で詳しく記されている。

における悪法の一である」と言われる点があった[86]。この評者に指摘されたのは、結論的には以下の諸点に応えなければならないからであった。①胎児の生命に価値を認める意識が国民のなかに残されているか。②中絶することにより生ずる負担に、妊婦が耐えられるか。③医師がその職業倫理を、安易にえられる利益よりも優位に置くであろうか。④助言を行う機関が、妊婦と胎児の利益に適うような手段をもたらすであろうか。⑤刑を執行する機関が、法律にもたらされた実質的な生命の保障という要請に一致しているであろうか。⑥国民が同胞の困窮を助けることになるであろうか。こうした一連の条件は、第15次改正刑法を実行していく社会的な意識の変化を求めていた。

　公的に示される統計からして、これ以降も同国に妊娠中絶件数は増えることはない。しかし、実際の数値は年間30万から35万件というショッキングな数値がある。つまり、もぐりの医師によるもの、あるいは海外での堕胎旅行によっての数値がこれに該当する。この時期に出生数は年58万であるから、社会の現実はヨーロッパ事情を考慮して判断しなければならない。政府もこの法改革が、「違法なものと合法的なものの摩り替え」であったと認めている。社会的法治国家（基本法20条）を目指すドイツは、出産への保険の適用を認め、児童手当を大判振る舞いする社会政策立法の拡充を図っているが、出産数は増えずに闇の中絶が増えるということは、別の要素がこの問題には含まれていることを示していた[87]。

　こうしたなかで、ドイツは画期的な統一の実現という事件を迎える。この統一で様々な問題が生じていたが、東西で堕胎罪の規定の仕方を根本的に異にするという大問題が生じることになった。基本的に「期限モデル」を維持してきた東ドイツ刑法と、「適応モデル」に変動していたドイツ刑法を、統一条約は改善を促していた。立法者の結論は、一般的には「助言モデル」なるものを作成した。これは妊婦をめぐる環境を改善して行こうとする社会立法であり「胎児の保護、子どもにやさしい社会の促進、妊娠に伴う葛藤状態の克服及び妊娠中絶の規律に関する法律」（妊婦及び家族扶助法）を作成した。しかし、この法律に

---

86) K. Lackner, Die Neuregelung der Schwangerschaftsabbruchs, NJW 1976, S. 1233.
87) 参照、石村修「自己決定権としての生命の処分」専修大学法学研究所紀要15（1990年）38頁。

対してもバイエルン州及びCDUの議員が中心となって，その憲法違反を憲法裁判所に訴えた。仮命令の判断を経た上で，憲法裁は1993年に一部違憲の判決を下した[88]。詳細は本稿の範疇ではないのでここでは控えるが，憲法裁は，胎児の生命権には75年判決と同様に一定の理解を示した上で，国の基本権保護義務の構造を繰り返し言及していた。憲法の価値を人間の尊厳に設定する以上は，当然の判断をしたことになる。

ｖ　オーストリアにおける判例

同じドイツ法圏にあり，しかも戦前から憲法裁判所を有してきたオーストリアであるが[89]，ドイツよりも早くこの憲法裁が判決を出していた[90]。その点で，ドイツの第１次の違憲判決と比較して検討する意味がある。

1974年１月，オーストリアにおいても様々な議論の末に，中絶を規定していた刑法の改正があった[91]。改正された刑法97条１項は，事前の医師の診断がなされ，妊娠３か月以前で為された中絶はこれを罰しないとされた（１号）。さらに，一般的に認められた適応症（医学的・優生学的適応），さらに未成年者である場合は，期間にかかわりなくその中絶は罰しないとされた（２号）。つまり，３か月の期間に限定した期限モデルとその期間に拘わらない拡大された適応モデルを含んだ，かなり緩やかな条件を含んだ改正となった。この改正法の97条１項１号の３か月間の中絶の緩和化に対して，ザルツブルク政府が，憲法140条に基づき違憲判決を求めてウイーンにある憲法裁判所に訴えたのが本件である。140条は，連邦法律の違憲性の疑いをもったラント政府が，直接憲法裁に訴えを

---

88) BVerfGE 88, 203＝小山剛「第２次堕胎判決」ドイツの憲法判例Ⅱ〔第２版〕(2006年) 61頁以下，この判決ではますます国家による保護義務が強調されることとなった。小山，注82) も参照。
89) 1920年のオーストリア憲法で設置された憲法裁判所の真意について，高見勝利「ハンス・ケルゼンと憲法裁判制度」公法研究44号 (1982年) を参照しつつ，同国の裁判所の紹介は，F. Zehetner, Verfassungsgerichtsbarkeit in Österreich, AöR, Bd. 102, 1977, S. 96 でもこの判決に言及がある。
90) Die Erkentnis von 11. Oct. 1974. G 8/74-22.
91) この経緯について，宮沢浩一「1974年オーストリア新刑法典と堕胎罪規定について」法学研究47巻10号 (1974年) 95頁以下が詳しい。

提起することを認めている (140条1項)[92]。

　ドイツと事情が異なるのは，オーストリアでは憲法に基本権は規定されてなく，唯一平等条項があるくらいで（7条），後は国家統治に関する規定があるだけである (Das Bundes-Verfassungsgesetz in der Fassung von 1929)。憲法に代わって，基本権は，国際条約，憲法法律によって規定されている。したがって，同国では自国が批准している人権条約によって基本権が保障されており，憲法裁判所へのこうした条約に基づく訴えが認められていた。ザルツブルク政府が提起した内容は，以下の8点に及んでいたが，それらは大別すると，「生命権の保障，法の前の平等原則」違反に集約される。原告は胎児も法の担い手になることを前提として，3か月以内の妊娠中絶を自由化するのは，生命権を刑法8条の規定から拡張解釈して導いていた。さらに，ヨーロッパ人権条約（MRK）2条（生命に対する権利），サンジェルマン条約（StV）63条1項に反するとした。

　判決は，この条文の内容を個別に検討した上で，原告の訴えを退けていた。第1に憲法法については，個々人の自由権を規定されているものの，具体的に胎児の生命権の保障が明文化されているわけではない。つまり，原告は自由権の内容から直接に生命権の保障があると構成するが，そこにはかなりの飛躍があることになる。この条文で問題とされた生命権は，国家の侵害からの自由の意味であり，刑法96条，97条の場合は国家の生命への侵害が問題となっているのではなく，96条で堕胎罪が規定され，しかし，97条の諸前提があった場合にこの罪が問われるものではないとしているだけであり，ここからは違憲問題が導かれることではないとした。さらに，ヨーロッパ人権条約2条にある「すべての人の生命に対する権利」にあって，人のなかに胎児が含まれるかどうかが検討される[93]。ここで判断が分かれ，多数説は2条の全体の趣旨から判断して，胎児は含まれないとした[94]。もしもこの2条が胎児の生命権まで保障したものであった場合，この保障はその限りで無制約のものでなければならない。とこ

---

[92] 原文は，レクラム版の8763, 7. Aufl. 1977を使用した。
[93] 胡慶山「ヨーロッパ人権条約第2条の生命権について(1)」北大法学論集49巻3号（1998年）612頁以下は，成立の沿革から論じる。
[94] 多数に与したのは，Moser, Marschall, Schambeck, 少数には，Guradze, Bockelmannであった。

ろが2条1項の後段は「法律で死刑を定める犯罪」について言及しており，その点から2条全体はすでに生まれた人を前提としていると解された (S. 98)。最後に，サンジェルマン条約63条1項の「居住者」にも胎児は含まれないとした。同項は「オーストリアは，オーストリアの全住民の……生命の完全な保護を保障する義務がある」と規定するが，その文言を厳格に解釈すれば胎児がここでも含まれていないことは明白である。同項2項は信仰，宗教の自由を保障しており，その保障対象は当然に生まれたものを指すことになるので，結局，同条は全体として胎児は含まれていないと解される。

別の論点は，97条1項1号が3か月を前後して胎児の生命を区別しており，これが「法の前の平等」に反すると訴えられた問題である。オーストリア憲法7条が「すべての連邦公民は法律の前で平等である」とし，同じく「国民の一般的権利に関する国家基本法」(StGG) 2条にも同様の内容が規定されている。原告の主張は，生殖と死の段階で人の生命が等しく扱われていないことを無理やり訴えていた感がある。判決は，妊娠のすべての過程を通じて，母親の生命と生育中の生命を，同様の生命と見ることが妥当かどうかを判断する。結論として，「生育中の生命は母胎内に宿ったものであり，発育しているものであるから，その母胎内に宿ったという生物学的物体の異なった発育段階は，憲法に根拠付けられた平等条文の意味における平等を意味するものではない」と判断している (S. 106)。立法権は，胎内で発育する胎児の発育段階を裁量的に判断して，3か月の医学的な根拠を示すことは可能であり，そこに違法性はないことになる。

ヨーロッパ人権条約と基本法は，条文の形式や文言内容からして，ほぼ同一の生命権を保障しているように見える。しかし，オーストリア憲法裁判所が判断した結論は，ドイツのそれと異なっていた。その違いは，ヨーロッパ人権条約は国内法化される手続が必要であり，受容における立法府の裁量が広いと判断されたことになる。2つの法規はほぼ同様の立法目的をもって戦後に作られたものであり，生命を重視する精神構造は同様であった。ただし，それを国内法化するためには一定の国情が働いたはずであり，それが判決の違いになって表されたことになる。

vi 結語――日本との比較

　日本の刑法は212条〜216条で堕胎罪を規定してきたことは変わりがなく，その意味で原則として胎児の生命権を保護してきた。この罪がほぼ空文化していることは，法務省の検察統計年報からも明白である。「優生保護法」から名称を変えて「母体保護法」(1996年)に規定された「医師の認定による人工妊娠中絶」(14条)が変わらずに存立してきたからである。この条項の適用によって，刑法の堕胎罪は空文化状態であり続けてきた。ここでは憲法と刑法との齟齬は生じてこないことになるが，本書で一貫して論じてきた「生命権の保障」(13条，31条)の重要性から判断すれば，憲法論としても「胎児の人権」は現時点でも検討しておかなければならないテーマであろう。

　優生保護法(1948年)は沿革的には「国民優生法」(1940(昭和15)年5月1日)を引き継いだものであり，その点で極めて時局的な色彩の濃い法律であった。つまり，両法規は立法目的を本来は異にしており，継続性を見ることは不可能なものである[95]。つまり国民優生法は，ナチスが行ったのと同様にして，民族主義が生みだした極端な人種論に影響を受けており，劣った人種に断種の手術を求めることを意図していた[96]。その1条には「悪質ナル遺伝性疾患ノ素質ヲ有スル者ノ増加ヲ防遏スル」とあった。しかし，他方で，健全な者の中絶を厳罰にする条項をもつことで，人口を増やすことも意図していたのであるから，戦争を遂行するための道筋を描いたものであったことが分かる[97]。優生保護法は，この戦前の立法目的から離れることを意図して超党派の議員立法として成立していたが，この法律にも隠された立法目的があったことが分かってきた。「優生保護」という名称が示しているように，完全に国民保護・女性保護という観点ではなく，中絶規制の緩和は「優生」を残すという精神構造の表れでもあった。産婦人科医で参議院議員であった谷口弥三郎のいい方では，戦後の劣った

---

[95] この視点を強調するものとして，松原洋子「〈文化国家〉の優生法――優生保護法と国民優生法の断層」現代思想25巻4号(1997年)8頁以下，藤野豊『日本ファシズムと優生思想』(かもがわ出版，1998年)，石井，注46) 174頁以下もほぼ同様の視点である。
[96] 小俣和一郎『ナチス もう一つの大罪』(人文書院，1995年)38頁以下「ナチス断種法の成立」。
[97] 1930年の「日本民族衛生学会」の設立が，国民優生法の制定を促したとされている。近藤弘美「優生法に見られる日本人の倫理観」第7回国際日本学コンソーシアム報告。

生による人口爆発を止めるという意図があったようである。社会党議員であった加藤シズエの論調にあった「不良な子孫は必要ではない」が,「優生」という法名称に残ったことになる。こうして,領土喪失,食糧不足等から起きる深刻な人口調整に対処するための主目的を,立法者は「母体保護」という観点を表にして,立法目的の摩り替えを行ったと考えられる。戦後の第2回国会での厚生委員会での先の谷口理事の発言にはその趣旨が含まれていた（1948年6月26日官報）。母体保護法とした変更は遅すぎたのであり,「母性の生命健康を保護」という立法目的は,刑法との整合性を意識したものとなったのである。

　これまでいろいろ取り沙汰されている同法14条は,数度に亘って改正されてきた。人工妊娠中絶は,任意妊娠中絶と要審査妊娠中絶に分かれていた。前者は,優生学及び医学的適応を認め,後者は倫理的及び社会的適応を認めてきた。さらに後者の場合は,指定医師が本人と配偶者（相手）の同意をえた後,地区優生保護審査会での審査を経てから認められていた。しかし,1952年の改正で,14条は4つの適応による妊娠中絶をすべて任意なものとし,手続を簡略化し,指定医師の決定権限を重くした。もともと5年の時限立法であったが,数次の期間延長があった末に,母体保護法へと実態を変えることになった。これは優生の部分をすべて削除することによって,フェミニズム論への接近を試みた法改正ということになる[98]。なによりも「優生」の思想が問題であったのであり,やっと「優生」がとれて「母体保護」の観点での立法ということになった。長い時間がかかったということは,宗教団体を始めとする「優生」保護の観点から同法を支持する団体の圧力が,与党に及んでいたことを見過ごしてはならないであろう。名称が変わった法の下で,胎児の生命の保障が変わるかどうかの議論を法学のフィールドで検証することには困難が伴っている。それは訴訟にならない程に,安定的な法運用がなされているからである。

　同法が許容し続けてきた問題の14条は変わらずに存続しており,先に見てきた諸国のなかでは最も緩やかな人工妊娠中絶を許容する条項をもつことになる。とくに,1項の「経済的理由」が拡大的に理解されてきた。もちろん指定医師

---

[98] 優生保護法の問題点は多様であるが,医学からの立場で,我妻堯「医学からみた人工妊娠中絶をめぐる諸問題」ジュリスト678号（1978年）28頁。

による施術，本人及び配偶者の同意，そして届出義務という条件があるが，これは中絶を認める場合の最低限度の条件ということになる。切実な「経済的理由」はともかくとしてそれ以外の場合に関しては，期限モデルを厳格に適用すること，1990年の厚生事務次官通知の妊娠22週未満という認識を厳格に適用することが必要である。今日の別の問題は，新型出生前診断（NIPT）が慣行化されることで，ダウン症等の特定の症状をもった胎児がかなりな確率で判明することとなり，法が予定することのない理由でもって中絶に至る事例がでてきた。こうした事例に対応する意味でも，同法は，母親と胎児との真の家族形成を行う関係を整除する内容に変わらなければならない命運をもちつつあるように思われる。もちろんこの場合でも，胎児の生命の尊重を第1に考えることになるが，生まれた後にどのように生きることができるかの家族形成の問題も考慮の内にいれるべきである。

　世界の趨勢は，女性ないしカップルによる「リプロダクションの権利」を尊重する傾向にある。すると胎児の生命権を尊重しながら，この権利を行使できる法環境がどのように作られるかを考えていかなければならない。もちろん胎児の生命権の尊重を基礎にした上で，いかなる限度でこれへの介入が認められるかを考えることである。その意味で，「身体的又は経済的理由」の判断が安易になされてはならない。アメリカ及びドイツの法改正をめぐる司法と立法府との駆け引きは，一定の方向を目指しているように思われる。それは厳格化された妊娠後期での人格権の承認であり，中絶の選択は限定化された時期の幅の狭い選択権に収斂されなければならないという点である。医学の発達は性の神秘の解明に寄与してきたが，これを悪用して性の操作にまで至る道程を求めるものではない。

　ドイツが辿っている人間の尊重を核とする基本権の体系，その幹から生じてきた憲法の価値原理を名目にした保護義務論を，筆者も生命権の保障とする限りで本書で認めてきたが，これは国家が一定の基本権を保障するためにいかに機能しうるかの正論を示しただけであって，社会関係のなかで，すべての社会現象に対処しうるモデルを示したものではないであろう。現実的に進むべき立法作業は，基本的に胎児も含めた生命権の保護を考慮しながら，胎児と最も深く関係することになる婦人との関係を考えることになる。これが生命権に係る

リプロダクションの権利行使の条件ということになろう[99]。他方で,中絶を否定する思想は,代表的にはカトリック・イスラム系の保守主義に見られる[100]。世界的には中東やラテンアメリカといった人口の増加が多い地域は,この傾向が顕著であり,世界の人口動態をアンバランスにしていることになる。人口問題は,環境・食糧・エネルギー問題と密接に関係し,弱者であった女性と子どもの人権問題と関連すること必至である。国連が中心となって働きかけてきた,国際児童年とそれに続く国際婦人年は,本稿のテーマと連動してくる。両者の権利のバランスは,基本権のあり方を考える1つのヒントになっていると思われる。

---

99) 筆者はこの視点をもって生命の問題に対処する方途が見えると考えている。石村,注87) 21頁以下。世界の人口が50億人を突破したのは1989年であり,人口の偏在化は,深刻なグローバル問題である。
100) C. Francome, Abortion Freedom, 1984, p. 17.

Ⅲ 国家目標と基本権

1 国家目標としてのスポーツ

i 生きることとの関係

　本書の第Ⅱ章において「基本権と生命権」の関連性について概観し，主に欧米での宗教的・法的拘束から解かれた憲法上の「個人の生命処分権」について言及してきた。本章ではその点をふまえた上で，国家の側から見た生命権の諸相を考えることにする。スタートとして，身近な現象として「スポーツ」の場面を分析し，本来的には自由権の場面を推定すれば十分な場面で，あえて国家の役割を構成するイメージを描くことにした。国家と社会の二分論を前提として導出されてきた基本権保障の場面において，この区分にかかわる国家の対応の程度は，依然として論争の渦中にあることは確かである[1]。古典的国家論をもち出すまでもなくしても，国家からするならば，国家を構成する国民の生命・財産は保護するに値するものであり，そのための努力はなされてこなければならないことはいうまでもあるまい。この国家の対応を過剰なパターナリズムと言明するかどうかはともかく，国家が国民の生命・財産に配慮すること自体が批判される余地はない。問題はその程度の問題であり，国家のミニマムな役割論は体制を超えて，今日でも議論すべきテーマとして残されている。したがって本稿の主たる課題も，先の論文で論及した「国家と個人」との間に生じる国家の役割としての「国家の保護義務」をめぐる緊張関係を，視点を変えて続行しようとする点にある。ある意味では危機的将来が展望される国家を巡る法状態にあるからこそ，国家が真にそれぞれの国民に対して何ができるのかを改まって問うことが必要なのではないだろうか。つまり，近代国家の存立を前提にした上で，このことは，さらに，「国家は何を国民に提供しうるか」を問う

---

1) ドイツでの論争が，おそらく日本での論争に影響を与えてきたと思われる。栗城壽夫「ドイツにおける『国家と社会の分離』をめぐる議論について」社会科学の方法138号（1980年）10頁以下。

ことになり，その場合にヨーロッパを中心にした成熟した「社会国家」のあり方は参考になる面が依然として多い。ここでは，「スポーツ」をテーマとするが，国民を大切に扱うという意味からして，実は格好のテーマとなりうることをこれから論証していきたい。そこでまず論じなければならないことは，スポーツが上記の設定課題にあって，的確な事例の一になっているかという点にあろう。

　主権国家の存立を賭けた役割は，かくべつ権力を背景にした「警察・司法機関・軍隊」のみに課せられたものではなく，第1に法を個別具体的に執行する行政機関にあることは明らかである。ところでここで扱おうとする内容は「スポーツ」（権）なのであるが，最初に，国家目的と密接な関係にある「国家目標」に言及し，これの具体化の一と考えられる「スポーツ」（権）という段取りをふむのは，スポーツ権が多様な性格をもつ権利であることを十分に想定しているからでもある。こうした方法論は実は国家を中心に設定している点からして，近代立憲主義の原理からは逆転しているものとの誤解を与える危険がありそうである。近代憲法の基本権保障の構造からしても，国家から離れたところで本来的に保障された純粋な個人の自由権を第1に言及すべきであり，国家の保護を期待する部分に関しては事後的に言及するのが本筋であろう。また，国の保護義務に関しても，ドイツの理論でもそれは，「基本権を根拠にした国の憲法上の作為義務」[2]とされており，基本権を中心にした国家論の枠組みを確認していかなければならない。そこで，まずiiでは近代スポーツが封建的な束縛から離れて，個人の完全な自由意思に基づくものであることを法論理的に実証することにする。社会のなかにおける各種の基本権衝突を，ここでは想定しなければならない。これを受けてiii以下では，国家の寄与を何らかの意味で期待する，国家論と関連したスポーツのあり方を分析することになる。ここで最大の問題は，国家機能の程度にあり，国家の保護義務で論争された基本権への「過剰侵害と過小保護」の問題に触れないわけにはいかない。国家（ないしその類似機関）と関わった限りで，スポーツが本来の趣旨から離れている例は残念ながら限りなく指摘できよう[3]。

　ivからは，国家目標の法理を明確にすることで，憲法規範からの「スポーツ」

---

2) 小山剛『基本権保護の法理』（成文堂，1998年）2頁以下で，この点は明確にされている。

権を導出しようと試みることにする。このテーマは従来の憲法学の書物や論文ではあまり扱わなかった新たなテーマであり，更なる基本権のインフレ化を促すものであるとの批判もなされることは予測される。これを敢えて試論的な意味を込めて論述しようとしているのは，以下の理由によることにある[4]。第1に，ヨーロッパの70年代以降の憲法を中心にして，「スポーツ」を何らかの形で憲法条文として規定することが目に付くようになったことにある。とくに，筆者の関心は，統一ドイツ後に新たに誕生した5つのラント憲法の何れもが，自由権関連ではなく社会的法治国家の脈絡で教育や文化と関連させてスポーツに言及している点にある。憲法規範に新たな内容が加味されるということは，時代がスポーツを格別のものと判断したからである。第2に，翻って日本国の現状を概観した場合，日本国はすでに第一級のスポーツ国家を自称しているのであり，スポーツ人口は高い数値を残し，スポーツの成績が政治・経済問題を左右するともいわれている。今やスポーツを，先立の業績をふまえて日本国憲法上議論する条件は整ってきたと考えられる。他方でプロ・アマスポーツを問わず，実はこれに関する法的紛争は少なからず存在しているのであり，体育学と法学を包含する「日本スポーツ法学会」もすでに設立されている[5]。この点では，さらに，国家や地方公共団体の公的組織や予算措置におけるスポーツの扱われかたを具体的に調べることも必要になるであろう。そして第3に，これは極め

---

3) 克服すべきは「①勝利至上主義や現状肯定主義，②スポーツコマーシャリズムや物質主義，③人種主義や大国主義」ということになろう。中村敏夫「現代スポーツの課題」岩波講座『教育の方法8』（岩波書店，1987年）71頁。J. Burmeister, Aufopferungsrechtliche Entschädigungsansprüche staatlich geförderter Hochleistungssporter, NJW 1983, S. 2618.
4) 先駆的業績として松元忠士「スポーツ権の法理論と課題」法律時報53巻5号（1981年）51頁，井上典之「スポーツ・個人・立憲国家」神戸法学雑誌49巻1号（1999年）がある。ドイツではこれより早く，K. シュテルンやJ. ブアマイスターが70年に論文を公表している。いずれも熱心なスポーツマンである。Vgl. J. Burmeister, Sportverbandwesen und Verfassungsrecht, DÖV 1978, S. 1; K. Stern, Grundrechte der Sportler, in: F.-C. Scroeder (Hrsg.), Sport und Recht, 1972, S. 142.
5) 日本スポーツ法学会は，スポーツ産業学会から独立して1992年に創立された。法律時報65巻4号（1993年）が特集を組みその模様に触れている。後に学会誌「日本スポーツ法学会年報」（エイデル研究所）が発行されている。アメリカでは，ロースクールでは重要な科目となっており，例えば，Yasser/McCurdy, Sports Law: Cases and Materials, 5th ed. 2003 で概要を知ることができる。

て個人的な理由によるのであるが、スポーツをこよなく愛する者の1人として、憲法的に見た理想のスポーツのあり方を確認してみたかったからである。個人的なパッションに支えられて、新たな憲法テーマが試みられることになるが、すでにヨーロッパを中心にしてすでに論議されだしたテーマであり、何らかの意味でスポーツを好まれる方は共感を抱きながら、最後まで読み進んでいただければ幸いである。

ii スポーツ権(?)

a 定義　まずはことの始めとして「スポーツ」なる用語を説明する。この用語は19世紀後半に意識的に近代スポーツとして用いられたものであるから歴史は浅い。このことは近代オリンピックがギリシャで開催されたのが1896年になってであることとも関係している。「スポーツ(sport)」の語源は、中世英語のdisportenやフランス語のdesporterに由来しており、desporterが「運ぶこと」を意味していて、そこから「転換すること、見せびらかすこと、楽しむこと」等の意味に転じたものとされている。16世紀にはdiが省かれて現在のsportとなり、言葉として定着してきた[6]。したがって語源からして、スポーツは単に「体を動かすこと」(運動)だけではなく、さらに広範な人間の営みを表現している。手もとにあるランダムハウス英和辞典でも、「①集合的スポーツ、②個人スポーツ、③気晴らし・気散じ・慰み・娯楽、④たわむれ・冗談・ふざけ、⑤からかい・ひやかし、あざけり、愚弄……」という具合に多義的である。

　16世紀においては、労働から解放された単なる余暇の時間の意味で使われ(④の意味)、その後③の意味が強くなっていった。つまり③の範疇では、人は意識的にスポーツをすることによるリフレッシュを図ることになり、今日でいうところの「レジャー」とも重なる意味をもっており、単なる労働からの回避という消極的側面から離れて、積極的に活動することによって、次の労働への準備をなすことを意図することになる。この意味ではキリスト教から示された「安息・休息日」の観念とその保障とも連動している。さらに、一定のルールや方式に依拠してなされる①ないし②の意味では、これをなすための「時間と空

---

6) 増田靖弘『スポーツ語源散策』(東京書籍、1989年) 7頁以下。

間」を作為的に作り出すことを必要とし，教育・文化と同様にして，その主体・客体・場所・費用等を考慮しなければならなくなる。古代オリンピックは，ギリシャ人が祭りの一環として男達だけで「運動・詩・音楽」等を競ったものであったが，近代オリンピックはグローバルな規模で，人間の能力を競うことに至っている。ただし国際競技が国家を相変わらず単位とし，メダルの数が国家単位で競われ，セレモニーも国旗・国歌にこだわる問題が最大の欠陥として指摘されよう。つまり，個人のスポーツの自由を国家が圧殺する現実に触れないわけにはいかない。

　人間は他の生物体と同様にして，生きるために稼動するように形作られ，動くことを使命としてきた。動きと労働が一体になっていたわけであるが，近代に入り多様な労働形態が生ずることで，動きと労働が分化するに及んで，意識的に体を動かすという他の生物体にはない贅沢な行動を起さなければならなくなった。デスク・ワークを職業とする者が，定期的に身体的な運動時間を設け，各企業が保養・運動施設を確保するのはそのためでもある。個人的レベルで本能を回復するための運動をする一方で，社会的な生物体として集団で運動することを楽しむようになり，そのためのルールや確定した場所（屋内化），さらに道具，着衣，靴が開発されるようになった。スポーツの種類は，今日では，対象や性質に応じて「大衆スポーツ，エリート（プロ）スポーツ，学校スポーツ，青少年スポーツ，軍隊スポーツ，高齢者スポーツ，障がい者スポーツ，企業スポーツ」と区分される。さらに，内容によって「ボール・タイプ，記録タイプ，格闘タイプ，鑑賞タイプ」に区分されている。これだけ広範に支持されている活動について言及するならば，これを基本権として論じることの意図は理解されるであろう。

　b　構成　まずはスポーツをする契機が，身分制からの解放にあったことから論を進めることが筋であろう。その意味では，近代立憲主義における基本的人権の発生史とスポーツをする自由は重なって考察しなければならない[7]。歴史的に見ても，近代は基本権の享有主体を特権階層から，一層の普遍的な平等の実現を旗印にして，一気に第三階級という普遍的な担い手にまで拡大して

---

[7] 現在のオリンピック憲章においても「スポーツは人権である」と明記されている。

きた。スポーツを自己の意思で楽しめた者は，同様の歴史的経緯を辿ったはずである。先に論述したように，16世紀になされたスポーツは，限られた男達の嗜み事項であり，最も流行った狩猟や釣りにしても，必要とされる装備からして特権階層であるが故に可能なことであり，下僕に支えられてスポーツが成り立っていたのである。英国のジェントルマンの間で開始されたスポーツは，文明化の時代の波にのり，「ジェントルマンが政治から余暇にいたるひろい社会領域を非暴力的なゲームにする歴史的段階」の証であった[8]。さらにスポーツの大衆化が実現するには，アメリカ人の精神的な大らかさと広大な空間を必要としたのである。このような条件を背景にして，プロ・スポーツはアメリカから始まったのである。他方で兵士や衛兵が行う訓練は，言葉の正確な意味からしてスポーツとはいえず，職制の一貫としてなされたに過ぎない。戦争は肉体のぶつかり合いを伴っていたものの，今や大型兵器による死を賭してのものであるだけに当事者にとってはスポーツではない。他方で肉体労働を課せられた者にとって，休息とは寝ることを意味したのであり，意識的に体を動かさなければならない者はごく限られていたのである。スポーツを大衆化させるのは，余りある休息日の保障と国家による格別の配慮が必要であったのである。他の基本権と同様にして，女性・子ども・障がい者にまで配慮されるようになるのは，現代になってからに過ぎない。近代以前で女性も参加できたスポーツはダンスであったが，これは男性が楽しむために女性が駆り出されたに過ぎず，パートナーを決定するのは男の側と決まっていた。男女平等の理念に基づく普通教育の実現以降も，体育のカリキュラムが別枠で組まれてきたこともその現れである。しかし今や，男は「たくましく」，女は「やさしく」という社会構造は，もはや時代が求めていることではない。スポーツの種類によって，男女の適格性を決定する時代ではもはやありえないはずである[9]。トップの記録からして，もはや男女差はほとんど僅かになっているのが現実である。

　ここでは，一般的な憲法の基本権カタログにおいて，スポーツ権を提唱した

---

[8] 多木浩二『スポーツを考える』（ちくま新書，1995年）27頁。池田恵子「ジェントルマン・アマチュアとスポーツ」望田幸男＝村岡健次監修『スポーツ』（ミネルヴァ書房，2002年）3頁以下。
[9] 女子差別撤廃条約は，教育の箇所で「スポーツ及び体育に積極的に参加する同一の機会」（10条g号）を求めている。

場合におけるその位置付けをまず明らかにしたい。私は本書においてすでに価値を含んだ新しい基本権カタログの必要性と，それが具体的には「生きる権利」を中核としたものであるべきであるとの説明をしてきた[10]。これによる限りで，日本国憲法では13条を中心にした思考態度に至り，各個人は自覚した人格に基づく，自覚的な生への拘りを主張し，これに憲法は自然権を受容するかの如くに規範的に対応すべきことについて言及したつもりである。解釈の枠として，13条は旧来の解釈内容を越えて拡大されてきたのである。基本権カタログは，国家の機能を視点にしてなされるのではなく，人間が生命体としてもつ根本的価値を明らかにし，ここから派生する基本権の分類を行い基本権衝突に備え，新たに必要とされる基本権（新しい人権）の憲法編入を正当化することになる。そのカタログ作りを通じて，「生きる権利」は単なる法認識のなかでとらえるだけではなく，基本権の核を構成し，憲法的価値（憲法保障）として実践されなければならないと指摘してきた。生きる権利という法構造に拘ったのは，これが自由権だけでなく，社会権をも包摂することができるという法的効果を期待してのことであったからである。

　生きる権利は樋口陽一の指摘する近代的・立憲的意味の憲法が究極的な価値とした「個人の尊厳」を具体化するものであり[11]，佐藤幸治がまとめた基幹的自律権としての「人格的自律権」の内容をなすものでもあり，さらに，個別的自律権の一に該当することになる[12]。以下ではスポーツを権利として実証しなければならないが，それは，基本的には個人の自由に帰属するものであり，新しい権利として確立しつつある「幸福追求権」の内容たりうるものであると考えられる。つまり，何らかの意味でからだを動かすことと関係する広義の意味での「スポーツ」は，人間が普通に生活し生きていることとほとんど重なる事象なのであり，ことさらこれへの実証はもはや必要ではないであろう。これまですでに権利としてのスポーツについての言及は，体育学や教育学の観点からの先行業績がかなりある[13]。例えば，森川貞夫は，「スポーツがたんに健康・体力・発育・発達のための手段ではなく，スポーツが人間によってつくりだされ

---

10) 本書第Ⅱ章1を参照されたい。
11) 樋口陽一『憲法〔第3版〕』（創文社，2007年）11頁。
12) 佐藤幸治「日本国憲法と『自己決定権』」法学教室98号（1988年）10頁。

た文化として必然的にさきにあげた社会的・文化的価値の統一されたものとして,『社会的有用性』を前提にしている」から重要であるとする[14]。これらの論述にほぼ共通していることは,1975年の「ヨーロッパ・スポーツ・フォア・オール憲章」や1978年のユネスコ20回総会で採択された「体育・スポーツ国際憲章」で確認された内容に基づいていることである。この第1条では,「体育・スポーツの実践はすべての人にとって基本的権利である」と高らかに宣言しており,ここからこの権利の主張が始まっている。

  c スポーツをする自由 他の自由権と同様にしてスポーツ権は純粋に個人のスポーツをする自由・しない自由から出発し,市民社会のなかでの対抗関係のなかでの自由,さらに国家権力との緊張関係のなかに位置付けられた「国家からの自由」へと広がっていき,その限りでの制約を考慮していかなければならない。個人の自由に関しては,直接に個人の尊厳と関係し,P. ヘーベルレにいわせれば,「文化的自由の一部」ということになる[15]。最も簡単になされるスポーツは「休息・安息」であるので,ドイツでも「生命・健康の権利」と合わせて議論される権利である。ワイマール憲法139条は,「日曜日及び国によって認められた祭日は,労働休息及び精神的な向上の日として,法律上保護される」として,特殊な仕事を除いて日曜日の営業活動を法的に禁止した[16]。この伝統は今日でも引き継がれ,労組と企業との間の論争点ともなっている。個人が各自の余暇に強制されずに散歩をしたり,ジョギングをしたり,泳いだりする局面は,スポーツを楽しむ自由として最大限に保障されなければならないことになる。逆にスポーツをしない自由も原則的には各人に委ねられているものの,教育や企業内では効果を考えて一律に実施を試みるが,自由性を尊重する限りでは代替性や緩和が配慮されなければならない点である。

---

13) 主なものとして,永井憲一「権利としての体育・スポーツ」体育科教育1972年12月号,千葉正士『スポーツ法学序説』(信山社,2001年。同書には多くの文献が掲載されている) を挙げておく。
14) 森川貞夫『スポーツ社会学』(青木書店,1980年) 92頁。
15) P. Häberle, „Sport" als Thema neuerer verfassungsstaatlicher Verfassungen, in: Festschrift für W. Thieme, 1993, S. 47.
16) Häberle, 注15) S. 49. 安息日であるがゆえに,ある者は静けさを望み,ある者は喧騒のなかでのスポーツ観戦を好むかもしれない。

次に，1人で楽しむことから複数でスポーツ競技をする自由が出てきて，ここではスポーツ団体設立の自由，これに加わる自由が考慮されなければならない。この局面では個人で楽しむことと異にし，他者との軋轢が生ずることは致しかたない局面である。個人段階ではスポーツ団体に加わり，脱出する自由があるが，逆に団体が参加者を選択する自由が出てくる[17]。これが勝つことに拘る組織，つまり，学校，企業，さらに，プロ集団になれば当然のこととして選択する自由の側が強くなる。プロ野球がアメリカに倣ってドラフト制度を導入した時，職業選択の自由の制約になるのではないかの議論があったが，彼らはプロ・スポーツ家になることまで制限されているわけではないので，ドラフト制度は直ちに職業選択の自由に抵触することにはならないはずである[18]。

　個人のスポーツをする自由と異なり，集団スポーツやプロ・スポーツにおいては，行動する側と観客との分化が生じ，これは文化と同じくして，スポーツの大衆化を拡大することになった。受動的な立場であっても，まるで自分が一流のスポーツマンと同じく楽しみ・苦しみをもつことが出来る様な印象を与え，スポーツの観客も行動者と精神的には同一の効果を共有することができることになる。完成されたスポーツは，それ自体自由で創造的な活動の成果であるから文化活動であり，多くの者を魅することは明らかである。しかし，大競技スポーツは往々にして「スポーツ公害」をもたらすという問題が指摘されるようになった。大衆が集合することによる，騒音，道路妨害，ゴミ捨てといった環境悪化は，スポーツ施設付近の住民の生活権を奪うことになる。スポーツによる環境悪化は，施設を住宅密接地に作らざるをえないわが国では多く発生している。例えば，場外勝馬投票券発売所の設置計画の取り消しを求めた訴訟では，「来場者数，来場車両数等を予測することは困難」として，原告の訴えは認められなかった[19]。開催日が増えることによって，付近の商店は利益を得ることになるものの，一定の時間は付近住民の移動が制約される程の観客の道路占拠が甚だしいのは変わらない。大観衆の集まる施設は，公共交通のみを利用するこ

---

17) この点については，井上，注4) で詳しく論じられている。
18) 石川吉右衛門＝雄川一郎＝河村活史＝野村好弘「プロ野球と法」ジュリスト687号 (1979年) ドラフト制度については，105頁以下。
19) 高松地決平成5.8.16判例集未登載。

とができるように，駅周辺に作られることが望ましいのである。

　スポーツをする自由に関しての別の論点は，スポーツと危険との調整である。スポーツに冒険は付き物であるものの，国家の側からはこれを放置・無視することはできない。カー・オートレース，ヨット，ダイビング，登山等の生死と関係する事項に関しては，格別の訓練を経た上での資格を必要とし，危険の程度が高い場合は，当該場所での登録・許可・排除を必要とする関係で，もはや個人の自由の範疇を越えることにもなりうる。保険設定で別枠扱いとされる危険スポーツも同様である。こうした制限を課するのは，国民の生命・身体を守るという国家の保護義務という側面よりも，危険に陥った場合の救助が困難なことによることが大きい。自己決定権の行使として生死を賭けた冒険が成功すれば問題無いが，失敗に至った時には通常公的機関は救助しなければならない義務を負ってくる。この局面につき大陸法と英米法では差があるようであり，英米法では個人の責任で対応する傾向にあった。「危難中の者を救助しなくても何ら法律上の責任が生じないばかりか，頼まれないのに救助にのり出して救助者が損害をこうむっても，救助された者は格別の義務を負わない」とされた[20]。また，危険なスポーツは通常のスポーツと区分して，相互に楽しめるような配慮をなすのが普通であり，その意味で危険なスポーツをする空間は限定されてくる。ドイツ連邦憲法裁判所は，森での乗馬を制限することが，基本法2条の「人格の自由な発展の権利＝一般的行動の自由」に反しないと判断した。この判決によれば，比例原則を用い，「立法者は，乗馬者とその他の休養者との分離によって，一般的行動の自由の秩序ある共存を達成しようとした。……規制は，追求されている保護目的を達成するために，明らかに適切である。乗馬のために特別の道を指示することによって，散歩者と乗馬者との森林道の共通の利用おそれに伴う散策者に生ずる危険と不便は避けられる」とした[21]。理想的には，危険なものはできるだけ排除することであり，そのための専用の場所を確保することであろう。ヨーロッパの道路に必ず自転車専用道が併設されているのは，こうした精神の現れであると同じに，豊かさの象徴であると思われる。

---

20) 山田卓生『私事と自己決定』(日本評論社，1987年) 207頁。
21) BVerfGE 80, 137 = 平松毅「森林での乗馬の自由」ドイツの憲法判例Ⅱ〔第2版〕(2006年) 31頁。

iii 憲法に現れたスポーツ

a 社会国家　すでに言及してきたように，純粋に個人の段階でスポーツを楽しむ自由は，各国の人格権を保障した包括的な人権規定——例えば，アメリカ合衆国憲法修正9条，ドイツ基本法2条，イタリア憲法2条，日本国憲法13条——から，他者の自由を侵害しない限りで保障されることになる。古典的な憲法は社会権をもつものではなく，自由権としてもスポーツを明白に規定するものではないが，包括的な人権条項がその保障対象を広げることにより，スポーツをする自由を条文の枠の範囲で保障することは可能であった。これとは異にし，社会国家の視点から，とくに，文化・教育の平等な実現の観点から，これを憲法条文に規範化するという動向が現れてきた。これのパイオニアの役割をしたのは，1970年に増補された旧スイス連邦憲法27d条であり，教育との関係でスポーツ授業が義務とされ（1項），連邦は成人の体操及びスポーツを振興し（2項），連邦は体育・スポーツ学校を援助する（3項），とあった[22]。ちなみに1999年の新憲法もほぼ同様の内容を規定している（68条）。同じくギリシャ憲法も70年代に教育との関係で，「スポーツは国家の保護と最大の監督に服する。国家は法の基準に基づき，あらゆるスポーツ団体を助成し，監督する」（16条9項），とした。1976年のポルトガル憲法はこの点をより体系的にし，「社会的権利と義務」を規定した章において，まず健康権を1項で保障し，2項では，「健康を保護する権利は，一般的な健康施設の創造と学校での身体・スポーツ活動への参加要求，さらに，国民への健康教育の充実によって保障される」とした（64条）。要するに，健康達成のための有力な手段としてスポーツを位置付けたことになる。さらに，青年保護の観点で，スポーツを挙げている（70条）。隣国スペイン憲法（1978年）も，社会権の範疇で「公権力は，保健衛生教育，体育及びスポーツを奨励する。公権力はまた，余暇の適切な利用を促進する」とある（43条3項）。これらは社会労働党の国家目標規定制定の意向を受けると同時に，国際人権規約のAに規定された，「身体及び精神の健康を享受する権利」（12条），「文化的な生活に参加する権利」（15条）を具体化するという性格を担っていた。

---

[22] 小林武『現代スイス憲法』（法律文化社，1989年）286-287頁は比較憲法的にスポーツ権を論じている。

1982年のトルコ憲法も「青少年とスポーツ」の項目において,「国家は……大衆スポーツの拡充を奨励しなければならない。国家はこれに必要なスポーツ人を配慮する」(58条)といった具合に財政的援助を示唆している。
　さらに州憲法レベルではこれがより詳しくなってくる。例えば,スイス・グラールス憲法(1980年)では,「カントン及びゲマインデは健康を促進するスポーツを援助する」(41条)とある。アールガウ憲法も同様にして,国家の課題の章において,「カントンは体操とスポーツを奨励する」(41条6項)とした。
　こうした傾向をより徹底したのは,国家統一後に新たに制定されたドイツの5つのラント憲法である。これまでのラント憲法でも国家目標規定として文化や青少年保護が規定されており,さらに,これにこれらの憲法では「芸術とスポーツ」が加えられたのである。統一ドイツの誕生に伴い,1992〜93年に亘って旧東ドイツにあった5つのラントでは,ドイツ基本法を十分に意識しながら,新たな社会国家の理念を実現する意欲が憲法規定に盛り込まれた。つまり,ドイツ基本法の「社会的法治国家」が,ラント段階で新たな時代に見合った充実を為したことになる。人権は普遍的な性格を持つと同じに社会の要請に相応していかなければならない。E. デニンガーはとくに新たなラント憲法の内容をふまえて,「安全・多様性・連帯」という3つのスローガンに集約させて,基本権の普遍性と発展性に調和を見出そうとした[23]。安全は個人の自由を,新たに環境や技術から生じた危険から保護することであり,多様性は外国人,障がい者等の平等を加味して,少数者保護の意図を志している。この内で社会化の方向は,「連帯」に置かれ,ブランデンブルク憲法は前文でこれを宣言するだけではなく,教育や福祉,保護規定で具体化している。問題は国家目標の憲法上の規範力をいかようなものとするかにあろう(第Ⅳ章参照)。いずれのラント憲法でも,基本権と明確に区別して,「国家目標」の章において「芸術,文化,学問,スポーツ」と並列に記されている。ブランデンブルク憲法はスポーツに独自の条文を割り当てているので,これをここでは紹介しておく。

　35条(スポーツ)「スポーツは生活を促進するものである。ラント,ゲマインデ,ゲマ

---

[23] E. Denninger, Menschenrechte und Grundgesetz, 1994, S. 23 f. 岡田俊幸「2つの憲法観の相克」法政論叢34号(1998年)も参照。

インデ団体によるスポーツ促進は，大衆スポーツとエリートスポーツの均整の取れた，求められている関係を作り出すものとする。これらの機関は，生徒，学生，高齢者，障がい者の特別な要請を格別に考慮しなければならない。」

日本国では，「スポーツ振興法」(1961年)が以上の条文に匹敵することになる。戦後生活が経済的にも安定し，未曾有のレジャー・ブーム(スキー客100万人，登山者224万人)と東京オリンピック開催(1964年)前を背景にして，同法は制定されたもので，「国民の心身の健全な発達」(1条)を目的としていた。国(文部大臣，大蔵大臣)と地方公共団体(教育委員会)とが管轄して，スポーツ促進のために財政的補助も行うとするものであり，具体的に国民体育大会の開催を保障し，全国に一級のスポーツ施設を完備することを目的にしている。しかし，同法はスポーツ権を保障する意味では不充分であるとの指摘がなされてきた。つまり同法が単に「スポーツの振興に関する施策の基本を明らかにする」という形で具体的な権利を保障するに遠く，国の一般的指針を示し，奨励法の域に留まる限りで，せっかく法で規定した格別の意味がないからである。そこで同法に代わって，「スポーツ基本法」の提唱がなされ，少なくともユネスコ体育・スポーツ国際憲章の内容にまで発展することが必要とされた[24]。同法は2011年制定され，スポーツ庁が制定され，2020年の東京オリンピック，パラリンピックを見据えた活動を行うことになった。その他教育に関する事項では，学校教育法で，「心身の調和的発達を図ること」(21条8号)による体育授業，「社会的活動を促進」(21条1号)させるためのクラブ活動がなされる。社会教育法では，青少年・成人にたいする体育及びレクレーションへの援助が規定される。また，障害者基本法では，障がい者に対する国及び地方公共団体による「スポーツ等に関する活動の助成その他必要な施策を講じなければならない」(25条)としている。こうした関連条文を参照する限りで，問題は憲法に明記しなくとも，社会国家の理念を忠実に法律で実現できるならばそれで十分であるとの議論に至るのかもしれない。

b 旧社会主義国家でのスポーツ 体制を異にすると，国民の私的な生活

---

[24] 伊藤克「提唱 スポーツ基本法」法律時報65巻5号(1993年)38頁。参照，『スポーツ六法〔2016年版〕』(信山社, 2016年)。

部分までも国家高揚に利用される事例として,ここでは社会主義国家のスポーツを対比的に描くことにする。ヘーベルレの表現を借りるならば,「社会主義国家におけるスポーツは,個人による自由なコミュニケーション及び仲間形成という基本権での自由ではなく,まず圧倒的な国家の紀律化である」[25]。典型例はまず崩壊以前のソビエト社会主義共和国連邦に該当する。1977年の同国連邦憲法に始めて登場したスポーツは,発展した社会主義を理念として掲げた関係で,福祉政策と並んで「国家は大衆的な体育及びスポーツの発展を促進する」(24条)とした。しかしそのスポーツ振興の真の狙いは,①生産力増強,②祖国防衛,③国民意識高揚,にあったはずである[26]。①を実現するにあたって,1930年代からスポーツ・クラブが各地域の職場に作られ,レクレーションが生産力増強に寄与するとのデータを作り上げた。②は中央軍事訓練委員会が,質の良い「訓練された徴集兵」を常備するために定期的に行うものである。③を実現するためには,一握りのスポーツ・エリートを作り出すシステムが必要であり,それが政府のスポーツ委員会が統制するソ連邦スポーツ・ピラミッドであった。政府により財政的にも保証されている優秀スポーツ・マスターを頂点にするこのピラミッドを意味あるものにするためには,底辺での人材発掘と指導と頂点での国際舞台での活躍が必要であった。

　旧東ドイツでの異常なスポーツ奨励策(国家戦略)は,多くの被害者を生んでいるだけにより危険性を含んだものであった[27]。1968年制定のドイツ民主共和国憲法も発達した社会主義を自覚し,社会主義に見合った「科学,教育及び文化」に力点が置かれ(第1編第2章),「体育,スポーツ及び旅行は,社会主義的文化の要素を成すものとして,市民の肉体及び精神の全面的な発展に寄与する」(18条3項),という具合に堂々と宣言された。この条文を受けて,市民が文化的生活を充実できる観点で,「市民が文化的生活,体育及びスポーツに参加するこ

---

25) Häbelre, 注15) S. 39。条文の引用は,木田純一編『社会主義国憲法集1・2』(中央大学出版部,1975年)によった。今日ではこれらの諸国の体制が大きく変貌しているが,かつての体制がもっていた問題点を指摘する上で,あえて古い条文から引用しておく。

26) 藤原健固「社会主義の体育・スポーツ振興策・ソビエト」浅見俊雄=宮下充正=渡辺融編『現代体育・スポーツ大系4巻』(講談社,1984年)143頁。

27) 池田勝「東ドイツ」木田編,注25)152頁。旧チェコスロバキアの例について,功刀俊雄「チェコスロバキアの人民スポーツ運動」望田=村岡監修,注8)199頁以下。

とは，国家及び社会によって促進される」(25条3項)，と具体化される。また，健康・労働力の保護を(国家に)求める権利は，「労働条件及び生活条件の計画的改善，国民の健康の助成，包括的な社会政策，体育・学校スポーツ・国民スポーツ・観光の振興によって，保障される」(35条2項)。さらに，「自由ドイツ労働総同盟」に結集した労働組合が，「……スポーツ生活の発展に指導的な役割を果たす」(44条3項)，と徹底している。

　1,700万の人口しかなかった旧東ドイツが，オリンピックでアメリカを凌ぐメダリストを輩出した事実を評して「ミラクルDDR」の表現が使われたが，これは徹底した国家政策に基づく，組織形成と人材発掘，科学的指導によるものであった。内閣官房内に設立された「国民体育・スポーツ委員会」が基本計画を立て，その具体化は全国に支部を擁する「ドイツ体操・スポーツ連盟」があたり，指導に関しては，8,000名以上の優秀なコーチを抱えた国立体育大学が請け負った。スポーツ予算は，国の予算の0.3％が計上された。こうしたクラブ制度は，競争を促してエリート発掘を確実にし，これへの指導を一貫的になす限りで期待された効果を生み出したのである。しかしドイツ統一後，このミラクルには多くの弊害があったことが指摘されるようになった。それは概して，幹部の不正，選手のスパイ行為，国家保安省(シュタージ)との関係，貧困な競技施設，そして何よりも極端な薬物使用(ドーピング渦)による犠牲者の輩出である[28]。組織のなかで自己を見失ってしまったスポーツマン達に向かって，統一ドイツのスポーツ界は，スポーツ活動における「人間の相互関係での本質的形態としてのコミュニケーションとコーポレーション」の復権を唱え[29]，真の意味での余暇スポーツや障がい者スポーツの見直しを図ったことになる。国家の枠組みに組み込まれ，社会主義的生産関係に寄与することを目標にしてきた「文化・スポーツ」を，個人が作り出すものであり，国家はこれをサポートする関係に留まることが求められることになる。その意味で，すでに述べてきたように，5つのラント憲法の国家目標としてのスポーツ権に改めて注目しないわけにはいかない。

---

28) 藤井正則『スポーツの崩壊』(不昧堂出版，1998年) 13頁以下が詳しい。
29) Häbelre, 注15) S. 50.

iv 国家目標の法理

a 国家目標の意義　ドイツ国法学では伝統的に国家の枠組みで議論する思考態度が確立され，そのなかでも「国家目的」から説かれるのが普通である。国家の法体系が，時間的にも空間的にも他と比較して優位に立つ憲法が最高法規として保障され（憲法保障），国家の諸機能全体を包摂する憲法の規範的な段階構造に呼応する形で，国家の機能的役割も重層化するとされた。とくに国家の中心点が移行してきた関係で，「警察国家，法治国家，社会国家，調整国家」と名称が変化するに応じて，国家目的(Staatszweck)だけでなく，国家目標(Staatsziel)と国家課題(Staatsaufgabe)を区分し，これに見合う憲法規範を割り当てることがなされてきた[30]。学問の範囲からすると，「一般国家学」のテーマとして国家目的論があり，ここでは「国家の存在の正当化，国家作用の正当化」が主に問われてきた。他方で，「一般国法学」のテーマとして，国家目標ないし国家課題が設定され，時代に見合った国家作用を担当することにあった。国家目的はある程度時間を超えた状態にあるのに対して，これに続く国家目標は特定の憲法規範に裏付けられながら，一定の確定された国家目的に内容が確定されたものであり（例えば，内的正義，社会的安全，環境保護等），さらにこれに行動様式で関係する国家の課題（例えば，国家防衛，学校，警察，社会保険等）が位置付けられる。「一般国家学」と意識的に区分された，憲法規範と関係する「一般国法学」が国家目標以下を分担するとされており，そこで何をもって国家目標・課題とするかは，時代や体制によって異にすることであり，また，目標と課題の線引きは相対的なことはいうまでもない。それと同時にこの領域は憲法理論，厳密には憲法規範理論の視点からの分析が必要であり国家論と憲法論との結合を考慮しなければならない。現代の立憲国家が「法治国家，社会国家，文化国家，平和国家，環境国家」，という具合に様々な呼称で命名されているのは，多様な価値原理を公共の基本国家目標で概括しようとしているからである。例えば，ヘーベルレは方法論として「文化科学としての憲法学」を提唱し，憲法を支える様々な文化の存在を前提にするものであり，国家目標ではなく立憲国家の課

---

[30] 石村修「今日の憲法国家における国家目的」同『憲法国家の実現』（尚学社，2006年）61頁以下。その歴史的意味については，栗城壽夫『19世紀ドイツ憲法理論の研究』（信山社，1997年）357頁以下。

題を問題とし，憲法に構成された政治的共同体の視点から考察されたものを強調した[31]。この指摘をまつまでも無く，憲法は国家を構成すると同時に，国家の権限を憲法規範から限定化する働きをすることになる。国家目標や課題が議論されてきたのは，立憲国家を支える社会動態が大きく変貌することを契機としてきたはずである。その主原因は，戦争・革命という政治のドラスティックな局面から，市民の社会生活の変貌に至るまで，様々なものがあったが，憲法は熟成された論点についてのみこれまで対応してきたことになる。

b　国家目標の条文化　　国家目的や目標が条文化されるようになるのは18世紀になってからであり，ここには限られた範囲であるものの公民への国家の配慮が示されている[32]。しかしこれに続く19世紀は，概ね弱い国家が設計された関係で，目的や目標を法典化するのは，本文中ではなく前文に示されるに留まった場合が多かった。基本権規定と国法の意識的な分化，しかも基本権も自由権を中核とする関係で国家の役割はむしろ抑制され，国家は最小限安全への配慮を為せば足りていたからである。この法典化への傾向が本格化するのは20世紀になってからである。この法典化を支えた思想は，主に(新)リベラリズムと社会化の総合にあり，それが「社会的市場経済」の理論を打ち立て，「社会的法治国家」として今日に至るまで多元的な変貌を遂げてきた。社会的法治国家それ自体も幅のある多義的な概念，つまり「計画し，指導し，給付し，配分する国家」であり，具体化はその運用如何によってくる。

　社会的市場経済を基盤とする憲法体制は，原則として個人の自由を基盤とするものであり，この自由を保護する観点から，以下の内容の目標を設定する場合が多い。社会的法治国家からは一般的に，「社会的安全，勤労の権利・完全雇用政策，健康権，国家による健康への配慮，住居権，住居の供給，家族の保護，消費者保護，安寧」が導かれ，これと関連して，文化国家からは，「教育，芸術・学問の自由，文化要求，文化財保護，文化・言語少数者の保護」が導出されている。さらに，平和国家，環境国家の命題が近時提起され，これは国際的なレベ

---

[31] P. Häbelre, Verfassungsstaatliche Staatsaufgabenlehre, AöR 111 (1986), S. 357. ペーター・ヘーベルレ（井上典之＝畑尻剛編）『文化科学の観点からみた立憲国家』（尚学社，2002年）まえがき参照。

[32] K.-P. Sommermann, Staatsziele und Staatszielbestimmungen, 1997, S. 25 f.

ルでの実現が高く要請されてきている。現代の立憲国家はこうした国家論に位置付けられた内容を，規範の内に表すことに敏感に反応し続けてきた。憲法制定者は本来的には社会の新たな需要に呼応して新たな条文を用意すべきであるものの，憲法規範の性格からして安易に対応できるものではなく，新たな国家目標の法典化については慎重な配慮がなされるのが普通である。社会主義国家の憲法のように，国家の発展段階に応じて憲法の全面改正を定期的に行うことは通常，ありえないことである。そこで，憲法典への新たな権利の明文化については，包括的な基本権保障条項からは捕捉できないことを待って着手されるのが普通であろう。例えばドイツでは，1983年にドイツ内務省に出された国家目標に関する専門委員会の報告書は，新たに憲法規範として処理すべき事項として，「労働，環境保護，文化，データ保護，人格の保護，情報の配分」を挙げていた[33]。この内で国家目標として憲法規範として実現したのは，文化，環境そして女性の優遇策であった。

　ここでの主題であるスポーツに関しては，これを文化国家と関連付けて議論する傾向は，比較的最近のものである[34]。それは一種のジレンマのなかで主張されてきたものであり，本来的には自由な権利の保護の側面に限定するにはスポーツそのものの行使を危うくする状態が現れたからである。均しくスポーツを楽しむための最低限度の条件作りに関して，国家は責務を負っているのであり，子どものスポーツ教育から成人をレクレーションするためにも国家の配慮が振り向けられることが必要なのである。言わば国家スポーツへの助成という既成事実の積み上げによって，スポーツを文化国家の範疇に編入させる試みがなされ，これが先に指摘した新たなラント憲法において，文化と関連付けられたスポーツとされた経緯である。今やドイツの通説的な理解からすれば，公的なスポーツへの配慮は，狭義の意味での文化への配慮と多くの点でパラレルであるとされている[35]。国家目標とされた内容がいかなる規範的拘束力をもつか

---

33) Der Bundesminister des Innern (Hrsg.), Staatszielbestimmungen Gesetzgebungsaufträge, 1983（座長は，Denninger）の答申を受けて，ドイツ基本法のなかに，女性の優遇は3条，環境権は20a条が新たに規定された。参照，浅川千尋『国家目標規定と社会権』（日本評論社，2008年）。
34) 井上，注4）12頁，松元，注4）55頁参照。

が最後に検証されなければならなくなる。

　c　国家目標の規範力　　一般に国家目標の具体化に関しては，国家機関，とくに，立法機関に委ねられている部分が多いとされてきた。日本の判例でもワイマール憲法に倣って，社会権をプログラム規定と解する解釈態度を踏襲してきた。ドイツ連邦憲法裁判所も，基本法20条1項に関する解釈において，以下のような判断を示している。基本姿勢を明らかにしている個所であるので，少し長く引用することにする。「基本法20条1項では連邦共和国が社会的連邦国家であるということが規定されているが，そこからは単に，国家が社会的秩序のために配慮する義務を負うということ，そして国家は目標を何よりもまず立法によって達成しようとするであろうということしか帰結しない。……基本法20条1項が規定しているのは，〈何を〉ということ，すなわち目標，つまり公正な社会秩序だけであって，〈いかに〉ということ，すなわち，この目標を達成するための方法についてはいっさい規定していない」(BVerfGE 22, 180)[36]。後の判例においてもほぼ同様の判断が示されてきたが，最近のヨーロッパ人権裁判所において，目標規定の核心領域に関しては格別の基準を用いることとしている。国家目標は厳密に多様なものから構成されており，包括的なものと内容が明確なものとでは質を異にするであろう。確かに「社会的法治国家」は抽象命題であるが，環境国家の目指す方向はある程度明瞭である。さらにこの点については詳細な検討が必要なのであり，それは目標規定が何を具体的に規定し，そのことに関して立法者の負う責務は異にしてくるからである。何を規定するかに鑑みて，〈いかに〉ではなく，〈かどうか (ob)〉と〈何時 (wann)〉の要素をも考慮すべきとされ，その限りで立法裁量の余地は限定的になってくる。かくして国家目標の規範命題は，規範的な拘束力を強化しだしたといえるであろう。

　v　まとめ

　本節ではヨーロッパの諸国憲法で規定されだした国家目標との脈絡で「スポーツ」を概観してきたが，近代の基本権のあり方の問題からして，第1に自由

---

35) U. Steiner, Staat, Sport und Verfassung, DÖV 1983, S. 173 f.; U. Steiner, Kulturpflege, in: Isensee/Kirchhof (Hrsg.), Handbuch des Staatsrechts, Bd. Ⅲ, 2. Aufl. 1988, S. 1257.
36) 廣澤民生「青少年援助判決」ドイツの憲法判例Ⅰ〔第2版〕(2003年) 289頁。

権としてこの権利（？）を再考しなければならないと論及してきた。ここでも再三引用した日本の憲法学者で「スポーツ権」を自覚的に論じた松元は、これを自由権と社会権の部分に区分し、自由権としては理論化することは問題がないが、社会権についてはこれを理論上無理無く説明することは困難を伴うとしていた[37]。この状況は残念ながら原則的には今日でも変わってはいない。この点は理論と現実の両側面から検討しなければならない点でもある。スポーツ行政の相変わらずの不健全な運営状況は、金銭の偏向した使用を認識すれば明瞭であり、この顕著な例は国体開催県の優勝という不可思議な傾向を想起すれば十分であろう。この問題についても村上武則がドイツにおける事例を分析しており[38]、これと対比的に日本の現状をいずれ憲法財政の観点から分析する仕事が残されてこよう。

　他方で自由権としてのスポーツ権も、現実的には問題が無いわけではない。とくに集団スポーツがもたらす弊害や教育のなかでひたすら効果を求める事例は、本来個人が自由を最大限に享受できることに制約することになることは明らかである。画一的で強制的な性格の強い体育の授業は、スポーツを楽しむ性向を植え付けることなく、逆にスポーツ嫌いを作り出してしまう恐れがある。低学年での遊びの要素と高学年での選択可能性を十分に保障してこそ、体育授業の真の意義があるはずである。高専での体育における剣道必修授業に関して、日本の最高裁が示した判断は、その意味で当然のことを確認したに過ぎない[39]。

　最後に言及すべきは国家がスポーツに対していかなる態度をもって対応すべきかである。理想的には、スポーツはあくまでも個人の楽しみや自覚に委ねられた部分が大きく、健康に良いからといって国家が強制すべき性格のものではない。義務教育における体育の授業については、体をうごかす習慣を身につけ、仲間と楽しむ契機を作るためのものであり、この場面でもいやがる子を強制的

---

37) 松元、注4) 58頁以下。広義の「文化権」と位置付けることで、国家（地方自治体）のスポーツへの係わり方は、ある程度明確になると思われる。

38) 村上武則「ドイツにおけるスポーツに対する資金補助行政の法問題」阪大法学43巻2=3号（1993年）599頁以下。太田照美「ドイツにおける自治体のスポーツ振興行政」阪大法学43巻2=3号（1993年）1097頁。

39) 最判平成8.3.8民集50巻3号469頁、中森牧郎「体育の指導」岩波講座『教育の方法 8巻』（1987年）170頁。楽しい体育という発想を大切にしたい。

に運動場に連れ出すことは控えるべきである。したがって、体育の授業内容にしても、一輪車のような個人の能力がストレートに反映されるような内容は好ましくない。例え一輪車に乗れなくても、社会生活は可能なのである。運動会が嫌いになるのは、見世物として競争を見せるからであり、そこに自由意思が介在しないからである。いつまでも子どもの自由な意思を無視した、同じパターンの運動会を継続することはないと思われる。個人の自由をベースにしたスポーツは、基本的には年齢を超えて主張されなければならない。なされるべきは的確な指導体制であり、自由意思を損なわずに科学的な指導を行える指導者を育成することが必要である。とくに障がい者スポーツでは、リハビリの意思のある者に対しては十分な配慮が、国（地方公共団体）によってなされるべきであり、この点で広義の意味での「健康権」と結び付いている。

　国の役割は、最大限に国民がスポーツを自由に行えるような環境整備作りをなすことであって、そのために必要な財政支出をすることであり、一流のスポーツ選手団を作り出し、その成果をもって国勢を高めることではない。戦前の日本が行ってきた全体主義政策に基づく体育振興策[40]や社会主義スポーツが行ってきた負の成果を繰り返す必要はない。これと対比的に各種の作文化された政府のスポーツ振興策は、決して誤った方向を進めているわけではない。平成元年の時点ですでに保健体育審議会によって出された21世紀に向けた方策のなかで重要なことは[41]、「スポーツ施設の整備充実、生涯スポーツの充実」の項目であり、国はそれ以上のことをする必要がないのである。この点で最近注目されているのがオーストラリアの「国家建設計画」である。2000年のシドニー・オリンピック開催を契機にして、国民の誰もがスポーツをできる環境を作り、その成果の延長上で同国スポーツのレベルを高めようとするものである[42]。スポーツを日常的に行っていることによる医療費の削減が、データから明瞭に出されることを考慮してのことである。まず国が着手すべきは、十分な広さの公

---

40) 例えば、入江克己『日本近代体育の思想構造』（明石書店、1988年）を参照されたい。
41) 総務庁行政監察局編『スポーツ振興対策の現状と問題点』（大蔵省印刷局、1990年）195頁。
42) 玉木正之『スポーツとは何か』（講談社現代新書、1999年）156頁。オリンピック種目の増大は、開催国への負担となること必至であるし、残された負の遺産も考えなければならない。2020年東京オリンピックの開催にも、未来を考えた施設作りが必要であることはいうまでもない。

園・森の確保であり，次いで積極的運動家のためにスポーツ施設が拡充されることである。そのためには，憲法段階で国家目標としてスポーツ・文化が明確にされることが望ましいのであり，それを可能ならしめるのがスポーツ基本法である。これにより国の役割と地方公共団体の役割を明確にすることになる。

スポーツの現場により近いのは地方公共団体であり，ドイツでラントの文化高権が保障されているのと同様な程度に，わが国でも住民が身近な場所でスポーツが楽しめるように地方公共団体がその地域の特性を考慮して措置を講ずることが必要である。南北に長い地形をもち，独自の文化や習慣が残されている日本であればこそ，スポーツにおいてもその特性が最大限に配慮されることが第一であり，国家がしかるべき予算配分を地方公共団体になしてこそこの状況は成熟度を増すことになろう。

補論

法学部の教養ゼミナールで「スポーツ法」の講義を行ったことがある。予定した人数以上の学生が聞いてくれたのを契機にして，本稿を書いた次第である。他学部でも開講してくれないかという依頼もあったが，時間割の関係でこれは実現しなかった。法科大学院に移ってその余裕はなくなったが，本当は法科大学院にこそ「スポーツ法」の需要があったのではないかと思っている。「学校でのスポーツ，プロ契約での弁護士の役割，スポーツ事故での補償，スポーツ振興と地方公共団体」等々の問題は，法律家によって解決すべき法的問題なのではないだろうか。同時に，法的な整備も進み『スポーツ六法』(信山社) では，「スポーツ基本法」を始めとした公法・私法を跨いだ法規が収録されている。いつかスポーツ法を講義したいとして，文献を細々と集めてきた。その一部を収録しておくことにする。

「日本スポーツ法学会年報」(エイデル研究所)，小笠原正『スポーツ法学〔第2版〕』(不磨書房，2007年)，同志社スポーツ政策フォーラム『スポーツの法と政策』(ミネルヴァ書房，2001年), Honegger/Kohli/Eisele, Sport und Recht, 2006; W. Champion, Sports Law, 2d ed. 2000, これらの本の巻末に文献が多数掲載されている。先進国では「スポーツ法」はポピュラーな科目なのである。

2　生きる権利と動物・環境

i　人が生きる手段

　本書では，人が生きる状態を考え，そこに想起される法的問題を考えるために，生命権を中心にした基本権の体系を考えてきた。人間も生物体であるから，法的に生きることを導出する以前に，単純に生きるための条件・手段を考える必要がある。まずは生きるためには食をえなければならず，大部分は他の生物体の犠牲の上で人は生きてきた[43]。同時に，家族を形成して生活を豊かなものにするためにも，自己を中心にした環境を整備し，そのために努力してきた。やがて，市民社会が発展するに及んで衣食住に関しても一定のルールを確立するようになり，食は生産と消費に関するサイクルを確立し，居住空間にはエネルギーの供給と廃棄物の処理の調整を必要とするようになった。近代国家が政策として人の生活実態に関与しなければならない場面が増えてきたことを考えれば，国家目標との関わりで「動物と環境」が大きなテーマになることは十分に理解できるところである[44]。人間も動物の範疇に入るものであるならば，なぜ人だけが他の動物を支配できるのかの難問に応えなければならないであろう。この人が負った原罪を責めることはここでは控えることにして，最小限の動物の犠牲の上に人の生活は形成されなければならないという「共生」の哲学をもって，法の世界も形成されなければならないはずである。共生は人間の間で実現されるだけでなく，他の生物体との間でも実現されなければならず，持続的な発展 (Sustainable Development, 以下 SD) の考え方は，以下述べる「動物と環境」の両者に係わってくる鍵概念となっている。

　法の世界は不可思議でもある。様々な法が混在しているが，最高法規として

---

43) この点は，現実主義的に処理するのが賢明であろう。参照，リチャード・A・ポズナー（山本龍彦訳）「動物の権利」キャス・R・サンスティン＝マーサ・C・ヌスバウム編（安部圭介＝山本龍彦＝大林啓吾監訳）『動物の権利』（尚学社，2013年）67頁
44) 現代の憲法国家においての国家目標は，「社会国家，文化国家，平和国家，環境国家」の実現の役割を担っている。それぞれが交差する領域は，立法府がこれを実現する役割を担っていくことになる。Vgl. Sommermann, 注32) S. 250 f.

「憲法」が，他の法規範を統御できるようになったのは，そんなに古いことではない。それは憲法が対象とする国家の変貌があり，上位規範である憲法を国家がことさら重視するようになったからである。憲法に記された事項を国家機関は遵守しなければならなくなった。

　憲法が最高法規として機能しうるのは，その憲法の最高法規性を担保しうる制度が確保された場合である。確かに，近代以降の憲法は「基本的人権の保障」を中核とし，そのための統治構造の整理への努力を行ってきた。「完全な憲法」に向けての人間の努力を，法の歴史のなかに見出さなければならない。かなり大胆な認識を示すとすれば，19世紀の法は人間の自由を最大限に配慮し，20世紀の法は「安全・平和と平等」に貢献しようとし，21世紀の法は人間の将来を一層にグローバルに模索することになった。21世紀を前にしたレポートが，概して地球環境の人為的な調整の必要性を提唱していた点に注目しないわけにいかない。考慮すべき材料として，すでに「人口，気候，食料，資源，エネルギー，そして環境」があり，これを巡っての各種の対立が生じている。時代は常に新たな課題を法の世界に与えてきたが，人以外の対象を法がどのように扱うかが注目されるようになったのである。

　今や憲法が配慮すべき新たなテーマは，グローバルな次元で検討すべき事項となり，それは現況と将来を展望すべき課題を担うことになった[45]。法は人間の行為を正義の実現のために，制裁を科しながら抑制させる機能をなしうる。この利点を最大限に評価しながら，将来を展望することが法には常に課せられているのである。すでに「共生の時代」という標語が用いられて久しいが[46]，それは性・文化や人種といった人類相互間のみではなく，あらゆる生物体との関係においても同様である。法のなかにおける新しい現象は，広義の「環境への配慮」にあることは確かである。

---

45) 定期的に開催されてきた国際会議とその決定事項がこれである。EU基準が最も厳格で遵守率も高いことに反し，アジアのそれが不確かであることが問題である。

46) キリスト教の精神に淵源するが，仏教にもこの思想はあるようで，総合的な存在を認め合う可能性を模索することが必要になってくる。マーサ・C・ヌスバウム（奥田純一郎訳）「『同情と人間性』を超えて——人間以外の動物への正義」サンスティン=ヌスバウム編，注43) 396頁。

ii 人と動物の関係

　筆者は1998年にドイツの研究者との間で東京とフライブルクでなされた，「人間・科学技術・環境」のシンポジウムに参加させてもらったが[47]，このテーマに関するヨーロッパでの真摯で深刻な対応に大いなる刺激を受けた。現代国家として同様の科学と技術に関する発展を遂げてきた両国であるが，憲法的に見た環境権への保障程度はかなり差をつけられてしまった感があった。ドイツ基本法に環境条項が明記されたことは著名であるが，これには10年以上に及ぶ論争が学者間でなされ，次いで舞台は政党間の妥協の末に環境条項が誕生した（1994年）ものである[48]。学者の議論は，82年から83年にかけてなされた「国家目標規定の立法に関する委員会」（連邦内務大臣及び法務大臣）で生産的になされた[49]。座長をやっていたのは，私のドイツでの受け入れ教授であったE. デニンガーであり，私の滞在時でのゼミナールのテーマも「国家目標」であった[50]。この委員会で議論されたテーマは，「労働，環境，文化」が議論された。その結果，憲法上で具体化されたのは環境に関する内容に留まった。当時の政権を担っていたのは社民系のSPDと市民政党であるGRÜNEの連立であり，この両政党は生態系中心主義を擁護する立場にあった。野党にあったCDU/CSUというキリスト教名を冠した中間政党は，人間中心主義の世界観に依拠していた。環境を巡るこの世界観の対立は，根本的な対立であるがゆえに環境条項は，一時，流産になる可能性もあった。しかし，この間に東西ドイツの統一という歴史的な事象を経験することによって，一気に他の条項と同時に環境条項は完成された。92年から93年にかけて新たに創られた5つの州憲法では，積極的に国家目標規定が導入された。こうした流れが94年の環境権条項の誕生に繋がったのである。政権政党は，「自然的生存基盤」の文言に「人間の」という限定が付かなかったことに満足し，野党は，これはあくまでも人間中心主義の観点からのも

---

[47] ドイツ憲法判例研究会編『日独共同研究シンポジウム　人間・科学技術・環境』（信山社，1999年），私はフライブルクのシンポで「日本における野生動物」のレポートを提出した。
[48] 岡田俊幸「ドイツ憲法における『環境保護の国家目標規定（基本法20a条）』の制定過程」ドイツ憲法判例研究会編『未来志向の憲法論』（信山社，2001年）23頁以下。
[49] 政府専門委員会報告書, Staatszielbestimmungen/Gesetzgebungsaufträge, 1983.
[50] そのテーマは, Staatszielbestimmungen und Gesetzgebungsaufträge im Grundgesetzであった。デニンガー自身は，生態系中心主義の態度で臨んでいたという印象がある。

のであり，1条にある「人間の尊厳の不可侵」と整合するものであると判断した。その意味で，この規定は玉虫色の解釈を可能とするものであった。その全文は以下のとおりである。

> 20a条「国は，来たるべき世代に対する責任を果たすためにも，憲法に適合する秩序の枠内において立法を通じて，また，法律及び法の基準に従って執行権及び裁判を通じて，<u>自然的生存（生命）基盤及び動物</u>を保護する。」

われわれの関心はこの環境条項と並んで，当時，動物保護も同様に国家目標として議論の俎上に乗せられていたことにある[51]。市民や動物保護団体からの圧倒的な支持は，むしろ自然保護よりも多かったという記録さえ残っている。しかし，野党の反対にあって当初は，この動物保護は基本法改正に必要とされる3分の2の多数をえることはできなかった。与党は，動物保護法の保障内容で十分であると判断し，政治の駆け引きのなかで環境保護を優先させたということらしい。この国にはナチス時代に作られた「動物保護法」(1933年制定)があり，戦後はこの法をベースにして数度の改正を経て今日に至っていた[52]。野党はこの改正された動物保護法で十分に対応できると判断していた（後述）。

ところが2002年になって過去の議論が復活する事態になった。動物保護を基本法に示すことに執着していた市民運動に後押しされて，動物保護の議論は政治家を動かすことになり，ついに6月議会は超党派によりこの条項の補充を認めるに至った（公布は先である）。先に記した20a条のなかに自然的生命基盤に付け加えて「動物保護」を併記したものであり，補充は最も可能な方法で，他の規定を操作することなくして実現されたことになる[53]。94年の基本法改正時にあって，SPDが主張していた内容とは，「動物とは，生物として尊重される。動物は，種族にふさわしくない飼育，避けることのできる苦痛及びその生命領域から保護される」としたものだった。この時点と2002年との間の変化した理由は，

---

51) 政党間の対抗について，浅川，注33) 147頁以下で詳しい。
52) 渋谷敏「動物保護法」外国の立法34巻1・2号 (1995年) 208頁。
53) 制定の経緯について，岡田俊幸「統一ドイツにおける『動物保護』の国家目標規定をめぐる議論」吉川治教授退官記念『伝統と創造』(人文書院，2000年) 171頁，同「動物保護と憲法——ドイツ基本法20a条の改正をめぐって」小林弘明＝岡本喜裕編著『東アジアの経済発展と環境』(日本経済評論社，2005年) 207頁以下。

推定のものであるが以下のものが考えられよう。その1は，ドイツの多数の邦憲法において動物保護の条文が新たに規定されたことにあろう。その2は，EUにあっても動物保護の関連法規が整備され，EU構成の15か国によって進められた「欧州連合基本権憲章」(2000年12月)においても，クローニングの禁止を始めとして科学技術優先の考え方に警鐘が示されたことにある[54]。国家目標規定は他の人権規定と比べるとその既判力は確かに劣るものの，国家機関に対する拘束力は法律を超えている。立法者は国家目標を遵守し，法形式で実現することを義務付けられる。同時に執行機関である行政と裁判に対しても解釈基準として拘束力をもつことになる。問題はその動物保護の内容であるが，ヨーロッパ全体で問題化されていた動物実験への対応がその直接の契機であったことは確かである。人間と動物との関係は深いものがあるが，その関係からして「野生動物，家畜，愛玩動物(ペット)，実験動物」に区分されよう。野生動物は国際基準をもって保護すべきものが指定される時代であることから，自由に狩猟される対象ではない[55]。また，家畜にしても，食の安全と動物虐待禁止の精神から，一定の飼育方法の規制が掛かってきている。例えば，鶏を飼育する上での一定の空間を争った裁判があった。ドイツの憲法裁判所はヨーロッパ規準を満たさない州のケージ飼育の広さを違憲と判断している[56]。この判断は，むしろ動物の権利擁護の観点が多い判断と受け止めて良いものと考えられる。

iii　動物実験と法

スイス憲法が動物に関して最初に条文を用意したのは(1893年)，特殊な事情によってであった。「放血に先立ち事前の麻酔なしに屠殺することは，屠殺方法や動物種にかかわらず，例外なしに禁止される」(25条の2)の内容は，ユダヤ教・回教の食物戒律への反感を示したものであり，動物保護の情感を示したも

---

[54] こうした状況を詳細に報告した，Y. Nakanishi , Animal Welfare in the European Union's External Relations Law, in: J. Weaver (Ed.), Animal Welfare, 2016, p. 126. が参考になる。
[55] ヨーロッパの動物保護と対照的に，日本はまだ人間主義的である点について，飯田稔「自然環境の利用と保全」ドイツ憲法判例研究会編，注48) 207頁。
[56] 判決は，1999年のBVerfGE 101, 1 である。石村修「産卵鶏のケージ内飼育」ドイツの憲法判例Ⅲ (2008年) 473頁以下。同じ問題は，他の動物でも起こる可能性がある。

のではなかった。これらの教徒では、麻酔なしで放血した後の食肉を食していたからである。同国では信教の自由に、動物屠殺の形式を借りて憲法段階で制限を課していたことになる[57]。憲法が動物について、あくまでも人の対応関係のなかで対応してきたことの例証として、スイス憲法のこの条文が紹介されよう。さすがに1973年になって、同条は次のように改正されている。まず「動物保護に関して法律を制定することは連邦の管轄事項である」とし、その内容として、「動物の保全及び飼育、動物の利用及び取扱い、動物の輸送、動物生体の手術及び実験、動物の屠殺及び他の様態での死、動物及び動物製品の輸入」とある。この条項を受けて78年には連邦「動物保護法」が制定され、とくに動物実験に関しては詳細に規定され、必要最小限の方向が示されていた。

　ヨーロッパ諸国の動物保護法の内容が変化しているのは、動物実験の論争を受けてのことであることは明白であり、しかもその傾向は、全面禁止とは行かないまでも、制限を強化する傾向にある。また、動物実験は先進工業国の宿命であるともされてきたが、同じ先進国であるとされるEUと日本との間にある法制上の差は、以下述べるように大きいものがある。近代的な動物保護のマグナカルタとされている「英国マーチン法」が制定されたのは1822年であった。さらに、同法が実験動物（脊椎動物）への保護まで配慮するようになったのは、1876年であり、日本ではまだ憲法も制定されていなかった時である。

　実験動物に関するヨーロッパの法制は、動物実験の目的を概括主義にした上で、実験者、実験施設、動物管理業者を届出制から許可制へと変化させ、実験計画や施設について各種の専門家からなる第三者機関が監査し、これに関わる情報を公開することとし、この一連の手続きや実験内容が違法になされた場合の罰則の強化がなされている。つまり動物実験を行政的に管理するだけでなく、これを規制し公開する体制への大きな変化が見られる。それは自然環境保護と同様な程度による、行政警察の積極対応ということになる（予防国家化）。もちろん実験がなされている現場が、動物にいかなる配慮をなすかという意味からして、そこで作られている「実験憲章・要綱や基準」の中身が重要でありうるが、

---

[57]「気絶させない屠殺（ハラール屠殺）」が動物保護からは問題になるが、多くの国は信教の自由の問題として、例外的にこれを認めている。近藤敦「イスラームの作法に則った屠殺の規制」ドイツの基本判例Ⅲ（2008年）285頁。

法の世界からするならば監督機関としての行政的な対応が，法に基づいて正確になされるか否かが検証されなければならない事項となる。その場合に対象である動物に人がいかなる関係に立ちうるかが決め手になってこよう。憲法にある動物保護の国家目標を受けて，各行政機関は単に比例原則に応じるだけでなく，保護の視点を加味しなければならない[58]。

　ドイツ動物保護法にあっても，人が優位にある関係で規定されてきたトーンは86年の改正で変化し，動物は「人間との同胞」（１条）としての地位を獲得し，同時に「人間の責任」が明記されている。この認識を生かすために，同年の改正では動物実験及び大量飼育等に関してだけでも詳細な40か条におよぶ規定（第５章）が追加されている。ここでこの条文を全て紹介する余裕はないので，その基本姿勢を示すに留める。７条は動物実験の目的の絞込みをなし，不必要な実験がなされないための細かい配慮がなされる。８条は脊椎動物実験の際，主務官庁より認可義務を受けねばならないことと，その手続きが記される。９条は動物実験が限られた専門家のみによってなされることが記される。そしてその記録の作成義務があり，これを主務官庁に届けることになる（9a条）。

　日本の改正された「動物の愛護及び管理に関する法律」（1973年，最終改正2014年）は，「動物の虐待」を防止する（１条）という精神構造を示し，動物との共生する社会の実現を図るとしている。いわゆる「ペット保護法」といわれているように，その取扱い業者の届出を定め，地方公共団体の引き取り義務（35条）を定めているものの，その対応は動物にとっては残酷な結果が予想される[59]。引き取られた犬猫に待っているのは，概ね安楽死か動物実験の対象になるに過ぎないからである。最後まで責任を負わない似非動物愛護者の姿が見えてくる。問題の動物実験については雑則で扱い，「できるだけその動物に苦痛を与えない方法」（40条）と言及するだけで，不十分な状態にあることは確かである。同

---

[58] 動物保護はいかなる論拠で説得すべきかの難問は残る。人間の尊厳を規定したドイツ基本法が，この条項と関連して動物を考えなければならない態度は，論争の渦中に残されたことになる，参照，押久保倫夫「環境保護と『人間の尊厳』」ドイツ憲法判例研究会編，注48) 157頁以下。

[59] 特集「各国のペット法事情」法律時報73巻４号 (2001年)，とくに，宮田勝重「社会現象としての動物保護」同29頁，青木人志『動物の比較法文化』（有斐閣，2002年）212頁。

法改正に際しては,ヨーロッパの動物法の検証をした形跡がある。

動物実験は,「できる限りその利用に供される動物の数を少なくすること」(41条)との配慮を行わなければならなくなった。環境大臣が定めた「実験動物の飼養及び保管並びに苦痛の軽減に関する基準」(2006年)と実験を実施する各機関・大学が作成した「憲章・指針・基準」によって運営されており,実験の全貌を把握することは困難である。そこで国民の知る権利を実践するNGOが中心となって,動物実験の公開を求める動きがある。おそらく実験を必要とする科学的な要請を法は止めることはできないであろうが,倫理的な要請から一定の科学技術の研究を法が抑制することを考慮するならば,動物実験に関してもわが国で大胆に踏み込むことは可能であろう。人権と平和を希求する日本国憲法から,その方向が望まれるはずである。

iv 生きる権利と環境

ここで先に示したドイツの環境権条項の解釈を簡単に行っておきたい。この条項を導入する上で,人間中心主義の立場を維持するか,自然それ自体のための保護から考えるかの立場があることはすでに指摘してきた。上記した動物にとっても人間にとってもそれぞれに適した環境があるはずであるが,人間は開発の利益に魅せられて動物の居住する環境破壊をも行ってしまった。レッドデータブックに登録された動物が危険にさらされてきたのは,これらの野生動物の環境が極端に侵害されたか,人間の特定目的の犠牲にさらされてきたかのいずれかであった。したがって,上記の論争は実は意味がないのであって,長いタームで考える限りでは,あらゆる存在物の共存のうえで環境は考えなければならないはずである[60]。短期的には,失われるおそれのある環境の優先順位をつけてこれを保護することが必要になってくるといえよう。その点からして,動物と人間がそれぞれの生を全うするための環境を保護するための憲法から何

---

60) ここでの論争点に関する論争についての分析は,桑原勇進『環境法の基礎理論』(有斐閣,2013年)150頁で詳しく論じられている。さらに,ドイツ憲法判例研究会編,注47)の書物のなかで,R. シュタインベルクとD. ムルスヴィークもこの議論に触れている。それぞれ「環境立憲国家」と「国家目標としての環境保護」を論じており,環境重視の視点である点は共通している。

ができるかを考え，それの１つの解答がドイツの環境権条項を始めとする環境権の規定や各種の環境法であったといえよう。ドイツで環境権を国家目標規定の重要な１つとして扱ってきたのは，すでに本書の第Ⅱ章で述べてきた基本権の体系に深く位置付けられた「生命権」の存在に負うところであり，その保護の対象は，人間や動物も同様でなければならないはずである。

こうしたことは20a条の「自然的生活基盤」の保護対象とは，との問いに答えることによって，解答がえられるであろう。これへは，多くの論者が「環境適合性審査法」(1990年)の２条１項を示して「それぞれの相互作用を含む人間，動植物，土壌，水質，大気，気候及び景観」と多様である[61]。ちなみに，同項の２号は「文化財及びその他の財物」となっている。日本の環境基本法では，「人間の健康で文化的な生活」と「生態系」のバランスを規定し（3条），同様の保護対象を想定している。問題の動物を自然的生活に含ませるかは異論のあったところであり，その関係もあって「動物」は別個に後に追加されたことになる。生態系を必要以上に保護することへは，いずれの国でも経済からの反発として現れることであり，ドイツでの環境権条項成立の遅れはこうした理由にあった。やがて，条文が作られて以降の運用が問題になることを気にするようになった。なにしろ環境権が扱うのは広範になるのは分かっているから，これを扱う立法機関や行政機関が的確に対処できるようなルールをあらかじめ決めておく必要があった。それらは多様であるが警察法等の行政法，判例によって確立してきた，「危険予防原則，予防原則，存続保護原則，責任者原則，公負担原則，共同原則」であり，それぞれのケースでこのルールのどれを適用して問題解決に当たるのかが判断されることになる[62]。しかし，環境が扱う領域は，原子力という国家政策に絡む問題から景観という私的利益まで及んでおり，対処の仕方も勧告から廃棄にいたる程度の多様さがあり，基本権問題で対処するには明確な国家の側で対応すべき視点が必要になってくる。これが国家の基本権保護義務論

---

61) 邦訳は，ドイツ憲法判例研究会編，注47) 420頁にある。有澤知子訳「環境適合性審査法」(Gesetz über Umweltverträglichprüfung)。桑原，注60) 154頁では「環境親和性審査法」と訳されている。
62) E・デニンガー（石村修訳）「ドイツ連邦共和国における環境権論の今日的状況について」専修法学論集50号 (1989年) 319頁以下，政府委員会の議論の一部も載せておいた。

を正当化してきた理由であり,生命権の次元と同様にして保護義務論の応用が環境権で展開されるのは,流れとすれば当然のことであった。

保護義務論が登場したのは,科学技術の発展に伴ってくる生命体への侵害行為に対して立法が対応する論拠として示されたことによる。したがってこれの延長に環境権の保護の考えが導かれても何等不思議なことではなかった。つまり「現代の生体臨床医療技術も,現代の技術的応用に伴う環境負荷も,諸々の基本権——とくに生命および健康に対する権利——を侵害し,あるいは危険にさらすことを引き起こす可能性がある」[63]。侵害の原因を作っているのは民間の諸々の機関であるが,危険な状態を作り出してきた国家の責任であったこともあり,この状態が継続することあるいは別の要因で同様な程度に危険な状態が生じないことを予防する観点から,国家は介入することになる。この民間での加害者と被害者の両者に関わりをもつ国家という三極構造は,生命体を保護するということで正当化される[64]。基本法2条2項の「生命への権利」の保護を受けて,20a条の「自然的生存基盤と動物」の保護の役割を担うのは,同様に国家の役割になる。ここでの国家とは,まずは立法を行う機関であり,次いで立法を執行することである。憲法裁判所は,こうした構造を積極的にこれまで追認してきたことになる[65]。その際に認定されてきた基本権の客観的要素の承認は,基本権の私人間適用を促し,ここで問題となる私的な社会での環境予防に寄与する可能性を生みだす。生命権の問題と同様に,環境権の問題も私人間問題に対処できなければ積極的意味の大半が失われることになるからである。

環境は,それ自体は権利として構成することが困難であり,日照や景観のように主観的な利益に具体化されて初めて権利性が現れる。具体的に原子力発電所の建設をとめるための論理は,電力会社が原子力発電所を建設することで,

---

63) G・ヘルメス (岡田俊幸訳)「生命倫理問題および環境問題における国の保護義務」ドイツ憲法判例研究会編,注48) 161頁。Vgl. G. Hermes, Das Grundrecht auf Schutz von Leben und Gesundheit, 1987, S. 168. 基本権の保護は,アメリカの人権宣言,フランス人権宣言に含まれていたとされる。

64) 防御権のドグマがこうして導かれ,「三段階審査」が導かれた。松本和彦『基本権保障の憲法理論』(大阪大学出版会,2001年) 第1章参照。これが生み出された契機を,「国家の肥大化と基本権の機能拡大」に見ている。

65) 本書第Ⅱ章で言及してきたところである。

周辺住民の安全と生命という利益を侵害する可能性が出てくるのであり、このリスクを回避する責務が国家にあるという構造になる。リスク管理に関しては警察法の機能と同様であり、その点で警察法での比例原則が機能する余地は大きい[66]。リスク論を環境権に応用してきたのは、J. ハーバーマスやU. ベックの説いた社会学の功績であった。他の領域で用いられてきたリスク論が危険に至る以前の予防を重視する意味でリスクを環境問題に適用したのは、適切な解答であったことになる。「リスクとは、人間がおこなう行為の未来における帰結、徹底した近代化のさまざまな意図せざる結果を予見し、モダンのアプローチ」と定義された[67]。国家そのものに共同責任が及ぶ帰責の理論がこれになる。これに至っては様々な議論があり、いまだ固まったというところには至らないであろうが、ドイツが政策として2022年までの脱原子力発電の決断をしたのは、こうした環境権重視の傾向の表れと考えられる[68]。次節では視点を拡げて、地球問題化した環境の問題を考えることにする。

V 環境と開発

ここからは、環境の問題を地球レベルで考えることにする。普通に暮らしている人間からするならば、西暦2000年もいざ到来してみると格別の変化なく日々が過ぎて行くという感がした。しかし、2000年は少なくとも危機意識をもって何らかの積極的な対応を求められていた年であり、その間に改善のための作業が続けられてきたことを想起しないわけにはいかない。1972年のストックホルム宣言から、2016年のパリ協定までの流れは、明らかに危機意識の実現ということになりそのための努力がなされてきた。人類とその環境が地球レベルで残ることを真剣に考えるようになってきたのである。その意味を込めて、2000年までを振り返る必要があろう。2000年問題への例証を代表的には2つの報告書からわれわれは知ることになる。その1は、世界各国の環境問題に

---

66) 桑原、注60) 259頁以下、さらに、須藤陽子『比例原則の現代的意義と機能』(法律文化社、2010年) 93頁以下。
67) ウルリッヒ・ベック (山本啓訳)『世界リスク社会』(法政大学出版局、2014年) 5頁。
68) 例えば、吉田文和『ドイツの挑戦』(日本評論社、2015年)、石村修「ドイツの原子力政策の転換」Forum Opinion 32号 (2016年)。

関する専門家からなるローマ・クラブがまとめた,『成長の限界——人類の危機・レポート』である[69]。その2は,当時のアメリカ合衆国カーター大統領により作られたグループがまとめあげた報告書『西暦2000年の地球』である[70]。両報告とも1970年代の時点できたる近未来の2000年を視野に入れ,人口を始めとする特定のファクターを考慮するならば,地球レベルでの人為的な調整が必要であり,それを欠くともはや取り返しのつかない悪環境が生まれると警告していた。

　両書とも人間の存在と地球環境を考える限りで,まず考慮すべきファクターとして「人口」を考慮し,地球に存在しうる世界人口の最大値から発想している。ローマ・クラブが警告する論点は,「加速度的に進みつつある工業化,急速な人口増加,広範に広がっている栄養不足,天然資源の枯渇,及び環境の悪化」の5つである。第2の報告書も「人口,国民総生産,気候,技術,食料,漁業,森林,水資源,エネルギー,燃料資源,非燃料鉱物,環境」を分析対象としている。この環境悪化へと至る因果関係を生み出す基として,幾何級数的に成長する人口と経済成長を挙げている点もほぼ同様である。これに対処する積極政策は,報告のタイトルにもなっている「技術と成長の限界」をそれぞれ対応する諸国が認識し,もって来たるべき時代として「均衡状態の世界」を作り出すことを目標にしていた。確かに人口と資本の成長は,主権国家の枠組みと諸国間の地域空間に内在する,長年に渡って創り出した偏差を生み出してきた。先進国(北)と発展途上国(南)との間の人口と資本成長のアンバランスは,いわゆる南北問題としてこれを生み出した主権国家の側自体からは,もはや解決することができない段階にすでに達していた。そこで提示された人口の成長率と国民総生産の成長率との相対的な関係からして,最終的な2000年への予測は「世界の豊かな国と貧しい国の間の絶対的なギャップを,容赦なく拡大していくであろう」[71]というものであった。すでに環境経済学によってほぼ不可欠な

---

69) ドネラ・H・メドウズ他(大来佐武郎監訳)『成長の限界——ローマ・クラブ「人類の危機」レポート』(ダイヤモンド社,1972年)。
70) アメリカ合衆国政府編(逸見謙三=立花隆監訳)『西暦2000年の地球1・2』(家の光協会,1980・81年)。
71) メドウズ他,注69) 30頁。

ものとして定式化されてきた,「人口,資本,サービス,資源のフィードバック・ループ」が地球的規模で実現されるならば,世界システムにおける成長は止まるはずである。

　アメリカ報告が最も執着する人口問題は,遠い将来において地球に現実的に居住しうるマキシマムの人口を300億というところに設定していた。産児制限を課したとしても,人口はある程度維持されなくてはならず,その観点から増えつづける宿命にあるが,そのカーブをすでにヨーロッパが達しているように緩やかにすることが目標とされてくる。75年からして2000年には64億の人口が予測され,その増加率は55％であり,その内の10分の9は開発途上国における人口増加であるとされた。アメリカ商務省統計局によれば,1999年7月18日,世界人口は60億人を超えた。ところが2000年を前にして世界人口増加が鈍化しだしている。当初見こんだ68億の数値は,2010年にまで延長修正されている[72]。国家政策としてなされている開発国での人口抑制政策が効果を生んでいる状態であるが,2025年には80億にはなる計算である。次なる問題として「人口ボーナス」と呼ばれている若年労働者を労働市場にいかに反映させるかがこれらの諸国では深刻な事例となっている。この労働力を受け入れるだけの経済基盤があれば,経済発展までも保障されてくるからである。

　成長を維持するためには,物質的条件と社会的条件が必要とされている。例えば冷戦の終了は社会的な条件を飛躍的に改善したように,人間の努力によって良い方向へ変えて行くことが可能である。しかし地球の生態学的システムと関係する物質的条件は有限の部分もあり,それを完全に使い切ってしまわないようにするための配慮が必要であることは当然である。人口の増加は第1に食料問題に反映されてくるが,北ではもっぱらより快適な生活空間を享受するために,必要十分な住居を求め,エネルギーを消費し,新しい工業製品を求める。アメリカ合衆国,欧米,そして日本による過剰な消費社会を転化し,「再生可能な資源の持続可能な利用範囲で」,既存の人口を養わなければならないといわれている[73]。北と南の異なった消費行動は,すでに指摘した「食料・天然資源」

---

[72] 2016年時点で,73億6000万人ということであるから,微増してきたことは間違いない。
[73] 参照,加藤三郎「地球の有限性と物的成長の限界」岩波講座『地球環境学1』(岩波書店,1998年) 71頁以下。

において意味を異にしてきたのであり，その結果「開発」の意味も違ってきていたのである。開発が生み出す負の遺産である「汚染」は，もはや今日では北では多くは生み出されず，北に蓄積されるのはリサイクルしえないゴミであるに過ぎない。これに比して，南では増殖する人口のための犠牲を伴う耕地の拡大であり，北から押しつけられた汚染を伴う危険な生産であり，粗悪な必要も無い工業製品の押しつけである。こうした構造に対して，楽観主義的対応もありうるであろうが，成長の限界を知るローマ・クラブは，何らかの技術的解決によって汚染へと至る成長＝開発を止めなければならないとする。つまり，成長に自主的な限界を課すということになる。例えば，エネルギーに関して，自然のエネルギーがあったにも関わらず，人間は技術の力で「化石燃料から原子力・プルトニウム」へと至ったが，この開発は悪魔による誘いであって，魅力の下に隠された醜さを自覚すべきであろう。大きな原子力発電所事故後，原子力発電の見直しがでてきたのは必然的な流れということができる。

　アメリカ・グループがまとめた報告は，その調査規模が広大であり綿密であったが故に，そこで示されたデータと予測はかなり客観的であった。ただしこの報告では具体的な対応策が提示されるわけではない。ここでの予測は悲観的な結果を読みこんでおり，砂漠化は2000年で＋492万ha，密林は－446万haとなっている[74]。具体的にはサハラ砂漠の拡大と南米での森林破壊が当面の問題である。1年で九州と四国を合わせた広さに相応する約600万haが近年砂漠化しているので，この数値はむしろ悪化して示されることになろう。そうなると実に氷に閉ざされていない陸地面積の21％が砂漠となり，人間の活動空間としては無の場所となってしまう。他方で進行する森林破壊は，現在の地球全面積5分の1から6分の1へと激変し，生物種を減らす生態系の変化だけでなく，地球の温暖化を促すことになる。成長を止める方法として，「リサイクル，汚染防止，産児制限」がありうるわけだが，財政的な負担をどこが負担するかの初歩的な次元ですでに障害にぶつかる。さらに，プラトンの時代からすでに提示されてきた成長を止める思想は，国家利益や多国籍企業の思惑と開発独裁のエゴイズムによって阻まれてきたのが現実である。

---

74) アメリカ合衆国政府編, 注70)（1）392頁。

「環境」は，フランス語のmilieuから派生してきたように，個人を中心にした空間の保持を念頭にしてきた関係で人格権に添う形で生まれてきた[75]。しかし，環境は社会・国家さらには地球規模での環境の保持，しかも将来的に保持されなければ意味がない以上，環境維持に関して，地球・国家・地方の各段階で配慮されなければならないはずである。他方で，「開発（Development）」とは「経済開発」の意味であり，それは「政治改革の過程」として扱われるので[76]，環境政策と一体となって議論することが必要である。開発は経済効果を生み出すと宣伝するが，自然環境破壊を伴うことは口にしないのを常とする。これを逆転させた政策が環境アセスメント制度であり，これの徹底は開発至上主義への懐疑の現われであったといえよう。環境は単に人間の生存や生活の基盤を提供するだけでなく，生産のための資源を供給してくれるからである。要は環境を守るべき価値とする着想が必要なのである。

vi　持続可能な発展

　いわゆる「環境経済論」が体系化されだしたのは1970年代になってからであり，「人間と自然との間の物質代謝」過程のあり方を考え，この過程の崩壊を止めるための政策もその範疇に入れている点で，新たな経済学の分野の誕生である[77]。それは効率，利潤，生産力といった市場経済のみを基準にするのではなく，広範な自然科学の法則も経済学のなかに取り込もうとするものであった。簡単には自然と人間との友好関係を築きあげようとするものであり，都市と農村，工業国と発展途上国とのバランスを配慮することであった。ここでは少なくとも環境を後世に残すべき資源とする発想が必要であり，「環境資源」を再生産可能なレベルで留めて置かなければならないことになる。しかし，狭義の経

---

[75] 渡辺光『環境論の展開』（環境情報科学センター, 1977年）2頁以下。なお，邦語としての「環境」は，もともと仏教用語であり，その意味することとは原意と若干違っているようである。

[76] エドガー・オーウェンズ（鹿島正裕訳）『開発と自由』（風光社, 1991年）6頁。悪政は政治腐敗を導くが，逆に，政府が認めただけで開発が正当化されるわけではない。

[77] 例えば，植田和弘＝落合仁司＝北畠能房＝寺西俊一『環境経済学』（有斐閣, 1991年），ジェトロ・アジア経済研究所＝黒岩郁雄＝高橋和志＝山形辰史編『テキストブック開発経済学〔第3版〕』（有斐閣, 2015年）等。数的根拠をもって環境税の数値を示すのは，こうした学問の成果ということになろう。

済の論理は，各種の開発を必然化し，とくに，発展途上国は他国資本の開発を受け入れ，この開発を継続・拡大することによってのみ経済発展がありうるとされ，環境破壊の事実を隠蔽する傾向があった。

「地球を回復する」という命題は，全ての人類的課題であり，地球的な段階で実行されて行かなければならないことになった。最大の敵は，エネルギーの過剰な使用によって生み出されたCO_2（二酸化炭素）の発生量を削減することであり，そのための確実な方策を提示しなければならない。ここでの発想は，先に示した既存の人口の生活を維持するための豊かさを維持しながら，天然資源の消費量を抑えることである。つまり「技術開発」によって地球全体の持続的な発展を確保しようとするものである。発展途上国の国民が車や電気製品を使用することを前提にして考えると，化石資源の消費が2050年では現在の3倍は必要と想定されている[78]。このことは，有限な化石資源を枯渇させ，CO_2を増やすだけの方策に陥ることになるが，これに対抗するのには技術力によって効率を高められた自然エネルギーの活用とエネルギー消費の削減，そして徹底したリサイクルの実現ということになる。2000年からの2050年に向けてのメッセージとなる「ビジョン2050」によれば，次の3点が持続的な開発（発展）を可能とする条件となる。つまり，「(1)エネルギーの利用効率を3倍にすること，(2)物質循環のシステムをつくること，(3)自然エネルギーを2倍にすること」[79]である。「環境と開発」は，対立概念ではなく総合概念となったのである。

国際会議は環境問題の中心テーマである「環境と開発」の両概念をあえて両立させようとする努力として，「持続可能な開発（SD）」の用語を用いてきた。この用語も実は多義的に用いられ，最初の「最大維持可能漁獲量」から始まって[80]，その使用や邦訳の仕方について批判されてもいるが，国際会議の主用場

---

[78] 小宮山宏『地球持続の技術』（岩波新書，1999年）162頁。こうした現象の典型例が中国にあり，急激な車社会の到来は大気の悪化と連動してきた。

[79] 小宮山，注78）165頁。

[80] 多くの業績がすでにあり，例えば，加藤久和「『持続可能な開発』の概念」環境研究73号（1989年）や，アジアの問題について，西川潤「アジアにおける『持続可能な発展』」環境経済・政策学会編『アジアの環境問題』（東洋経済新報社，1998年）が示唆的である。さらに，宇都宮深志『開発と環境の政治学』（東海大学出版会，1976年）は，開発と環境保全の統合化について論じている。

面でも認知され,一定の価値評価がなされてきている。Developmentを「開発」と訳すか「発展」と訳すかは,確かに意味を微妙に異にするかもしれない[81]。以下テーマとの関係で「開発」と訳すが,必ずしもマイナスの要素のみを含むものではないことに注意を払う必要がある。最も多く引用されるのは1987年の「環境と開発に関する世界委員会」の報告『地球の未来を守るために(Our Common Future)』である。この委員会は日本国政府(当時の原文兵衛環境庁長官)の提唱によりノルウェー首相ブルントラントを委員長として発足した国連環境特別委員会で練られ,報告書は国連総会にて正式に決議されている。それに依れば,SDとは「将来の世代の欲求を充たしつつ,現在の世代の欲求も満足させるような関係をいう」。また「人間の欲求と願望を満たすことが開発の大きな目標である」とし[82],開発途上国の人々が生きていく上で必要不可欠な生活水準を維持できるような配慮がなされなければならないとし,そのためには消費水準を一定程度に保つ必要があるとしている。ここには従来からあった,環境と開発を単なる交換概念として使い,南北対立を拡大させようとする態度はない。むしろ分かりやすい表現をもって,環境を私達の住むところとし,開発を「そのなかで私達の生活をよくするよう努力すること」として,環境と開発をあらゆる国や社会にとって不可分な目標としている点に注目しなければならない。成長の限界を知りつつ,それでも可能な普遍的な生活水準のレベル・アップを図ろうとしたものであった。

　環境か開発かの二者択一的問いかけは,国防の問題と同様にして実はナショナル・インタレストの問題であるとされ,北の市民運動を母体とした環境保護主義と南の独裁・軍事政権を支える発展的な開発主義という政治思想の対立でもあった。こうした対立を解消すべき努力が国連を中心にして冷戦の終了以前に開始されてきたことは,21世紀を前にした環境問題の深刻な状況が認識され出したからでもある。われわれはその端緒と不完全な成果を,1972年のストッ

---

81) 高島忠義『開発と国際法』(慶應義塾大学出版会,1995年)31頁。発展は自動詞で開発は他動詞であるために,発展は内発的な意味をもっている。全ての国が自律的に発展しうるのではないために一般的には単に開発と訳される場合もある。
82) 環境と開発に関する世界委員会(大来佐武郎監修)『地球の未来を守るために』(福武書店,1987年)66-67頁。

クホルム国連人間環境会議に見ることができた。ここで人間中心からなる環境権が正面から国際舞台で初めて議論されたものの,問題となった環境と開発は実にアンバランスな状況のなかで妥協を見た。前文1号はまず,環境を自然環境と人によって作られた環境とを併記し,開発国に対して開発の権利を認めているからである。つまりその前文4号によれば,「開発途上国は,開発の優先順位と開発の保全,改善の必要性を念頭において,その努力を開発に向けなければならない」と開発国の主張を受け入れていた[83]。先進国は抱え込んだ公害問題の解決に悩み,途上国はとにかく将来の豊かさを保障する開発に関心をもったがゆえに,国家利益の対立をそのまま文言に書き表さなければならなかったのである。同様の視点を同109の行動勧告の11の「開発は環境保護によって,妨害されてはならない」にも読みとることができる。ストックホルム会議は,環境問題解決に関して国家主権の壁が存在することを認めたものの,国際機関を中心にした環境と開発への総合的な対応の方向を将来的な問題として示唆していた。それは,同原則13の「総合的な開発計画」の箇所や,次の措置としての国連総会の決定に基づく国連環境開発計画(UNEP)の設置に概観される。開発国に与えられたのは,環境政策を考慮した開発であり,他方で先進国は,発展途上国の環境保護のために財政的・技術的援助をなさねばならない(原則9,12)とされた。

その後このUNEPは,砂漠化防止の事項等で一定の役割を果たし,国際自然保護の観点から各種の国際的な取り決めがなされた。1980年になると各種の国際機関が連合して環境問題に対応する傾向を明確にし,国連自然保護連合が国連環境計画と世界自然保護基金の支援をえて作り出した「世界自然保全戦略(WCS)」は,自然保護の性格をはっきりさせている。ここでは明瞭にSDが今後の環境戦略の中心課題であるとされていた[84]。これをさらに確立させたのが,すでに指摘したブルントラント委員会であった。環境法の教科書では必ず触れられるほど著名なこの報告書は当面の地球環境の保護を意図した限りで要請課題が多く,示された戦略も具体化を欠いた点はどうしても拭いきれなかった。

---

83)「人間環境宣言」『条約集』(三省堂),『環境六法Ⅰ・Ⅱ』(中央法規)を使用した。
84) 作本直行「『持続可能な開発』の概念と法原則の確立」横浜国際経済法学2巻2号(1994年) 129頁。

その課題を繰り返すと,「①西暦2000年までに持続的開発を達成し,また,これを永続するための長期戦略を提示すること。②環境保全に対する関心が,開発途上国と社会的・経済的発展段階の異なった国々の間での協力に結び付くようにするとともに,人間,自然,環境及び開発の相互関係に配慮した共通かつ相互補強的な目標を達成するための方策について勧告すること。③国際社会が環境問題に対してより効果的に取り組むための方策を検討すること。④長期的な環境問題及び環境の保全と増進に成功するための適切な取組み,今後数10年間の行動に関する長期的計画と国際社会が掲げていくべき目標に関する共通の認識の形成に資すること」であった[85]。ここで分析された事項は,すでに指摘した2つの報告とほぼ同様であるものの,平和や安全保障といった社会的な条件を加味した点が新たなところであり,将来的な戦略をSDとしている点が特色となっている。しかし,SDの内実が概ね2つの経済発展に呼応した対立を前提にし,結果的には先進国に各種の負担を負わせる格好になるがゆえに,ここでも国家の壁と遭遇せざるをえないことは明かであった。最終的に示された原則に意味があるとすれば,むしろ環境に対する「国家責任」の箇所であり,SDに関しての新しい提言は無かったといえよう。

　1992年6月,国連環境会議(UNCED)が地球の反対側のリオデジャネイロで開催された。先のストックホルム会議の内容と異にし,地球環境を悪化する要因はより明瞭・深刻になり,その取組みは急務を要した。「地球の温暖化,オゾン層の破壊,森林の減少,砂漠化,酸性雨,海洋汚染,生態系の破壊」等が議題とされた。この会議の成果として現された「環境と開発(発展)に関するリオ宣言」は「アジェンダ21——持続可能な開発のための行動計画」としてまとめられており,ここでSDが本格的に中心課題となったことに触れないわけにはいかない。まず原則1において人類中心主義に基づく発想が示され,「人類は,持続可能な開発という課題の核心に位置する」とした。もちろんこの開発も無条件にではなく,「開発の権利は,現在及び将来の世代の環境及び発展に関する必要性に衡平に合致するように実現されなければならない」(原則3)とし,「持続可能な発展と不可分なものとして環境保全」(原則4)があるとした。問題は

---

85) 環境と開発に関する世界委員会,注82) 6頁。

ここで使用されているSDがいかなる観点から用いられているかという点になる。再三繰り返して述べてきたように，SDは多義的な意味で用いられてきたわけで，ここでは原則5が記している「持続可能な開発のための不可欠の要請として，貧困を除去するという」課題を担うことになる。そこで問題となってくるのは原則6の「発展途上国への配慮」の内容であり，これらの諸国に先進国が「特別の優先順位」を与えることの意味である。経済成長主義を是認する対応は，結局ストックホルム宣言と同様の線に落ち着いてしまい，北が南に譲歩しすぎではないかとの印象をうける。例えば緩和されたCO_2基準が開発国に与えられたとしても，地球全体の排出量を考慮しなければならないことは誰でもわかっている。むしろ「先進国の役割としては，今後は途上国の経済成長の方向を環境調和型で進めるようにもっと働きかけるべきではなかった」[86]であろうか。

アジェンダ21は，表題が示すようにSDを実践するために4部に分かれ，それぞれが詳細であり具体的である。今日の社会的，経済的問題がピックアップされ（1部），物理的開発条件（2部）に加えて，社会的開発条件（3，4部）が提示された点で現実的である。次なる問題はこれを実行する組織運営にあり，持続可能な開発委員会（CSD）が組織され，すでに開催されて調整にあたっている。しかしこうした国際会議をリードしてきたのは，アメリカを始めとする北の諸国であった。これらの諸国のグローバル戦略に絡まってこれまで進展してきたわけで，開発国のエゴイズムだけを批判するわけにはいかない。

OECDによって97年に報告された『グローバル時代の環境戦略』は，副題を「持続可能な世界の発展をめざして」とあり，これまでのアジェンダ21等に見られるSD戦略が，実はOECDによって立案されてきたものであるとの背景が明かされている[87]。冷戦の終了は国際政治を安全保障の観点のみから洞察するのではなく，開発協力への公的資金協力のあり方も変えたかと想定し，「共通の利益を達成するための真に国際的なパートナーシップに支えられたものでなけれ

---

86) 作本，注84）132頁。
87) OECD編（井上昭正＝松嶋美由紀訳）『グローバル時代の環境戦略——持続可能な世界の発展をめざして』（三修社，1999年）16頁以下。さらに，この考え方は「ヨハネスブルグ宣言」（2002年）へと続いた。

ばならないというコンセンサスを築くこと」を課題としている。しかし，日本国のODAのあり方を含めて，先進国が金銭や技術の援助をする場合には何らかの期待が込められ，残念ながらその限りでのグローバリズムの実践があった。本報告はこれを隠蔽する意図で，「人間中心の開発と経済のグローバル化」との命題を立て，「①人間が開発の主体であり，すべての人々のためのQOL（生活・生命の質）改善がその目的であるという明確な認識，②発展途上国が，財，サービス，資本，技術のグローバルな移動の空前の拡大に参加し，それから利益を受ける必要性」を挙げていた。さらに95年にDAC（開発援助委員会）によって発表された「開発パートナーシップ」声明は，広範囲に亘る経済成長への参画と環境の持続可能性の調和を考慮し，来たるべき21世紀への多面的な展望を示したものであった。

この報告はあくまでもOECDからの基準による，開発途上国に向けたメッセージであり，その視点をふまえて評価しなければならないであろう。この戦略が，「①経済的福祉，②社会開発，③環境の持続可能性と更正」を含んでいる点はリオ宣言を意識してのことになる。経済福祉では，極貧状態にある人々の割合を2015年までには，半分にすること，社会開発では，「初等教育，ジェンダー間の平等，ベーシック・ヘルス・ケア，家族計画」にそれぞれ課題をもち対応する。そして環境の持続可能性については，「2015年までに資源を失いつつある現在のトレンドを逆転させるために2005年までにすべての国において持続可能な開発のための国家戦略を駆使することである」[88]とする。社会開発は北だけでなく南の諸国にとって必須であり，環境教育を含めて十分に実現されることが，このSDを実行する上で不可欠であり，開発そのものがもつ負の要素は無い。

SDが今後成功するか否かは，第1に先進国が過剰な消費生活を慎み，省エネを努め，環境に優しい政策を明確にしてこれを実行することである。さらに，先進国が行ってきた利益中心の経済手法を国際機関の監視の下で抑制し，経済助成に関しても環境を考慮することを必至とし，環境と対立することになる開発を告発して行かなければならないはずである。ヨーロッパでは独自の基準に

---

[88] OECD編，注87) 23頁．

基づいて環境保護を進めており[89]，環境経済学からは当然視される環境保護を目的にした製造者・消費者双方の公的負担（環境課徴金・環境税・補助金・デポジット制）が導入され，経済活動が環境保護の枠内に収まりつつある。問題は持続可能を意識しない国家による開発を，国際機関がいかに監視できるかにある。

vii 国家の責任

　ストックホルム宣言は，責任の所在につき「地方公共団体及び国の政府は，各々の管轄権内における大規模な環境政策と実施に関し最大の責任を負う」（7号），とするだけで抽象的であった。この時点では，国家主権の制限への強力な異議が存していたからであり，「国家は，国連憲章及び国際法原則に従って，自国の資源をその環境政策に基づいて開発する主観的権利を有」（原則21）する，との玉虫色の条文を置いた。逆に読めば国際法に明確に抵触するおそれはなかったわけであるから，国家は自国の領土を自由に開発する自由が与えられていたのである。リオ宣言はこの点を改善する努力をなし，国家は一方で国際法の原則に従った開発する権利をもつと同時に，他国ないし区域の環境に損害を与えないようにする配慮をし（2号），地球環境の悪化をなした場合は，それぞれに見合った責任を負う（7号）となった。その他，国家の責務に対応する条文は多く，例えば，科学技術協力（9号），環境立法制定（11号），環境被害者への補償立法（13号），有害活動や物質の移動の禁止（14号），環境紛争の平和的解決（26号）と多面的である。これらはSDを実行するとの観点で不可欠であると見做されたわけだが，国際法の世界では依然として環境問題の主役が国家であり，国家目標に掲げられた範囲で環境保護が課せられていることになる。国家はその法体系のなかで，憲法ないし基本法等の形で環境立法を行って国家目標を具体化し，国際社会へはその国内法適用を便宜的に適用しているに過ぎない。憲法に規定された環境権の形態は様々である。日本での問題は，次節の「新しい人権」のところで触れるとして，環境権の憲法への導入は流行している。スイスの新

---

[89] ヨーロッパ基準が最も厳しいものを提案し，実現してきたことは明白である。先進国の自負と共通規準を形成できるまとまりが形成されてきたからである。参照，庄司克宏編著『EU環境法』（慶應義塾出版会，2009年）の各論文，とくに，環境指導原則と環境統合原則の確立が大きい。上田純子，同2章（71頁以下），岡村堯『ヨーロッパ環境法』（三省堂，2004年）。

たな憲法 (1999年) での環境への言及は詳細であるが (第4節, 73条～80条), 立法への委任を規定しているに過ぎない。フランスの環境憲章 (2004年) も, 宣言としての効果をもつに過ぎないのは同様である。韓国の憲法の事例も, 国民の「健康で快適な環境において, 生活を営む権利」を定めたに過ぎない (35条)。環境の保護を確たるものとするためには, 国内法と国際法がリンケージして規範的に将来に対しても保護すべき「環境」という利益を設定する必要がある。

こうした観点からして, 国際法でも「共通利益概念」として環境を認定する試みがあることが注目される。つまり, 国際社会においても, 「国家を介在とせずに, 国家の構成員である個人に直接かかわる利益がある。これは, 普遍人類社会に共通の利益概念と考えられる」とする[90]。具体的には, その共通利益 (普遍的価値) とは人道法や国際環境法ないし地球環境法といわれる分野であり, 具体的な立法を待たずともその利益は絶対命題として存立し, 国内法と国際法はそれの具体化を図るという発想になる。しかし, 人道法はともかく, 環境法も遡及して共通利益とする根拠は薄く, むしろ, 現代法からの要請として共通利益と想定することで十分ではないだろうか。そこでSDがこの共通利益を守り, 他方で国家の利益を満たし, 次いで人間の生存や生態系を破壊することになる環境破壊を食い止める有効な政策に成りうると判断した上で, 国際機関がこれをキーワードとして用いてきたことになる[91]。

国家によって規範的な程度は異にしているものの, 国内法での環境法制は先進国においてはほぼ整った状態にある。日本からすれば, アジアの遅れが気になるところであろう[92]。国際法が環境の遵守につき国家に委ねた部分が大きいのは国内法の充実にあるが, 他方で国家の国際責任の確保が困難な状況にあるからでもある。それでも広範な意味での国際法上の環境法制の整備が求められてくるのは, 起こりうる現象の大きさや影響を与えるリスクの程度の広がりを考えなければならないからである。例えば, 「原子力損害, 海洋汚染損害, 宇宙

---

90) 大谷良雄「国際社会の共通利益概念について」同編『共通利益概念と国際法』(国際書院, 1993年) 15頁。
91) 高村ゆかり「『Sustainable Development』と環境の利益」大谷編, 注90) 363頁以下。同論文では, ストックホルム会議が明らかに転機になるとしてその区分から, 変化を指摘している。
92) 少し古いが, 環境経済・政策学会編『アジアの環境問題』(東洋経済新報社, 1998年)。

損害等は，高度の危険性を内蔵する活動から生ずる第三者損害について，原因行為の違法性とか故意・過失の有無を問わず，直接または間接に国家の危険責任を定めるようになった」[93]。海洋，空域，はたまた宇宙は原則的には公共空間であるので，その限りで国家の環境保護の観点からする責任は国際機関によって追求する慣行が生まれ，これを条約して規定してきたのである。さらに，自国の主権域にある領域は本来的には主権が及ぶ関係からして，その処分権は国家に帰属するが，ことが「環境の利益」である限りで主権の制約が課せられるようにもなった。例えば国際海洋法条約は192条において，あらゆる海洋環境全般について保護する国家の義務を規定している。また，新たな傾向として，環境に関しては第三国までが告発できるシステムが形成されてもいる。例えば，「オゾン層を破壊する物質に関するモントリオール議定書」(1989年)では，締約国間で義務の不履行について，事務局に意見を具申し，場合によっては是正を求めることになっている[94]。

　国際違法行為から生ずる国家責任とは別個にして，先に述べた共通利益を保護する観点で，たとえ国際法上違法ではなくとも国際責任が生ずる場合があることを明記すべきである。条約法草案が示す「全ての国家の共通利益であると同時に全ての国家の自己利益」こそその内容といえよう。少なくとも，SD概念が成功するためには，国家主権は制限されて行かなければならないことは，地球が1つであり，この地球には人間と共存すべき他の生命体も共存しているからである。ここでの結論としていえることは，今後，環境に関して国家主権は一層後退しなければならないこと，他方で，われわれが居住する身近な自治体からも環境問題は見直して行かなければならないと思われることである[95]。

---

93) 山本草二『国際法〔新版補訂〕』(有斐閣，2004年) 659頁以下。
94) 高村，注91) 380頁。高島，注81) 433頁，等を参照。
95) 2014年の夏休みを利用してドイツのフライブルク市に滞在した折に，環境関連施設を見学してきた。緑の党の市長が誕生して以来，この市のエコロジー政策は徹底したものがあることが分かった。とくに，子どもに託した環境保護教育は，次の世代にまで政策を継続するという意味で重要と感じた。

3 新しい人権

i 誘惑

「新しい」ものがもつ誘惑には，人は抗し難いところがある。心理的な効果を狙った新しいもので，かつその効用が明らかであるものの宣伝広告には，金銭的に可能であれば食指を動かされて当然である。かくして現代社会は，新しいものを大量に生み出し，他方でそれに比例した古きものの残骸を大量に生み出してきた。近代産業主義が生んだ大量消費・大量廃棄の時代のなかから，やがて人はその愚かさを知り，再生という過去の生活パターンを思い出すこととなる。しかし新しきものへの憧憬の念は尽きるところを知らない。具体的に例を挙げれば，インターネットの普及は今日の日本にあっても事業所ではほぼ100％，世帯においても約90％であるから（利用者総数で世界第3位），必要性も手伝って新しいものの定着するのは早い。また，これら周辺機器の普及のスピードも徹底しており，常に新しい技術を普及させてきた。われわれは新しいものを極端に好む国に住んでいるといえよう[96]。

こうした傾向がなんで「新しい人権」に連動するかといえば，いささか強引な論証を必要とすることになる。日本国は依然として人口の多い国であり，しかも平均寿命が世界一の国であり（男80.79歳，女87.05歳），近代産業主義を短期間の内に完成させてきた国である。人口問題は，日本国の固有の偏頗な地理的な環境によってエネルギー・食料問題をもたらし，複合的な環境悪化問題をもたらしてきた。日本国は他の先進国と同様にして固有の「環境と開発」のジレンマ問題に悩んできたことになる。先の節で論じてきたように，憲法学者も自覚的に1970年代において，「新しい人権」なる用法を用いて人権の啓発に及んだのは，憲法に対する危機状況を認識し，「新しい」人権なるものをもって対処しようとした結果なのであった。ここには一般的な用法で用いられる「新しい」ものへの前進的な要素があったわけではない。生み出された負の要素を，「新

---

[96] 総務省での平成26 (2016) 年末のデータによれば，携帯電話・PHSの利用者は94.6％で，その内でスマートフォンの利用者が64.2％と伸びている。反面で，街から公衆電話が消えていく傾向がある。売れ筋の商品は，常に変化する国で，われわれは忙しく生活しているのである。

しい人権」という用法で後追いしていたに過ぎない。日本公法学会が人権を現代的視点で検討したのが，1971年であり，護憲の側の憲法学会である全国憲法研究会が，「新しい人権」を総合テーマと掲げたのは1975年になってであった[97]。いずれにしても，ここで新しい人権が取り上げられたのは，「公害」-「環境」問題に憲法的に取り組まなければならないという危機感が一方であり，そして1973年に判決のあった長沼事件第1審で示された「平和的生存権」を擁護しなければならないという感情があったことは確かである。小林直樹の以下の言説のなかに，時代を考える憲法学者としての焦りを見出すのは私だけではないはずである。曰く，「わが国における今日の『新しい人権』の登場や要請は，大体において現代テクノロジーの進歩に伴う文明のひずみと表裏をなしている。……環境権はもちろん，『知る権利』などの情報関係の諸権利も，それらと深い関りをもつ住民の基本権も，またわが国独特の『平和的生存権』の要請も，現代における技術文明の所産であり，現代生活のありようの反映である」[98]。

　ここでは，これまで提案されてきた憲法改正案のなかに示されている「新しい人権」（論）と70年代にすでに提起されていた「新しい人権」との微妙なズレを明らかにすることを第1課題とする。それに付随して，「新しい人権」なるものを主張していることが，日本国憲法下での独特の議論であったことを明らかにしたい。つまり比較憲法的にみても，基本権の（発展の）歴史は語られてきたが，そこで「新しい・古い」という言い方は意識的にはなされてはこなかったことを考えたい。別の視点から「第三世代の人権」「グローバルな人権」「人権とジェンダー」という定義はあるものの[99]，この「新しい」という形容がことさら「人権」と結び付くという基本権論の構造そのものが，実は不可思議なこと

---

[97] 小林直樹「人権理念の根本的検討」公法研究34号（1972年）1頁，上田勝美「『新しい人権』の憲法的考察」公法研究40号（1978年），特集「新しい人権」ジュリスト606号（1976年）（小林直樹「新しい基本権の展開」，久田栄正「平和的生存権」，松本昌悦「環境権」，浦部法穂「マス・コミをめぐる新しい人権」）。小林は「平和権，環境権，情報権，学習権，自治権」に言及していた。

[98] 小林，注97）「人権理念の根本的検討」15頁，さらに，同『現代基本権の展開』（岩波書店，1976年）58頁以下。

[99] 例えば，岡田信弘「古典的人権から第三世代の人権へ」ジュリスト937号（1989年）27頁，辻村みよ子『ジェンダーと人権』（日本評論社，2008年）。

であるのかもしれない。むしろ，現代は新たな法現象に対処する権利論の構築に重点をおいてきた感がする[100]。「自由権から社会権へ」というキャンペーンに簡単に同調してしまったことへの自戒の念をもって[101]，「新しい人権」に向きなおさなければならないと思われる。なおここで「新しい人権」を一貫して括弧付で扱うのは，定まった意味が筆者には見つけられなかったからであって，それ以上の意味はない。

ⅱ　憲法改正の目玉商品

　1992年に公表された読売新聞の改正案あたりから，「新しい人権」の憲法への導入・編入が明確に主張されてきた[102]。憲法関連の学会が1970年代に主張しだした基本権体系とその内容の見直し意向と，90年代後半に政府に近い筋から出されてきた「新しい人権」の提唱とはどうやら社会背景を同じくしながら，その意図は異にしているものと思われる。前者は憲法改正を伴わない，既存の憲法条文の見直しによって，つまり憲法解釈の試みによって「新しい人権」に対応し，もって基本権の体系を再構成しようとしていた。しかし，後者は「新しい人権」を十分に実現させるためには，まずもって改正が必然であるという姿勢である。憲法の基本権として書き込まれた内容が，現実を変える力も有しているという認識に立つ。国家目標設定の効果を，上からの目線で遂行して行く姿勢がここに見られた。例えば読売改正案での検討姿勢は，「わが国憲法にも新しい人権規定として取り入れるべきものはないか，あるいは，現行規定に改めるべき部分はないか，という視点」で検討された。その結果改めるべき中身は，人格権という視点に立つ「プライバシー保護」と「環境権」規定の新設であった。ここでは21世紀を迎えるにあたっての新しい世紀に相応しい憲法が喧伝された。時代設定を先に置き，これに対応すべきとする未来志向の基本権観があり，その内容は1990年代に前面改正された新憲法と重なるともいわれてき

---

100) 例えば，公法研究78号（2016年）での，各報告を参照されたい。
101) 我妻栄「基本的人権」国家学会雑誌60巻10号（1946年）63頁以下は，プログラムとしての生存権像を創り出してしまった。また，20世紀型人権とするのも発生史の視点では正しいであろうが，規範力を弱める議論に転化するおそれはあった。
102) 読売新聞社編『憲法　21世紀に向けて』（読売新聞社，1994年）74頁以下。

た。基本権にもファッションがあり，流行に後れないことが大事であるということであろうか。ここには，憲法改正の正当性の根拠として「新しい権利」の承認が利用され，「新しい権利」を生みだしてきた部分の責任追及は放棄する二枚舌が存在していた。

　1999年に両議院に憲法調査会が設置されるに及んで，これに刺激された政党ないし個人名による試案がかなり出されているが[103]，基本権に関してはその表現は微妙に異にするものの「新しい人権」への言及を怠ってはいない。その意味で，「新しい人権」は憲法改正に向かっての目玉商品であり，触れなければならない事項であることは確かであった。少しアトランダムに引用する。自由民主党政務調査会（論点整理）は，「時代の変化に対応して新たな権利」と同時に「新たな義務」を強調している点が目に付いた。具体的には，「環境権と環境保全義務」，IT社会の進展に対応した「情報開示請求権」や「プライバシー権」，科学技術の進歩に対応した「生命倫理に関する規定」，そして知的財産権の保護に関する規定，を設けるべきとなる。安倍政権の下，2012年に出された自民党「日本国憲法改正草案」では，現憲法を改正するという形式を採用した関係で「新しさ」を隠そうとした。プライバシー権については，「何人も，個人に関する情報を不当に取得し，保有し，又は利用してはならない」（19条の2），環境権については生存権を補充する形で「国は，国民と協力して，国民が良好な環境を享受することができるようにその保全に努めなければならない」とした。いずれにしても，理念的でプログラム性が色濃い状態にある規定内容を提唱している。

　民主党憲法調査会（当時）「創憲に向けて，憲法提言中間報告」は，そのスローガンが「文明的転換に対応する創憲を」というだけに，かなりの量の「新しい人権」を提起する。まず情報化社会が「個人と社会」のありようを変化させるとする短絡的な認識をもって，侵害される恐れのある私的領域を，憲法をもって守らなければならないとする。そうした観点から「プライバシーの権利や情報へのアクセス権，国民の知る権利，あるいは文化的少数者の権利など『新しい

---

103) この憲法調査会は，2000年1月から始まり，2005年4月に報告書をまとめた。政党の考え方は，国立国会図書館政治議会課憲法室「主な日本国憲法改正試案及び提言」調査と月報474号（2005年）に掲載されている。

権利』も提起されている」という。環境の問題は別次元の問題としているのは正しいとしても，先に示した「新しい人権」を必要とする社会認識は，誤った前提に基づいているとしかいいようがない。それぞれ質を異にする基本権を「新しい人権」と総称し，これが必要とする原因を情報化社会に求め，これが憲法によって解決可能なこととしているからに他ならない。「保護義務論」への全くの誤解からくる不可思議な作文といえよう。

　公明党憲法調査会の「論点整理」によれば，「加憲の論理」によって「新しい人権」を明示すべしとし，その内容として「自己情報コントロール権，知る権利，生命倫理規定」をおく。他の政党と異にするのは，「国の環境保護責任，国の情報開示責任」といった国家の側からの「新しい人権」対応が示されており，その点では基本権理解そのものを変えようとする意欲を知ることになる。

　政治家個人による改正案もほぼ同様の傾向にあるが，最も包括的なのが鳩山由紀夫の「憲法改正試案」であり，ここでは「新しい人権」共有主体にも配慮を示し「定住外国人，子ども，高齢者，障害者」を個別に扱う。この問題は確かに憲法判例でも問題とされてきた事例であるものの，憲法解釈で捉えることのできる事例であり，格別新たに憲法に書き込むことも必要ではない。最も問題と思われるのは，人権（基本的人権）の本質を全く失わせてしまうようなまとめ方をしている，経済同友会憲法問題調査会「憲法問題調査意見書」や日本会議新憲法研究会「新憲法の大綱」等であり，ここには権利と義務（責務）の並存が見られるが，何のために憲法は基本権を保障するかの主旨を誤解するにもはなはだしい。個人が自己の権利を保持するための「切り札」としてある基本権を，そもそも責務と同様に扱うことが誤っているからである。意図された基本権の誤訳が，政党の改正案の伏流に流れていたとするならば，改正案への新しい展望も実は暗いトンネルへの入り口として解されることになるかもしれない。

iii　憲法調査会の模索

　膨大な紙の無駄ではないかと思われる報告書からは，先に示した政党や政治家が主張する強い憲法形成ないし改正の論理を読み取ることは難しいと感じたのは私だけのことであろうか。筆頭幹事である船田元がまとめた文章にあっても，「いわゆる『新しい権利』として，環境権や国民の知る権利，プライバシー

を追加すること」が決せられたような書き方がされているものの,それ以上の言及はない。真意が図りかねる報告書の望洋を見ることにする(以下,公刊された報告集による)。衆議院憲法調査会に設置された「基本的人権の保障に関する調査小委員会」(島聡・大出彰小委員長)では,安念潤司・阪本昌成参考人が呼ばれているが,それぞれ個性のある学説を展開してきている関係からして,この参考人発言には委員からも戸惑いの声があったようだ。とくに阪本委員は,「新しい人権」には慎重論であったこともあり,委員会としては期待した議論は十分に展開できなかったと推測される。しかし,阪本のいい分はもっとものことであり,基本権は自由権を中心にして理解されるのであり,「プライバシー権,自己決定権等のような一般に『新しい人権』として挙げられている法益は,私権又は私法上の法処理により保護することができるので,あえて『基本的人権』とする必要性が低いとの意見」には,賛同できる部分がむしろ多い[104]。

　その他,呼ばれた参考人は,(林﨑良英参考人=ゲノム科学研究,堀部政男参考人=情報法)といった個別のテーマに沿って,「新しい人権」領域の現況を説明するに及んでいる。ここでの議論は第5款の第4で,いわゆる「新しい人権」としてまとめられている。その冒頭で,「国民の人権保障に資するため,古典的な人権に比べ,最近になって生成したいわゆる『新しい人権』を積極的に認めていくべきであることは,共通の認識」であるとしている。しかし,呼ばれた参考人の段階でこの認識を共有していたかどうかは怪しいところであり,ましてこれを学会の共通認識とされては困る。譲歩して,「新しい人権」なる一群が生ずる法環境がある,といった程度での認識をわれわれは共有しているのであり,これに法的にいかに対応すべきかの問題は,いぜんとして多様な議論の渦中にある。「新しい人権」への共通認識が欠けたところで,これへの対処方法が先行しては困ることになる。そこに示された「環境権,環境保全の義務,知る権利・アクセス権とプライバシー権,犯罪被害者の権利,知的財産権,生命の尊厳・人間の尊厳」は,こんなに安易にまとめられるほど単純な基本権(人権)

---

[104] リバタリアンを自称する阪本は,もともと国家の名による人権の承認には消極的であった。25条は,環境破壊の元凶である企業群には法的統制力が及ばないと解されるからである。同『憲法2 基本権クラシック』(有信堂,1999年)210頁。

ではない。環境権といってもその規定のされかたは，複数が想定されるからであり，他の基本権も同様である[105]。環境権は法の全体構造のなかでどのように位置付けるかの問題があり，その規程の仕方によって拘束力や制裁の方法を異にしてくるので，憲法での規程の仕方は困難を伴ってくる。

　他方で参議院憲法調査会でのまとめ方は，どちらかというと堅実である。総論調査・各論調査に区分し，各論も①市民的自由——表現の自由を中心にして，②経済的自由——市場原理と社会権，③「人」の保障——人間の尊厳，④人権保障の在り方と方法，といった具合で，最初から改正を視野に入れたものではない。調査の渦中で「新しい人権」の議論が出てくることを期待した形を採り，さらにいわゆる人権マイノリテイ集団への調査と国際機関にもそれが及んでいる点からして，衆議院とは別の色を出そうとしている様相を知ることになる。方法論はともかく，国際人権法への取組み強化を打ち出した点は，その顕著な傾向といえよう。肝心の「新しい人権」については，赤坂正浩参考人の話を受けて，「基本的人権」の9で新しい人権（知る権利，プライバシーの権利，環境権，生命倫理，犯罪被害者の権利など）として扱い，ここでは一切鍵括弧なしで使用している。そのまとめ方は衆議院とトーンをいささか異にして，「新しい人権については，原則として，憲法の保障を及ぼすべきであるということが，憲法調査会における共通の認識であった。」とし，その憲法への規定の仕方には両論併記のスタイルをとっている。そして各政党の見解も同時に，各基本権規程に応じて賛成・反対を明らかにしている。そこでは「新しい人権」を考える際の留意点も付され，基本権カタログのインフレ化や実効性の確保に留意する点，さらに基本権調整にも及んでいる点は，当然考えなければならないこととはいえ，その配慮は衆議院には欠けていた。議員も調査会で発言する限りで事前の検討をしてきた様子を知ることになるものの，こうした調査書で簡単にまとめられると，全体としては平準な議論として終わっているような印象を受ける。

　次に検討すべきは，議員が政治的な感覚をもって主張している「新しい人権」

---

[105] それは，自由権として生命権の延長にあるもの，自由権と生存権の結合として構成されるもの，国家目標として国家機関の課題とされるもの，文化的な環境をふくむもの，動物も含めたあらゆる生物体を含むもの，等々である。

を批判する意味で，われわれ学者が法的な認識から主張している基本権論と比較しながら，その異同を確認することにしたい。

iv 「新しい人権」への対応

近年出版された憲法体系書を概観しても，「新しい人権」の項目はほとんど見かけなくなり，むしろこれらの基本権はその基本権の性質に応じて該当箇所に収められるか[106]，包括的人権ないし幸福追求権として扱われているかのいずれかとなっている[107]。「新しい人権」という呼称ではなく，それぞれがもつ規範的な性格に応じて分類され，その実効性を確保するために憲法規範の根拠が見出されていることになる。その意味では，実態的には，憲法調査会の認識よりも先行して時代に沿うような形での基本権論は，すでに学問的にも模索されてきたことになる。憲法改正を経ない，憲法解釈による基本権の再構成は，日本国憲法下でもすでに十分になされてきたことになる。

「新しい人権」の承認は，人権理解と不可分であり，人権（ここでは基本的人権と同義で使用する）の本質と呼応しなければならない。基本的人権は，人間の権利とされるものの内で，①すべての人間に（普遍性），②無条件的に認められるもの，という特性をもつことが条件とされ，人間に備わる先天的かつ後天的な属性によって生ずるものではない，とされてきた[108]。そこで20世紀に登場してきた生存権を中心とする「社会権」は，近代的な基本権とは性格を異にするものと見做され，憲法訴訟にあっても立法府・行政府の裁量を広く認める運用がなされてきている。同時に現代は，経済的な性格をもつ基本権グループに対しても，それらが社会政策によって制約可能であることを承認し，もって精神的な自由権と制約基準を異にするという「二重の基準論」を一般的に使用することとなった。基本権は国家と個人の関係に関る適用場面を想定している関係

---

[106] 例えば，辻村みよ子『憲法〔第5版〕』（日本評論社，2016年），赤坂正浩『憲法講義（人権）』（信山社，2011年）。

[107] 高橋和之『立憲主義と日本国憲法〔第3版〕』（有斐閣，2013年），あるいは，渡辺康之＝宍戸常寿＝松本和彦＝工藤達朗『憲法Ⅰ 基本権』（日本評論社，2016年）112頁（松本執筆，「明文根拠のない基本権」）という処理の仕方がある。

[108] 田中成明『現代法理論』（有斐閣，1984年）127頁。

で，その運用場面を想定した基本権体系（類型）に収められることとなる[109]。したがって「新しい人権」なるものも基本権としての承認をえるための条件に適合しなければならず，社会権の導入にあたって遭遇した抵抗も想定しなければならないはずである。また，「新しい人権」という言葉が生み出された以降は，基本権の体系論の見直しを一層に促した。

　憲法条文に規定された基本権条項にあって，「包括的人権論」なる範疇を導きだしたのは，すでに本書でも度々言及してきたが，2人の比較憲法研究の成果に寄与するところが多かったといえよう[110]。種谷春洋のアメリカ憲法修正9条に関する一連の研究は，日本国憲法13条との文言の同異性から始まり，権利としての「幸福追求権」を演繹してきた。もう1人の田口精一は，ドイツ基本法1条（人間の尊厳）と2条（人格の自由な発展）の条項を検討したことで，人格権は人権の基礎にあることを実証した。人権は国家の壁を越えて普遍的に認識すべきこととの意識が，こうした比較憲法理解を活性化させたともいえる。そうするとこんどは日本国憲法13条の解釈で，こうした比較検討がどのように生かしきれるかということになる。思えば70年代に主張されだした「新しい人権」が言葉として認知され，これを体系化しようとしてきたのは，まずもってプライバシーを人格権として認めたいがためであったと想定される。ここで積極的な役割をしたのは，芦部信喜と佐藤幸治であった。とくに佐藤のそれは「自由権から社会権，そして人格権へ」という発展形式を前提にして，以下のような自律を中心とした基本権の体系化を試みている[111]。(1)人格的自律権（基幹的自律権）　(2)個別的自律権（権利としての幸福追求権）［①人格価値そのものにまつわる権利，②人格的自律権，③適正な手続的処理を受ける権利，④参政権的権利］。こうした人格権中心の思考のもつ意図は，基本権のあり方を再考すると共に現代化現象にも耐えられる基本権論を構築したかったからであると思われる。この枠組みを応用すれば，「新しい人権」の内容は，その保障対象の利益を考慮する限りで決して新しいものではなく，人格権の周辺に包摂される内容であることは明

---

[109] 本書の第Ⅰ章3参照。
[110] 本書の10頁。
[111] 佐藤，注12) 10頁。

らかとなる。

　「新しい権利」として浮かび上がったものにあって，例えばプライバシー権や環境権は，第1に人格権の範疇で解決できることとして考えられる。もちろん13条の理解には，人格的利益説と一般的自由説の対立に見られるように，その法的性格も内容もかなり異にする関係があって，多様に主張されてきた「新しい権利」をすべてここで処理することは不可能である。それ以上に，13条は「ドラえもんのポケット」と命名されたりしたが，そもそも主張されない基本権までドラえもんのご主人は想定しているわけではないから，自ずと基本権内容の拡張は抑えられているはずである。基本権の「量的拡張や逆に質的限定」は[112]，「新しい人権」を承認する場合のルールを明らかにすることによってなされることになろう。その点をまとめることとして本節の終わりの言葉としたい。

　「形成過程の諸権利」を「新しい人権」とするならば，基本権としての成熟度を測る必要があり[113]，既存の憲法（法律）規範に明記されていない場合であっても，十分に法解釈をもって導かれる権利内容であり（その意味では憲法に未規定という人権という表現は誤っている），その実効性が法解釈の最終的判断権者である最高裁判所によって認定されていることが望ましいことになる。その限りでは，現在までは下級審の判断はともかく，プライバシー権の一部が肖像権として認定されたに過ぎず，この肖像権の保障程度も危うい状態にある。「新しい人権」の内容が，基本権と認定される程に人間の生活にとって普遍的で無条件的なものであったとするならば，この基本権への最終的な判断権者や政府の関係部門がもっと親密な対応をこの「新しい人権」に向けていなければならなかったはずである。環境権に関する行政・司法的な対応もおぼつかなく，今後環境権を目玉にしたいのであれば，少なくとも政策的な環境配慮の実績を作った上でなければ，誰も憲法改正に同意することにはならないと思われる。

---

112) 参照，小山剛「新しい人権」ジュリスト1289号（2005年）102頁。
113) 竹中勲「『新しい人権』の承認の要件」法学教室103号（1989年）32頁以下。ドイツでの憲法裁判所の判例のなかで「新たな基本権」が解釈をもって生じたことがある。それが，「情報自己決定権」であり，もうひとつが「コンピュータ基本権」であるが，とくに，後者を認めるには時間がかかりそうである。

Ⅳ 終章 基本権の展望——改憲論との対抗

1 憲法における生命権の位相

　本書で辿ってきた基本権の諸相は，実は基本権が誕生し，これを実行してきた実例のほんの一部分に着目してきたものに過ぎない[1]。基本権を憲法のなかに取り込む努力，基本権を活かす方途を模索し，国家機関がこれに誠実に対処するシステムを完備できるようになったのは，人間の歴史からすれば長いものではないし，これが実行できている諸国は広い地球の一部に過ぎないことも事実である。そうであるとするならば，基本権の普及に向けた努力が，国際機関の使命になることははっきりしている。その過程のなかで，人間さらに全ての生物体の存在を注視することが，憲法学にとっても重要なことであることははっきりしている[2]。その点で，存在することは積極的に生きることであり，その「生きる権利」が注目されているのは，憲法学や基本権論にとっても当然のことであったと思われる。

　生命は不可思議のものであり神秘性をもったものであるがゆえに，長い間，神のみが関わりうる領域であったはずである。やがて，国家の存在が明確になるに及んで，生命を法の世界の議論として処理する傾向がでてきた。刑法が典型例であり，民法も人の生存を前提とする担い手論を完成することによって，ますます法のなかに取り込まれた生命を意識するようになったといえよう。ここで神学に代わって法学の出番がでてきたとしても，両者間での権限争いは続いたはずであり，神学に納得させる役割を法哲学が理論武装して行うことが求められてきたことになる。ここでは全てを検証することはできないが，刑法も憲法も哲学の知見を利用しながら人の生死の問題を扱うべきことに至った。つ

---

[1] 各種の企画があるなかで，隣接学問を動員して人権を描いた，『人権論の再定位』全5巻（法律文化社，2010年）が興味深い。このシリーズをもって，時代の推移を通観することができる。
[2] 鋭くこの点に言及していたのは，小林直樹『法の人間学的考察』（岩波書店，2003年）であり，とくに，45頁以下「生命権の根拠と意義」に啓発を受けた。

まり，国家の存立を前提として，国際法的には戦闘行為の殺戮が正当化され，刑事法と憲法をもって「法の哲学」が死刑を正当化・理論化してきたことを，反省心もって再考しなければならない時代に，われわれはやっと達したのである[3]。

　その点を明確に意識してきたのが，現代憲法の人格権自律の価値をもった憲法の基本権論であり，比較憲法の流れからすれば，当然に辿りつくべきところの生命権への賛歌を条項として備えた憲法群の登場があった。本書で日本国憲法13条の生命に対する権利，ドイツ基本法2条2項の生命の権利の類似性を，人格の自由との関わりで検討してきた結果は，普遍的な議論として他の憲法との比較を可能にすることであろう。こうして憲法学の役割が明確となり，他の学問との連携の命題が確認できるようになったのも，現代に至ってのことかもしれない。現代憲法では，確立した憲法価値の擁護のための制度を整えるためにも憲法保障の理念を明確にすることにも至ったのである。憲法が基本権として生命の保護を使命とすると，本来は個人が処理をしなければならない場面に，法を根拠にして国家が係る場面が想定されてくる。この点を意識して分析したヘルメスの業績から分かることは，プラトンやアリストテレスの時代から，国家による私人への介入は存在していたとされる[4]。これに徹した最初の理論家はT. ホッブスであったとされているが，安全の確保を名目にして国家権限の行使を正統化の父であったとされている[5]。本書でもすでに言及してきたように今日の国家では，19世紀に確立された国家目的論ではなく，基本権の意義を前提とした基本権の調整の要請から，国家の基本権保護義務は演繹されなければならず，その原理は一定の支持をえるにいたっている。そこで，私人の領域に国家が係ることが正当化され，個別に生命権については，予防から救済までのプロセスに国家（警察）が係る程度を検証する方途が導かれたことになる。本書では，それを国家目標の場面でも想定し，そこで機能する憲法の役割についても言及してきた。

3）こうして人権が普遍的原理として実証されてきたことになる。参照，スティーヴン・シュート＝スーザン・ハーリー編（中島吉弘＝松田まゆみ訳）『人権について』（みすず書房，1998年）。
4）G. Hermes, Das Grundrecht auf Schutz von Leben und Gesundheit, 1987 , S. 148 f.
5）J. Isensee, Das Grundrecht auf Sicherheit, 1983, S. 3 ff.

今，生と死の問題は，新たな別の点で試練を迎えている。それは科学の発展によるものであり，とくに先端医療技術の発展は，神の禁断領域である人の製造と死の延長を可能にするまでに達するに及んで「生と死の実体」を一変するまでに至っている[6]。生と死の両者にとって重要なのは治療行為であったが，その目的から高度の技術が研鑽され，その果実として法の倫理性の原理を超える場面にまで「生と死」は拡張されることになった[7]。当人が望まない場面での「生と死」は，生きる権利の本質を侵す恐れを生みだしてきた。子どもが欲しい夫婦にとって，人の死の延長を望む者にとって，その欲望を最大現に延ばすことは，金銭が許せばある程度可能になった。人工的な凍結手段によって，生や復活や永遠の生，生のサイクルの実現を演出することにもなった。この場面で，リベラル派に徹すれば何もこうした動向に厳しい態度を示すことはないであろう。しかし，ここで取り上げてきた人の本性と関係する「生と死」を基本とする「生きる権利」は，コミュニタリアン的な対応をもって思考する必要があると思われる。その1つの例証を，「胎児の人権」のところで例証してきた。とくに，ドイツでの議論が，これに順じていた点を想起してもらいたい。リベラル・コミュニタリアン論争を経て，一定の規範の役割が人の「生と死」の場面の一つ一つで例証されていくことが必要であることまでが理解できたところである[8]。

　翻って日本の場合には，安易に人の「生と死」を扱ってきたことの反省から，法も徐々に整備されるようになった。ただしこの法にもリベラルな様相が残っており，可能性と許容性の境目が不明な部分が多く残されている。例えば，遺伝子情報の提供のあり方[9]，「臓器移植，出生前診断，対外受精」の条件等は，揺らぎの渦中にあり，今後とも明確にする努力が必要な部分である。法律家と

6）この現象の全体的な論評について，法哲学会年報『生と死の法理』(有斐閣，1993年) でなされている。
7）例えば，戸波江二「科学技術と憲法」樋口陽一編『講座 憲法学4』(日本評論社，1994年) 86頁。
8）1980年代後半からの論争は，政治思想や社会運動に影響を与え，その余波が法の世界にも影響を受けてきたと考えればよいことなのであろうか。参照，菊池理夫『現代のコミュニタリアニズムの「第三の道」』(風光社，2004年)。憲法学では，「ドウォーキン・ショック」があったことは確かであろう。
9）山本龍彦『遺伝情報の法理論』(尚学社，2008年)。

科学者との対話によって解決すべき場面で，政治家や宗教者が前面に出てくる恐れもある。本書が言及してきたのは，憲法という規範での生命権への評価であり，この権利をむやみに制限すべきではなく，制限する場合ではこれをできるだけ客観化すべきであるとしてきた。ところが，与党から示されてきた改正案は，近代立憲主義的憲法での「権力を縛る作用としての憲法」の視点を薄め，国民を拘束する手段としての憲法へと変貌しつつある[10]。基本権もこうした思考のなかでは，その性格を変える可能性があり，その点を本書の最後でも考えなければならなくなった。

2　憲法の改正と基本権

日本国憲法改正と関係してすでに長期に渡って各種の議論がなされ，さらに基本権に関してもすでに具体的な改正への提言がなされてきた。具体的に提示された自由民主党憲法改正草案（2012年4月27日）の中身に関しては，その全てに言及する余裕はない[11]。当面の問題は，12条・13条に現れた制約の法構造である。つまり，12条には「自由及び権利には責任及び義務が伴うことを自覚し，常に公益及び公の秩序に反してはならない」が入り，13条でも「公益及び公の秩序」が繰り返されている。憲法により保障された基本権という発想ではなく，国民相互の関係で相手の立場を考慮し，さらに，国益の観点からの制約の可能性を示唆している。日本国憲法に関わる基本権・改憲論が，一貫して基本権制限の必要性の主張（「公共の福祉」による制限の強化）をしてきたように，これが国家の名によって基本権を侵食する意欲をもって現れてきていることは確かである。改憲論に立ち向かうためには，国家の巨大化を現代国家の病理と認識しつつも，基本権保持者（主体）が国家とは一定の距離を保てることを第一と考えたい。ここでは，改憲論に対抗する個人と国家の関係を整除しておく必要があろ

---

[10] 立憲主義の認識の違いは，今や国会の審議にも登場してきた。参照，樋口陽一「立憲主義に敵対する改憲論と改憲論の論拠としての立憲主義」法律時報増刊「憲法改正問題」（日本評論社，2005年）2頁以下。

[11] 改正案については，法律時報増刊『続・憲法改正問題』（日本評論社，2006年）資料編（小沢隆一監修）を参照されたい。

う。「公共の福祉」に代えて,「公益及び公の秩序」を語る場合には,国家の側の視点から判断された基本権制約が優位に立つ事情が洞察されてくる。もちろんこの内容は法律による制約になるが,立法目的に過剰な裸の国益が出てくる可能性がある。立法者が意図するのは,市民間相互の迷惑ということではなく,「国家秘密法や武力事態法」が想定するような国家の存立を維持する観点からの「公益」である可能性があり,そのための基本権制限がより裁量的に正統化されることが回避されるとは期待できない。「他人への迷惑」以上の制約を考えていることは,最近の立法動向からして推定できるところである。

　近代憲法史にあって,その当初は形成した国家構造を定め,その構造の運営の仕方を定めること——古典的ないい方をするならば,国体と政体を規律すること——が憲法制定の目的であり,したがってその限りで憲法制定権者は様々でありえた[12]。しかし,近代革命後は民主主義の原理の確立によって,その制定者は相対化された多数の国民(人民)でしかありえないことからして,憲法の中身への関心は,国家という枠組みのなかでの基本権保障のあり方に移行し,その具体的な中身にその憲法の特性が現れることになった。ここには憲法のあり方をめぐる逆転現象が存在するのであり,スローガンとして「基本権保障のための統治」という表現が認知されうるであろう[13]。そこで新しい憲法制定や改正があった場合に,まずその憲法のなかに盛り込まれた基本権カタログを眺め,その憲法への品定めをするという慣行がわれわれのなかにすでに出来上がっている。また,憲法のなかに基本権がとりこまれることによって,もともと自然権としてあった基本権が,国家による基本権としてその限りでの実現や保障を余儀なくされるという限界が生じてきた。ここに基本権と国家の関係を問題とする根拠があったし,現実に介入と制限は同次元で生じていた。

　現時点での世界的な関心事としては,新しい基本権に目を向けがちである。

---

[12] C. シュミット的な法論理によれば,国民の決断が基本権の構成にも関係してくるはずである。市民的法治国の国家理念におかれた配分原理が,基本権の起点となる。C. Schmitt, Verfassungslehre, 5. Aufl. 1970, S. 126 f. シュミット学派の流れがこの思考を受け継ぐことになる。
[13] 立憲主義の憲法の価値原理として「個人の尊厳」を設定する限りで,「統治機構は,人権を最もよく保障しうるような構造へと組み立てられる」。野中俊彦＝中村睦男＝高橋和之＝高見勝利『憲法Ⅰ〔第5版〕』(有斐閣,2012年) 20頁 (高橋執筆)。

中国がその新たな憲法 (1982年) のなかで改正した人権内容やリスボン条約6条によって承認された「欧州連合基本権憲章」(2000年) のなかに現れた斬新さ, 国民による選挙後に創造されたことになるイラク恒久憲法 (2005年) での基本権の扱いに対して,「なぜその基本権保障が必要なのか, いかなる内容が保障されるのか, そしてその保障のシステムは」, といった点に, 世界が注目している。基本権の描かれ方をもって, その国を憲法的な観点から評価をする場合の主要な基準とする慣行がすでに出来上がっている。ただし, 実質的には基本権の施行状況が重要なのであり, 憲法に基本権規定があることだけが評価されることではない。逆に, アメリカ合衆国憲法やフランス憲法条文の基本権規定が不十分であるにも拘らず, この国をもって「人権未開国」とする評価は見当たらない。こうした成績評価付けは, 立憲主義のグローバル化という形で表されているが, たとえ国連がそれを行うにしても, 欧米優位の採点が見えてくるだけに, 基本権の中身は近代立憲主義の遺産によって決定されたイデオロギー的要素をもっていることは確かなことである[14]。国家のシステムが基本権を許容しない場合は, その国家そのものが疑問視されることになる。

　憲法の制定や改正には, 期待と不安の気持ちが錯綜するのが常である。憲法に関しては慎重な作業が要請され, 国民による制定 (改正) 意欲が結実し・承認されて規範の誕生 (改正) となるはずである。基本権部分に関しては, 後述のようにその理想形式がほぼ定式化されてきているが故に, 制定や改正に際しては比較憲法的な視点が要請され, それを援用する傾向が多くなった[15]。例えば, 環境権の憲法への受容を積極的に支持する議論はこの傾向の典型的な現れである。しかし, 単なる条文を比較して, ないものねだりをしたりする姿勢は, 比較憲法のあり方としては誤っているのであり, 憲法全体の構造のなかでその保障されるべき内容が論理的に示されなければならない。単に, 条文のみを拾ってきて, 都合の良い部分のみを継ぎはぎする処方は, 総体としては機能しない

---

14) 例えば, アメリカのFreedom House研究所が毎年出している, 「自由度と安定度」に関する指数は, 明らかにヨーロッパ優位でなされており, アジアとアフリカは劣るものとされてきた。
15) 学問として, 比較憲法がどうあるべきかは, 石村修「比較憲法学の科学的性格」専修法学論集53号 (1991年) 39頁以下。

憲法を作り上げることになってしまう危険性を生み出すであろう。

3　基本権の実現と発展

i　基本権の理想型

　いそいで人権史を辿ることの作業を行えば，基本的人権といわれる権利が，近代人権思想と憲法制定者の思惑のなかで変化（発展）してきたことは実証されうる[16]。例えば，明治憲法方式の「憲法ないし法律の留保」がついた臣民の基本権規定は，基本的人権という名に値しないことになるので，これに近い人権感覚に基づく憲法改正提案は，まじめな議論として取り上げる必要はない。さらに，現代は基本権を基準としてドラスティックな政治事象の変遷があり，例えば，東西冷戦終結後のソビエト連邦の解体（ロシア憲法の誕生），東欧圏のEUへの組み入れ，中国の改革・開放路線の推進といった現象は，基本権への一定の配慮とその触れるべき内容の平準化を予測させるものである。フランス革命の遺産が世界を一周したように，憲法典における基本権条項は，ある一定の内容のモデルをファッションとして展開してきたことになる。例え，そのファッションが似合わないと思っても，他人の真似をすることがファッションなのであるから，憧れをもつのは当然のこととなる。しかもそれは国際法のレベルにおいてでも同様であり，国内の自治組織にあっても同様である。これを大胆にも発展の図式化とすれば，①アメリカ独立宣言での〈生命・自由・幸福追求〉，②フランス人権宣言での〈自由・平等・博愛〉，③ロシア革命での〈勤労し搾取されている人民の権利〉，④ワイマール憲法での社会権を含む〈公権〉，⑤現代憲法での〈自然権（前国家的人権）・憲法に保障された基本権（後国家的人権）〉，という展開過程となる。このすべての内容を日本国憲法が受け継いだというものではないが，日本国憲法はその遺産を何らかの意味で反映しているものと考慮することは可能であろう。

　憲法が国家との関係をいまだ意識しなければならない点からして，個人にと

---

[16] この視点をまとめたものとして，辻村みよ子「人権論の50年(1)」樋口陽一他編『憲法理論の50年』（日本評論社，1996年）20頁，大久保史郎「人権論の50年(2)」同40頁がある。

っての基本権という便宜性を配慮して憲法典での並び方を十分に意識し，さらに国家との関係での類型化が試みられてきた。しかし，不思議なことであったのであるが，ここでは国家のあり方や国家構成への国民の参与実態を十分に検証することもなく，基本権の実像だけに顔を向けてきたきらいがあった。結果として憲法学は独自に検討された基本権体系（類型）論を展開することになり，基本権論は依然として国家（機構）との関係なしには議論できない状態にあった。これを変えようとする新しい動きを「欧州連合基本権憲章」に求めると，それは「前文，人間の尊厳，自由，平等，連帯，市民の権利，司法」というカタログを創り，基本権をもって国家に指令を出すという構想が読みとれる。この配列はドイツ基本法に類似しているが，連帯以降の名称は，EU独自の苦心の作であるといえよう[17]。連帯はヨーロッパでも熱い思いをもって，フランス革命以来語られてきたが，その言葉の真意よりも，使い勝手の良さに引かれて，日本国憲法下でも恣意的に援用されてきた。社会権が憲法規定に導入されたことをもって，福祉国家は必須の国家現象となったが，福祉国家のイデオロギーは，国家優位の国民操作に繋がる危険があるから使い方には慎重でなければならないはずである。

　改正論者は一貫して「社会連帯」という用語のもつ魅力に取り付かれてきていた。それは福祉国家を独自の解釈をすることで導かれてきている。この思考は今日でも引き継がれ，「何人も，共生及び連帯の理念に基づいて，法律の定めるところにより，社会保障その他の社会的費用を負担する責務を有する」（自民党・憲法改正草案大綱），とされている。この規定の仕方の根底にあるのは，「共生憲法」ということにあるが，ここで使用される共生ないし連帯の用法の危うさを思わざるをえない。発効しなかったEU憲法では，一定の人権と体系のなかで順序をおって，人が有しうる基本的人権を保障し，その憲法が担うであろう目標と関連して，社会権ではなく連帯という用語を用いた。EUはその独特の憲法構造の統合作用との関係で「連帯」を使用しており，これは機能的には市民社会に本来あった連帯感情を，公的な社会のなかに引き上げたことになる。

---

[17] 石村修「欧州（EU）憲法条約における『連帯』概念」同『憲法国家の実現』（尚学社，2006年）第10章，267頁以下。

したがって連帯概念を使用しても，国家の役割は基本的には変化するものではない。これに比して，日本の社会保障法の規定にも散見される（例えば，国民年金法1条）社会連帯の精神は，むしろ公的な指導のもとで上から市民社会のなかに作為的に連帯を作り出す作用であり，公的扶助を担う国家の役割を軽減する論理として用いられている。したがってこうした国家の機能を構造的に分析すると，その意図とは反対に反福祉国家で親警察国家という，基本権実現には好ましくない国家像が想定されてくる。日本で福祉国家論が批判されてきたのは，経済界の要請の下で恣意的に創られた国家の社会現象への介入への批判論によるものであった[18]。国家論を前提とする権利論構成への批判は，この点での展開されていたことになる。

ii 基本権カタログ（論）

基本権はその発生的な経緯，国家と基本権主体との関係によって，自由権，つまり「防御権」としての「国家からの自由」を中心とし，現代憲法以降はこれに「社会権」が加わる。G. イエリネックの「公権論」の完成度は，大陸法下の法治国家における基本権の説明を意図されているかぎりでかなり高いものであったが，これが国家の存在を不可欠としていたがゆえに，その限界を示すことは容易であった。それはまずもって現代憲法が憲法典のなかに意識的に自然法原理を持ち込んできたことによってであり，その結果憲法のなかに取り込まれた基本権の価値序列が生まれ，憲法で実現することに意味をもった基本権内容が生まれたことによるものである。最高法規と段階付けられた憲法は，さらに憲法のなかで保障されなければならない基本権を想定することによって，憲法保障の意味を深化させていくことになる。また，そこには憲法裁判が活性化するのは必然的なことであった。また戦争体験の反省のなかから基本権思想論への移行が強く認識されたことも確かであり，その点から人間の尊厳や平等権を中核とする基本権（最も重要な基本的人権）の類型化へと移行することとなった。基本権を確保し，それを機能的に調整する役割を担う国家の存在を前提とする

---

[18] 特集「福祉国家論の問題性」法律時報36巻4号（1964年），公法研究28号（1966年）は概ね批判的な「福祉国家論」を掲載する。これは憲法調査会での「福祉国家論」への応答であった。

基本権体系論では,国家は主に立法・行政の側面で基本権配慮をすることが期待されていたのに対して,現代的な憲法保障では,国家には憲法の総合的な実現が課せられ,憲法国家状態に相応しい基本権体系が想定されることになる。

　日本国憲法は,新たに社会権を包含していた関係もあり,不用意に「自由権から社会権へ」という具合に,社会権(生存権)への異常な期待が寄せられた時期もあるが[19],初期にあっては依然として公権論の延長が支配的であった。アメリカ憲法の洗礼を受けて動態的な憲法論を意識した鵜飼信成であっても,「個人的基本権,社会的な基本権,基本権を確保するための基本権,基本権の前提となる諸原則」という変形が提示できたに過ぎない[20]。こうした類型化を再構成する動きは,遅れて60年代以降に現れることになる。その動因は様々考えられるが,第1に,憲法訴訟が徐々に意識されてくることによって,憲法訴訟で守られる対象である基本権内容が問われたことによるものであろう。憲法訴訟は,司法的な手続きを最終的にして,憲法のなかで保障された基本権衝突を調整する手法を確立する課題を負っていたのであり,最終的には基本権体系を必要としていた。第2に,第1と関係し,基本権を擁護する観点からして一元的基本権制限論に対決することであり,結果的には「公共の福祉論万能論」への見直しとなって現れることになる。そして第3に,「新しい人権」を認知しなければならない憲法環境の変化に伴って,包括的な人権論を提起するという現実問題の誕生であった。第4に,これと付随して,「外国人,女性,子ども,法人」に関する基本権の担い手論が盛行する。こうして日本の学界を挙げて基本権論の見直しが着手された結果,国家論を超えた基本権体系論を生み出す努力の成果が示されるようになる。この作業の参考になったのは,基本に戻って人権史を辿ることと基本権を描く思想であり,他方で動態的な憲法学を探ることであった。前者の例として,東大社研の共同研究が行った成果である『基本的人権』全5巻(1968年〜69年)の成果がある[21]。他方で,ドイツ憲法学における民

---

19) 我妻栄による「自由権から社会権へ」の評価が誤解を生んだことになる。
20) 鵜飼信成『憲法』(岩波書店,1956年) 88頁。
21) 第1巻の高柳信一「近代国家における基本的人権」,小林直樹「現代国家と人権」を,私は大学院修士時代の授業で読んで,強い影響を受けた。その後,同僚教員になり,ここでも大きな刺激を受けてきた。

主制原理と法治国家原理の結合は後者の典型例であり、代表的にK. ヘッセはそれを「地位設定的権利としての基本権、主観的権利としての基本権、客観的秩序の要素としての基本権」と類型化し[22]、これがやがて「保護義務論」へと展開されていく。

ドイツ基本法や欧州連合基本権憲章の場合に、重層的な基本権論が提示しやすいのは、憲法への基本権の受容に際してすでにその配列と体系を考慮していたからであり、その作業を日本国憲法には直ちに応用できなかった問題がある。その意味で、——改正論者が指摘するように——文言の不統一さやあいまいさを含めて、日本国憲法の基本権部分はもちろん不十分な規定を含んでいることは確かである。しかし、これを解釈によって補うことが可能であったからこそ、新しい基本権思考論に依拠した体系論がまとまりつつあるといえよう。この点で憲法13条のもつ役割は変貌し、膨張してくることになるが、学界はむしろそのプロセスを慎重にふまえてきたといえよう。この13条理解の対立状況が憲法学の主要課題のひとつになったということは、新たな憲法現実の向かう作業にあって、基本権史と憲法理論をもって柔軟に対応できる余地があったということを実証し、日本国憲法は改正・補充には至るほどの疲弊したものではないとする反論を提起できることになる。こうして最もポピュラーな分類として落ち着いたところとしては、それぞれの基本権内容の相対性を前提とした上での「包括的基本権、法の下の平等、自由権、受益権、参政権、社会権」という分類法であった。

こうした類型論は、各種の変形をもって展開されているが、憲法13条をもって新たな憲法現象に対応するという点からして、政治的な効果としては「改憲論」に対峙する機能をもち、同時に、これの包括性に一定の歯止めをかける必要もあった。この作業の副産物として、「生きる権利」の存在を見出す論者が現れた。この権利に関してはその位置付けも様々であるが、私は、憲法13条前段の「個人の尊重」に含まれる内容とし、憲法上の基本原理として、「すべての法

---

[22] コンラート・ヘッセ（初宿正典＝赤坂幸一訳）『ドイツ憲法の基本的特質』（成文堂、2006年）183頁、栗城壽夫「最近のドイツの基本権論について」憲法理論研究会編『人権理論の新展開』（敬文堂、1994年）。

秩序に対する原則規範の意味ではなく，個人の自律作用を包括的に含んだ，『個人として尊重される権利』とし，これが超基本権規定として，日本国憲法全体を支える作用を果たす」とした[23]。他方で，山内敏弘は憲法13条の文言に忠実に，「生命」の文言に注目してこれを独自の権利とし，さらに「自由と幸福追求権」の前提になる権利であるとする[24]。いずれにしても「生命権」に注目する人権論は，人為的な生存を脅かす行為から人間を保護することを第1にしており，その限りで平和を志向し，死刑を排除することになる。この人権の登場は，人権に関するパラダイムの変更までも認めることになるのであろうか。ドイツのある論者は，フランス革命の「自由・平等・博愛」に代わって，「安全・多様性・連帯」へと置き換えている。問題は「自由」の「安全」への置き換えを，日本国憲法でも承認することができるかにあろう[25]。

4　基本権と国家

i　基本権制限

改正論者の主張のなかの主たる内容が，一貫して基本権制限への要請であり，その意味で国家権限の強化であったと指摘してきたが，改正論者はトーンを上げて「公共の価値」による基本権制限をなすだけでなく，「国家の安全と社会の健全な発展」を図るためにも用いるべきであるとされる（自民党草案）。こうした発想は，日本国憲法制定直後の解釈論が，「公共の福祉論」を憲法12条の権利濫用禁止義務と一体となって強調したことと同じことになる。こと12条に関しては，13条との兼ね合いも考慮し，今日では前段を国民の自律性を重視する解釈が主である。改憲論は，基本権の発達史に逆行して国家の役割に言及し，愛国心を上から煽る手立てに熱心なだけであり，ここでは改憲論と学説では大きな開きがある。最高裁も「公共の福祉論」を多用・乱用してきた時期があるものの，今日ではもはや12条・13条の「公共の福祉」のみから援用された基本権

---

[23] 本書の9頁以下。
[24] 山内敏弘『人権・主権・平和——生命権からの憲法的省察』（日本評論社，2003年）第1章。
[25] E. Denninger, Menschenrechte und Grundgesetz, 1994, S. 23 f. 西浦公「『安全』に関する憲法学的一考察」栗城壽夫先生古稀記念『日独憲法学の創造力（下）』（信山社，2003年）81頁。

制限を是認することはない。

　日本国憲法での基本権擁護にとって好ましい状況を作り上げてきたのは，戦後の憲法環境を改善しようとする努力にあった。公共の福祉に格別な意味をもたせずに「実質的な公平の原理」と解し，これを内在的な制約原理と解さなければならないとする論理を，学界のほぼ共通理解とするまでに築き上げることができた。つまり憲法上の権利と公共の利益との対立を，自由権を保持するものの間の調整と解し，そこで使用される違憲審査基準を詳細に分析したことにある。比較衡量論や二重の基準論が学界の共有財産となったこと，立法目的への検討が示され，司法審査の真の効果が高まったことが重要である。その意味からして，立法に託された自由な裁量的な基本権制限は認められないのであり，最高法規である憲法に保障された基本権には，無前提な法律の留保はもはや認められることではない。

ii　国家目的論

　公共の福祉に意味をもたせるとしたら，国家の役割を正当化させることにあり，一般的にドイツ国法学ではこれを「国家目的」との観点から分析してきた。私見ではこれは憲法国家の観点から縮小されるべきものであり，せいぜい「国家の責任と公共性の観点からの調整の役割」と把握すべきとした[26]。国家は機能的には各種の具体的な役割をもってわれわれと関係をもつにいたるが，ここではこの機能を総称して国家目的と定義しておく。国家がその目的を十分に行使しうるためには，国家のもつ権威とその行使を十分に是認できるだけの国民による民主的な手続き保障が，まずもって確保されなければならない。さらに，機能する国家への最大限の参画可能性の保障が確保されなければならず，この局面は「公開」を多面的に確保することによって実現しうるものである。

　国家を端的に基本権にとって必要悪と扱うことは，今日では困難である。福祉国家や行政国家といった国家論そのものからの私的な社会への関与を是認するのではなく，個人の側からの国家への要請という点をもって国家を見るとこ

---

[26]　石村，注17) 87頁。国家目的と関連して，小山剛「国家目的と国家目標規定」小山剛＝駒村圭吾編『論点探究 憲法〔第2版〕』(弘文堂, 2013年) 13頁以下は，論点を拡げる視点を示す。

ろになる。国家の役割が量的に増えたことがその理由ではなく，国家の一定の作用に期待しなければならない領域が本来的にあるからであり，この役割を国家が担うことがもっとも合理的でもあるからである[27]。神が不在の時代の国家の存在理由は，国家が国民を納得しうる様相を纏うことの可能性があるし，そのための条件も示されうる。もっとも明らかにその実例を紹介すれば，全体主義国家をといわれたシステムは，アンチ自由主義を唱えていたし，ここで定義する基本権を侵害してきた（している）。基本権の確保という観点からして，明らかに敵対的に個人の自由領域を侵害する全体主義国家は，とりあえず基本権にとって好ましい国家ではなかった。しかし「国家からの自由」が基本権だけでなく，人権一般にとっても重要であるのは，自由が本質的に国家のもつ権力と相容れないことであった。現代にあっても，例えば監視国家と命名された国家システムを批判する場合も，個人が有する自由権と国家の機能が対立する状況が生ずるからであり，そこにあっては自由権の優位性を承認せざるをえないであろう。

iii 保護義務論

　福祉国家観には別の国家観からの批判がありうるが，憲法25条を維持する限りでは，国家の国民の生活を配慮する国家の機能は否定しようがない。問題はこれとは別個の観点から，国家の私的な社会への積極的な関与を是認し，もって基本権の保護にあたるとする理論が受け入れられるかどうかが問題とされる。「国家による自由」と評すれば，「国家からの自由」を重視してきた基本権体系を壊すことになるだけに，ここではその本質を冷静に分析しておくことが必要である。ドイツの憲法裁判所の判例及び理論の影響を受けて，同国ではほぼ通説的な支持をえてきた「保護義務論」は，同じく国家の役割を前提とするが，私人による関与を前提としている点で，社会権における国家のあり方と異にしている。この保護義務論の特性をまとめた説明によれば，保護義務が援用される事例は，「①国，要保護者，第三者という3主体が登場すること，②国は基本権

---

[27] 参照，長谷部恭男「国家権力の限界と人権」樋口陽一編『講座 憲法学3』（日本評論社，1994年）54頁，長谷部恭男「国家による自由」ジュリスト1244号（2003年），31頁以下。

保護者の役割を担い，規制権限の適切な発動による法益防御を求められること」に，その場面を想定することになる[28]。ドイツにおいて，確かに「人間の尊厳」を保障し（1条），「人格の自由，生命・身体を害されない」権利（2条）を，有効に働かせると，要保護者の権利保障の局面が見えてくる。

しかし，結果として，基本権の私人間効力を認めることになることや，国家による自由の実現ということを本質としている関係で，この理論をそのまま認めることにはいささか抵抗もあった[29]。さらに，国家権力の発動の根拠に国家目的を用いることにもなり，国家の側の操作によって，基本権がいかようにも制限されることがありうること，つまり国家の都合でもって基本権侵害を認める口実を与えることになるのではないか，という懸念があるからである。さらに，保護義務論を発動していく国家機関への信頼度が高くない状況で，はたして正当に保護義務が運用できるかの疑問も呈されるであろう。しかし，保護義務論を詳細に検討するならば，日本国憲法にあってもこれを直ちに放擲できるものではないと思われる。安全を確保し，実行するという枠組みのなかでは，少なくともその役割を担う国家機能は否定しようがない。問題はその予防線をどこに，どの程度に張っていくかが問題となる。

保護義務論は，かなり高度な法的信頼をもった国家，とくに広義な警察機能への信頼をもって，要保護者のために国家が動き出す局面を想定すれば，否定できる理論ではない。先に示した国家目的を実行するためにという観点から保護義務は発動されるのではなく，要保護者の基本権確保の観点が，保護作用が発動される根拠でなければならない。警察権限の発動は，人の生命・身体に関わっての第三者からの侵害を排除し，労働と経済活動の調整を図ることであり，いわば経済の隘路や社会の危険を克服することである。こうした意味で，社会

---

[28] 審査方法である「三段階審査」を含めて，保護義務論への注目度は高くなっている。以下の文献を参考にした。小山剛『基本権保護の法理』（成文堂，1998年），同『基本権の内容形成』（尚学社，2004年），松本和彦『基本権保障の憲法理論』（大阪大学出版会，2001年），他。

[29] この点の論争について，ミニ・シンポジウム「国家の基本権保護義務論争」憲法理論研究会編『憲法変動と改憲論の諸相』（敬文堂，2008年）145頁以下，を参照されたい。保護義務論を認めるかどうかはドグマの問題なので，信仰告白の問題ではない。私もこれは認めざるをえない局面があることを思うようになった次第である。

的な安全の確保を目途とする社会的な法治国家は，自由な社会を止揚した国家ということになり，先に示したドイツの判例で認められてきた「自由から安全へ」のパラダイムの変化が見通される。

　問題はこうした保護義務論が，直ちに日本国憲法でも受け入れられるかどうかになってくる。生命の保護という局面に関しては，本書で示してきた日本国憲法での基本権の類型からしても，すでに想定される事例である。格別に保護義務とあえて説明しなくとも，国家は国民の生命・身体への侵害行為を予防的な作用を含めて行使しなければならず，これへの国家の怠慢行為に対して被害者は法的に争う道も残されている。問題はその他の個人の自由な領域に国家はいかなる場合に関与しなければならないかにある。国家は，主要な基本権侵害を口実にして予防作用を過剰に行使することがあるだけに，保護義務論は注意して適用される局面を選択しながら用いなければならず，それには次のことを明確に確認しておく必要がある。それは，自然権と区別された基本権を前国家的なものであると認識した上で，これへの国家による関与は原則として是認されないとすること。生命の保持は，個人で防御しきれない部分でもあるので，個人が求める限りでの国家の保護が認められる。国家の保護義務が行使されるのは，保護される法益との調和がなされた時に限定されるのであり，さらに，国家権力発動の根拠が正当なものとして表わされる場合である。国家の権限を行使できる条件についてもすでに言及した通りであり，国家目的と保護義務論は安易に結合的して使用されてはならない。

まとめ

　改正論者の基本姿勢は，ほぼ一貫している。その内容は「人権制限の明確化，各条の配置・表現の整理，家族（家庭）制度の復活，刑事手続の簡素化，基本的な義務の強化」であり，後に「プライバシー権，環境権」といった「新しい権利の明確化」が加わったに過ぎない。こうした論点は，結局は，国家の役割の強化論に収斂されるであろう。国家が基本権調整の役割を買ってでて，警察機能を強化し，国民には法の遵守を一方的に求めることが予測されるからである。改憲論が憲法99条を改正して，ここに国民の憲法尊重義務を規定することは，

憲法の本質を理解していない証明である[30]。ここではその点の危険性を指摘しながら，さらに基本権実現にあたる国家機能の発動に対しては，社会国家原理や民主制原理が十分に確保される必要があるとした。また，保護義務の作用そのものは否定しないが，それは国家目的の観点から援用するのではなく，基本権の体系の観点から導くべきであり，防御権としての個人の自由は十分に確保されなければならないとした。

　以上の結論をもって，改憲論のもつイデオロギー性の一端を暴いたことになる。改憲論は安全の確保を名目にして個人の自由に入り込む契機を見つけようとしているが，われわれはそれに対して基本権の実現という別の「安全」でもって対抗していかなければならない。本書を出版した状況は，残念ながら日本国憲法の改正という危機の時代を背景にしている。その点を強く意識してこの最後の文をまとめる時が遂に来たなという想いがするが，立憲主義的憲法史の流れを曲げない方向で，日本国憲法もこれから先も進行することを強く願って，ここでの議論を終えることにする。

---

[30] 石村修「憲法尊重擁護義務・再論」専修法学論集126号（2016年）41頁以下。

補論　法科大学院において憲法判例を学ぶ意義

1　はじめに

　「専修ロージャーナル」誌は当初の編集方針にしたがって，これまで有意義な判例研究が掲載されてきた。こうして兄弟誌である法学部の「専修法学論集」との区別化が明確となり，購読者にとっても学習すべき最新判例を知る材料が提供されてきたことになる。また，同ロージャーナルもやがて10号になろうとしているが，そこでは単に判例研究をするだけでなく，各科目の担当者による含蓄のある「判例研究の意義」（以下，意義論と略）が論じられてきているのは好ましいことと思われる。この仕事は，各教科の特性に応じた判例の成り立ちを知ることになり，こうしてこの作業を通じて具体的な判例研究への理解が高まることが期待される。こうした両面での判例研究への対応策は，この雑誌の主たる読者である法科大学院生にも評判がよく，このロージャーナル誌の存在意義を高めてきていると思われる。

　これまでの各教員の「意義論」は，各科目の特性が如実に表れていて興味深いものがある。創刊号の巻頭を飾る元法科大学院長の平井宜雄教授は「どうして判例が尊重されるべきなのか」という基礎的・理論的問題に触れられ，専門とする民法の分野の判例研究の範疇を超えた問題を検討されている。同教授は法律家にとって判例はどのような意義をもっているのかを問うている。教授の持論である「法律家とは『議論』による『問題解決者』である」ことからして，議論の末に「判決文で表明された規範命題」が重視されなければならないことになる。法律家に厳しいタスクを課する平井教授の提言は，専修法科大学院の存立目標ともなっているが，これを実行できるかどうかは大変な困難を伴うものがあると思われる。

　また，元学長の日髙義博教授の「意義論」は，刑事法専攻者の特性が表れたものであり，「罪刑法定主義」の関係からの限界をふまえつつも，「法形成との関連性」を明らかにしようとしていた[1]。その点で，方法論に拘ったのは理由が

あるところであった。他方で，良永和隆教授の「意義論」は，「判例を読む」方法に特化している点で，法科大学院生ないし法学部生へのメッセージ性が明確にされている[2]。こうして，日髙・良永論文に共通する実際のケースへの接近は，各学問領域において論争の上で構築されてきた理論が，理論に終わらずに現実への「あてはめ」において活かされるプロセスを知ることになった。

　こうした専修ロージャーナル誌で展開されてきた一連の「意義論」に刺激を受けて，公法，とくに，自分の専攻する憲法から見て，判例研究はどうなっているのかを描いてみようと考えた。法学の歴史からして，憲法は主権国家の完成を前提にしてきた関係もあり，特殊な経緯を経て確立されてきたものであり，裁判のなかで表されてきた内容（判例）はいまだ形成期にあり，その点で民事法や刑事法に比較して成熟度は低い。とくに，日本国憲法史は近代国家の形成が遅れた関係もあり，未熟度の程度は高かった[3]。こうした点を意識して，筆者は最近，同世代の憲法学者と伴に憲法制定65年を契機にして，『時代を刻んだ憲法判例』集を作ってみた[4]。1度の改正も経てこなかった日本国憲法であるが，時代の社会現象を特色付けてきたこうした判例は，憲法の条項がいかに時代のなかで多様に解釈され実行されてきたかを知らしめてくれている。その動きを65年のなかの現実との照合作業を通じて現わした1つの結果が判例のなかに色濃く表されていたのであり，憲法からして判例を読む意味は他の法領域に較べて時代を反映してきたものであったことを考えさせられたのである。

　以上が，ささやかな本稿執筆の動機である。これまでの論考によって，「判例」が如何なるものであるかは，十分に論述されてきたので，本稿ではこれまでの「意義論」との違いを，できるだけ憲法学の視点から明確にすることを心がけることにした。つまり，憲法という規範の特性を明らかにし，その特性を最高裁という法の番人が「判例」という形で解釈し，その積み重ねが「憲法訴訟

1）日髙義博「刑事判例研究の意義と方法」専修ロージャーナル5号（2010年）73頁以下。
2）良永和隆「判例の意義と民事判例の読み方」専修ロージャーナル8号（2013年）1頁以下。
3）こうした歴史的分析については，例えば，長谷川正安＝和田英夫「日本の憲法判例の特質」有倉遼吉教授還暦記念『体系・憲法判例研究Ⅰ』（日本評論社，1974年）1頁以下，佐藤幸治「判例について」同『憲法訴訟と司法権』（日本評論社，1984年）262頁以下参照。
4）石村修＝浦田一郎＝芹沢斉編著『時代を刻んだ憲法判例』（尚学社，2012年）。

論」という形で展開されている現況を明確にし，その遅れてやってきた憲法訴訟の世界への認識を私なりに整理しておくことにした。それにしても，ロースクール時代にあって，なんと巷には多様な「憲法判例集」が溢れていることであろうか。憲法判例は，研究者にとって法の公定解釈への検討材料であったが，学習者にとっては別の意味をもっていた。学習用の「憲法判例集」の先鞭をつけたのは，ジュリストの臨時増刊として始まった『憲法判例百選』であり，これが最初に出版されたのが1963年であった。収録された判例は百に収まらずに，115件の判例を数えていた。版を重ねる毎に収録される判例も増え，2013年に出版された2分冊形式の第6版は215件の判例（11件の補遺）へと膨れ上がった。人権に関係する判例が増大した結果である。この新版では，判決部分を増やし，解説を簡明にするという方針が示され，ロースクール時代の判例集の1つのあり方を知らしめているようである。編者は，判旨を多く知ることが重要で，要領良い解説を求めている。有斐閣は，「百選シリーズ」と並行して，「憲法の判例」（基本判例解説シリーズ），「憲法の基本判例」（基本判例シリーズ）を発行し，これらの冒頭では，芦部信喜教授，小林直樹教授，そして樋口陽一教授が，それぞれ憲法判例の特性について語っている（後述）。それにしても学習すべき判例の数に振り回されるおそれが出てきているのであり，どの判例のどこを抑えなければならないかを，賢明な読者は行わなければならないことになった。この悩みを解消するためにも，本稿での「意義論」は，判例のもつ日本国憲法下での原理・原則をまずふまえ，憲法判例の特性を考えながら順を追って法科大学院時代の憲法判例を学ぶ姿勢を考えることにした[5]。

2 憲法規範の特性

i 明治憲法

明治憲法時代は，憲法規範は特殊な様相を帯びていた。明治憲法は，プロイ

---

[5] 内容は筆者の立場もあり限定的になり，判例の分析の仕方の一端を言及するに留めた。学習者は漫然と判例に接するのではなく，それぞれが一定の意欲をもって判例に臨んでいってもらえば，判例は有意義な物語をわれわれに語ってくれることであろう。

セン憲法の名目的な立憲主義(外見的立憲主義)の流れを受けつつも,さらに,天皇主権に拘った独自の「国体」を体現した憲法であって,法の留保を伴った「法治主義」が貫徹されていた[6]。人権についても法の留保が課せられており,法令審査権がない限りでは,立法者による人権侵害を判断する余地はなかったことになる。唯一法律の留保がついていない「裁判を受ける権利」(24条)も,特別裁判所の存在や徹底した裁判官の人事管理のような裁判制度の問題もあって,人権の実効的な救済に寄与したとはいえない。明治憲法の下で明治24年(1891年),大審院判決録第1輯が出され,これに呼応して判例批評が盛んになされるようになる。しかし,これも民事・刑事に限定され,しかも,自己の法律観に留まった判例研究であったことになる。こうした殻を破ったのは,平井教授の指摘にあるように,大正期に入っての末弘厳太郎,穂積重遠,我妻栄,中川善之助,平野義太郎等の民法判例研究会であった。しかし,憲法・行政法に関する判例研究は,圧倒的に遅れて限定的な場面で登場せざるをえなかった。公法の世界では,美濃部達吉博士が「公法問題判例批評」という形で先鞭をつけ,主に行政判例を論じていた。美濃部が自ら述べていた判例研究の意図は,「一は判例を学問的に分類彙集すること……本書に於いて試みた分類は,法令の条文に拘らず,専ら判決の内容に応じ其の法理上の性質を基礎とした……。一は判例の内容を分析してその当否を検討することに在る。」とした(『評釈公法判例上巻・下巻』1933年)。美濃部を中心にして門下生が集い,東大公法判例研究会が組織され,その成果は国家学会雑誌に1931年から連載が始まった。しかし,その内容は行政法の一部にならざるをえなかったことは明白であった。美濃部が執筆した「はしがき」の部分がそのすべてを語っていた。「憲法及び行政法に関する事件で裁判上の問題となり得るものは現在のわが国法に於いては,比較的極限せられて居り,単に判例を研究することに拠って,その総ての問題を尽くすことは不可能であるが,少なくとも判例の研究が,公法殊に行政法の研究に付いて,重要なる資料であることは,疑いを容れぬ」とした(国家学会雑誌45巻3号)。アメリカにおける違憲審査制は一部の研究者によって知られていたものの,こ

---

6) 明治憲法の特性については,石村修「明治憲法の特色」杉原泰雄編『新版 体系憲法事典』(青林書院,2008年)313頁以下,参照。

れを日本に当て嵌めて考えるという発想はいまだ定着することはなかったことになる[7]。私の専修大学での師である鵜飼信成教授は、例外的にアメリカ法の研究に着手し1冊の本に原稿をまとめていたが、1944年の段階ではそれは「時務的」でないという理由で出版できなくなっていた[8]。戦争は学問の停滞ももたらしていたのである。

ii 日本国憲法と最高法規

　日本国憲法の制定は、こうした状況を一掃することになる。それは第10章に「最高法規」の章が規定され、これとの関係で裁判所に法令審査権の権限が付与されたこと（憲法81条）に現れている。こうした構造は、この時期に誕生した一連の憲法に共通して現れたことであり、それは近代立憲主義の再確認の行動であり、さらにこれを昇華して憲法の価値原理の確認とその擁護を強化した憲法保障の実践活動であった。これの典型例は大陸型の憲法裁判権に現れている[9]。他方で、日本の方向性は、当初はアメリカ型の法の支配を進化させ、憲法の国家に対する優位を明白にする近代立憲主義の完成を目指すものであった。日本国憲法第10章のモデルであるアメリカ合衆国憲法6条は連邦制の楔を維持するための条文であった[10]。日本国憲法の最高法規は、最初から法秩序の体系における最高法規の実証のために必要とされた規定であった。しかし、この法体系は、一元的かどうかは明確には確認されないままで推移してきた。この条項の性格から、1つには民事法の体系を別個に認めるかどうかの論争がある。この論争は、基本権の私人間の効力論につながる問題であり、民事の法体系を別個のものと見る観点からは、憲法の最高法規性は限定的になる[11]。他方で、最高

---

[7] 例えば、米国講座の一環として、美濃部達吉『米国憲法の由来及特質』（有斐閣、1918年・1946年）190頁があった。なお戦後すぐに、同じ著者で『米国憲法概論』（有斐閣、1947年）が出ている。

[8] 鵜飼教授は当時京城帝国大学助教授であったが、1939年から1941年にかけてハーバード・ロースクールに留学していた。戦後にやっと出版出来たのが、『アメリカ法学の諸傾向』（新文芸社、1948年）であった。

[9] こうした点を明確にしたのが、宍戸常寿『憲法裁判権の動態』（弘文堂、2005年）であった。

[10] 石村修「憲法規範の運用——憲法の最高法規性」同『憲法国家の実現』（尚学社、2006年）52-54頁。

裁判所に託された法令審査権も，それが抽象的な規範審査までも認めるかどうかによって，最高法規に関わる解釈が変化してくる。

　後者の問題を扱ったのは，「警察予備隊違憲訴訟」(最大判昭和27.10.8) であった。この戦後すぐに提起された訴訟の判例としての意義は，具体的な事件の無い訴訟をあえて最高裁に提起したことにある。原告は大陸型の憲法裁判所モデル (とくに，オーストリア型) を研修しながら，独自の憲法81条の解釈を展開していた。準備書面では，憲法擁護という新しい発想を披露し，その擁護との関係で最高裁に具体的な法令審査権に加えて，抽象的な法令審査が可能な憲法裁判所としての性格が付与されているとの理解を示した。オーストリア憲法ですでに戦前に示されていた憲法裁判所が独占して違憲判断ができるという理解であり，81条の文言から最高裁判所こそがその憲法裁判所の役割を担っているという発想である。これに対する最高裁の回答は簡単にこの憲法裁判所的性格を否定していた。この否定論は，鵜飼教授の書いた「アメリカにおける司法審査制の成立」(季刊法律学4号，1948年) を参考にした形跡がある。

　前者の問題は，少し遅れて「三菱樹脂事件」(最大判昭和48.12.12) でもって，下級審の判断を否定して，基本権の私人間への直接適用を否定する判断が下された。これをもって私人間適用に関する判例が確立したかどうかは，以後の最高裁判決を概観すれば明らかである。私人間問題に言及しないで，本案の判断に触れてくる判断が示されているからである (例えば，サンケイ新聞意見広告事件)。判例が確立していない関係で，学説の上での論争は継続し，無適用説，間接効力説，直接適用説の論争があった。さらに民法からの問題として，私人間の契約や不法行為について憲法が関与する余地があるかどうかが問われると，憲法の最高法規性からの回答は不明確であった。ここで再度，憲法と私法の断絶を明確にする議論が浮上してきたのは，先に指摘した一元的憲法構造に疑問が提示された結果であった。ドイツの憲法裁判所で確立されてきた，国家による保護義務も有力なこうした問題への回答ではあるが，全ての局面で使用する

---

11) この論争は，高橋和之教授の新無効力論の登場と関係している。高橋「『憲法上の人権』の効力は私人間に及ばない」ジュリスト1245号 (2003年) 137頁以降。山元一「〈法構造イメージ〉における憲法と民法」法学セミナー646号 (2008年) 12頁以下。

ことへの問題性は残されている。すべての局面にこうした国家の関わりを認めることは、基本権のもつ本来の性質である「国家からの自由」性への関与を是認することになる恐れがあるからである。

憲法訴訟が広範に展開される憲法裁判所型ではない、アメリカ型の訴訟枠組みによる限りで、憲法の最高法規性の絶対的なものではないことになる。しかし、国家憲法の最高法規性は、憲法の優位に言及した点で日本国憲法にも一定の方向性を明らかにした。統治機関が関わっている場面では、少なくとも憲法の最高法規性は現実に機能しなければ憲法の規範力は活かされないことになる。憲法規範の特性は、時間的にも空間的にも他の規範と異なり普遍性をもっている。他の規範への授権規範としての地位にあるのは、憲法が固有にもたなければならない「正しさ」の故である。その点では「法の支配」の伝統を受け継いだものであるからでもある。非嫡出子の遺産相続分を規定した民法の規定を違憲と判断した「非嫡出子訴訟」（最大決平成25.9.4）は、こうした憲法の最高法規性の実証になる。立法機関と行政機関の裁量事項と違憲審査の関係は、依然として微妙である。この点でも、憲法の最高法規性への言及がなされなければならないところである。判例はこの点で、どこまで明確にしているのであるかについて、具体例を後述することにする。

iii 制限規範

近代憲法の有している一般的な性質は、「組織規範性、授権規範性、制限規範性」がある。判例との関係でいえば、こうした枠組みのなかで具体的な憲法動態が実行されているかどうかが検証されなければならない。権力分立に関わる事項が審査された事例として、国政調査権と司法権・検察権を争った「二重煙突事件」（東京地判昭和31.7.23）や「日商岩井事件」（東京地判昭和55.7.24）が典型例である。さらに、内閣総理大臣の行政事件訴訟法上で認められた異議制度を扱った「米内山事件」（最大決昭和28.1.16）がある。しかし、判例はそれぞれの問題について、明快な回答を出しているわけではなく、ここでも学説上の論争は続くことになる。

制限規範性の問題は、憲法の運用に関わってあらゆる場面で生じる。憲法訴訟において、法令違憲とならんで適用・処分違憲が検証されるのは、立憲的意

味の憲法の特性からくるものである。法令違憲は，最も数的に繰り返されてきている衆議院の議院定数不均衡訴訟に典型的なように，選挙権を実質化している選挙制度の形成に与る立法府の活動を憲法が制約するとする論理から，客観訴訟が一部認められたものである。立法府と司法府の対話を促す契機が，憲法の規範から導かれていると考えられる[12]。適用・処分違憲は，さらに個別な行政活動への監視の表れであり，具体例は多く指摘できる。最も典型的なものは，政教分離という憲法で認められた客観原則違反を認めた「愛媛玉串訴訟」(最大判平成9.4.2)がある。

iv　日本国憲法の展開

　日本国憲法は，条文数は103箇条であり，実質的には99箇条に留まる。他の法規に較べれば圧倒的に少なく，その関係で条文は極めて簡潔に規定され，しかも1度も改正がなされていない。その意味では稀有な憲法史を辿ってきたのである。数度の憲法改正の提案があったが，それは政治的な決着をえず，具体的には改正に必要な議会内での各議院の3分の2以上の多数をえられなかったことによって改正は阻止されてきた。改正の焦点は憲法9条にあった。肝心の9条は，大幅な政府の憲法解釈によって，なんとか自衛のための軍隊は維持され，その解釈を巡っての訴訟は，司法部の謙抑的な対応によって明確な判断を示されることもなく終わっている。代表的な「恵庭事件」(札幌地判昭和42.3.29)，「長沼事件」(最判昭和57.9.9)は，9条解釈の本題には至らず，9条と自衛隊への言及はなされていない。その意味では，本格的な政治論争を最高裁は避けており，判例形成への道は遠い。

　しかし，最高裁が憲法解釈に寄与する余地は，昭和の年数が進むに応じて変化してきたことは確かであった。後に言及するように，本格的な憲法訴訟論の展開が最高裁の裁判官にまで学問的な刺激を与えたことは確かである。こうした動向に根本的に寄与したのは，日本国憲法を近代立憲主義の流れのなかで理解する考え方が定着したことによる。近代立憲主義は中世の身分制と王権の絶

---

[12] カナダにおける憲法訴訟の実践がこうした傾向を見せてきた。佐々木雅寿『対話的違憲審査の理論』(三省堂，2013年)。日本での1票の重みに関する裁判は，こうした傾向にある。

対性から解放された地平に誕生したものであり，契約によって構成された国家構造を前提としていた。憲法がことさら近代立憲主義を意識するようになったことで，その内実である「(基本的)人権＝基本権と権力の分立」を重視したのは理由のあるところであった。他の法規もこの立憲主義への依存を承認するが，憲法は歴史的な変化を経て形成されてきたものであり，その成果を憲法のなかで保持して行かなければならないという使命を帯びていたことになる。法令審査権が「法の支配」の思想に依拠し，さらに近代立憲主義の延長にある「現代立憲主義」のなかで確立されてきたのは，基本権と権力分立を実効せしめるためであったことになる[13]。法令審査権の導入は，憲法保障という大きな理念の下で，近代立憲主義の理念を強化するに至った。

　その具体的な現れは，国民主権の強化と多様な基本権の承認，そして社会的保障国家へと推移してきている。近代のスローガンである「自由・平等・博愛」は，「多様性・安全・連帯」へとパラデイグマを変貌した観がある。多様性の承認は，定住外国人の地方参政権を許容する余地を認め，立法府に問題の解決を委ねた「地方議会参政権事件」(最判平成7.2.28)がある。社会国家の構造は，一連の社会権の導入によって国家の役割を明確にしている。しかし，ごく初期の「食糧管理法違反事件」(最大判昭和23.9.29)は新設の規定を，憲法25条2項は「社会生活の推移に伴う積極主義の政治である社会的施設の拡充増強に努力すべきことを国家の任務の1つとして宣言したものである。……国家は，国民一般に対して概括的にかかる責務を負担しこれを国政上の任務としたのであるけれども，個々の国民に対して具体的，現実的にかかる義務を有するのではない」とした。こうしてワイマール憲法の解釈に用いられたプログラム規定説が，亡霊の如くして時代を超えて日本の裁判の定説になった。社会保障の運用は，裁判を通じて立法府や行政府に訴える事後的効果をもち，生活保護の支給金額(朝日訴訟)，併給禁止(堀木訴訟)そして，国籍要件(第2次塩見訴訟)も，いずれも何らかの改善があった。憲法訴訟の原告は，弁護士，学者とこれを支える市民

---

13)「法の支配」は多様な局面で応用される可能性がある。近時の「行政改革・司法改革」を法の支配の観点から見てきた，佐藤幸治『日本国憲法と「法の支配」』(有斐閣，2002年)は，その点を再認識させてくれた。

運動によって展開されるのが通例であり、判決文に付帯する各種の文献を精査することで全体像が見えてくる。憲法訴訟の判例分析には、多面的な分析を必要とされるのは、憲法規範の特性だけでなく、憲法裁判の特性を考慮しなければならないからである。次節では、視点を裁判そのものに向けることにする。

3 憲法裁判の特性

i 憲法判例の特性

　日本国憲法が誕生してすぐに、宮沢俊義教授は次のような「判例研究の意義」を述べていた[14]。これまでの行政裁判の限定列挙主義から概括主義への変化をふまえた上で、裁判所の機能が大幅に拡張されたことをまず指摘している。裁判所が法令審査権をもつことによって、個別・具体的な裁判の結果が「判例」としての意味をもつようになる。とくに、「ある法律を憲法違反だとする判決は、少なくとも実際において、その法律を廃止する効果をもつ。抽象的・普遍的な法を内容とする法律を廃止するということは、けっして具体的・個別的な法の定立ではなくて、抽象的・普遍的な法の定立である。それはひとつの立法である」。判例が法に転化する契機として、憲法裁判があることを予言している。しかし、最初の法令違憲判決は、刑法200条に関する「尊属殺人事件」(最大判昭和48.4.4)まで待たなければならなかった。先例(最大判昭和25.10.11)を変更しての判決であるから、判例としての意味は有意義であったものの、これに対応する立法府の反応は冷淡であった。法令違憲の判断は、個物的に処理されたことになる。

　憲法判例の特性を完結かつ明瞭に論じているのは、判例百選の巻頭を飾る芦部信喜教授の文章であった[15]。アメリカ式のケース・メソッド用の判例を自覚することによって、憲法判例への配慮は以下の2点に絞って考えられるであろうとする。第1は、憲法判例における訴訟手続上の問題を整理して検討するこ

---

14) 宮沢俊義「日本国憲法と判例研究の意義」同『平和と人権』(東京大学出版会、1969年) 188-189頁。
15) 芦部信喜「憲法判例の学び方」憲法判例百選〔初版〕(1963年)(同『司法のあり方と人権』〔東京大学出版会、1983年〕165頁所収)。

とであり，第2に，政治過程における1つの現象として政治学的観点から考察することである，としている。前者は，後に「憲法訴訟論」における重要問題として触れられる点であり，後者は，憲法判例が展開される場面での特性をいい表しているところの論点である。後者は政治学的というよりは，アメリカでの憲法裁判分析でなされてきた，リアリズム法学の系譜にある憲法社会学の流れを考慮することになろう。この点は，憲法の条文が簡潔であること，簡潔かつ客観的な内容を含む条文を現実に生起する憲法問題にあてはめて解釈していくプロセスにおいて，とくに，最高裁に及んだ事件は，多様な社会的問題を背景にもっているはずである。多くの事件は，同様の事件の複合体であり，アメリカでは裁判の友という形で意見を裁判所に提起する機会が与えられている。日本でもこうした傾向は同様に現れており，憲法訴訟は政治現象のなかで展開されてきたものである。1で述べた，われわれが作成した時代のなかで憲法判例を読む姿勢は，この後者の点と重なっている。

　小林直樹教授は，憲法判例を，実用性と経験科学の立場から分析すべきであるとしている。後者の点を分析する必要性は，芦部教授の2点目と共通することであろうが，ここではより広く，①法社会学的研究，②裁判官の心理学的分析，③政治過程論的分析，まで必要とする[16]。この点は研究者の側の判例研究の視点であると思われる。また，樋口教授は，比較憲法的視点と下級審の判決の分析の必要をしている[17]。日本が法的には遅れて生まれた間隙をどうしても比較憲法で埋めなければならず，同時に，下級審の裁判官の憲法解釈にも注目すべきなのは当然であろう。後者の点は，最高裁裁判官への批判論とも連動してくるであろう。

　日本国憲法の初期の判例は，1952年のサンフランシスコ講和条約締結までの時代における占領体制の重みを考えなければならない。例えば，「農地改革事件」（最大判昭和28.12.23）は，占領体制のなかで展開された戦後改革の内容を裁判で問うことになったわけで，純粋に法律論で処理できない部分を含んでいた。

---

[16] 小林直樹「判例研究の目的と方法について」ジュリスト増刊『憲法の判例』(1966年) 2-3頁。
[17] 樋口陽一「判決・裁判例・判例」別冊法学教室『憲法の基本判例〔初版〕』(1985年) 2-3頁。
　　同じ観点から，樋口陽一＝山内敏弘＝辻村みよ子＝蟻川恒正『新版 憲法判例を読みなおす』(日本評論社，2011年) がある。

「侵してはならない」と憲法29条1項で保障された内容が，常識的には侵されている法状況を，最高裁は「公共の福祉」を唯一の根拠にして制限できるとしたのである。本来的には立法目的論の詳細な検討があり，そこに基づいての納得の行く正当な説明があってしかるべきところであった。アメリカからの司法部への明瞭な干渉があったとされる「砂川事件」（最大判昭和34.12.16）は，最高裁への飛躍上告が示唆され，最高裁は苦渋の判決を下している。つまり，憲法9条2項の解釈では，外国の軍隊はこれに該当するものではないとした上で，安保条約に対する審査権限を否定し，その論理として，「一見明白に違憲無効」とする判断を開陳した。この砂川判決には後日談があり，田中耕太郎最高裁長官とレンハート駐日首席公使との会談で「裁判官の意見が全一致になるようにまとめ，世論を不安にする少数意見を回避」するようにとの指示があったとの記録が見つかった。この内容は，アメリカ国立公文書館にあった記録からのものであり，当時の司法権の独立は，政治的に介入されていたということになる。

　最高裁の裁判官の任命権は，多くの国の憲法実例において行政権が担うことに倣い，日本でも内閣が有し（憲法79条1項後段），その長は内閣総理大臣が指名し，天皇が任命する（6条2項）。裁判所の人事構成だけでなく，日常業務である裁判活動に他の機関が政治的に関わり，その結果が判決に反映されているということになれば，司法権そのものの基盤が怪しくなると思われる。憲法裁判に関しては他の機関の判断を尊重する，「司法消極主義」になる傾向があり，その点の分析も実際の判例を通じてなされなければならないところである。最高裁の初期の判断が，「公共の福祉論」を万能に使用してきたのが象徴的であろう。例えば，死刑を初めて合憲とした「尊属殺人死体遺棄事件」（最大判昭和23.3.12）では，「1人の生命は，全地球よりも重い。」といいながら，「公共の福祉という基本的原則に反する場合には，生命に対する国民の権利といえども立法上制限乃至剥奪されることを当然予想しているものといわねばならぬ」としている。同様に海外旅行の自由を争った「帆足計事件」（最大判昭和33.9.10）においても，「外国旅行の自由に対し，公共の福祉のために合理的な制限を定めたものとみることができ」るとした。こうした傾向から脱出するためには，一定の最高裁判所（判例）批判が学問的観点から必要であったのであり，憲法訴訟論の勃興もその流れのなかで理解できるのかもしれない。

ii 憲法判例への批判的分析

　最高裁判事は総計で15名となったが，その判事中に占める大学教授の少なさ，とくに，公法系の研究者が少ないことは，最高裁が通常の裁判権の頂点にあるという認識に立つものと考えられる。つまり，大法廷にかかる憲法訴訟は最高裁が扱う訴訟の全体からすれば僅かであり。その点を鑑みれば公法の専門家はせいぜい1名おれば十分であるということだったのであろう。実際に歴代の公法系の大学教授を挙げれば「河村又介，横田喜三郎，田中二郎，団藤重光，塚本重賴，伊藤正己，園部逸夫，藤田宙靖」を数えるに過ぎず，憲法専攻者は，河村[18]，伊藤に限定される。そこで，憲法を選考する研究者が最高裁の判例に向かう姿勢は，必然的に批判的な対応に終始することになる。憲法判例分析とは，学説への理解に冷淡ないし無関心な最高裁に向かって，批判の論陣を張ることが一般的になる。最高裁と研究者集団とは，大きな乖離があったのであり，相互に共同歩調を採るということがなかったことになる。民法や刑法研究者の判例への対応と根本的に異なるところであった。アメリカに倣った形で法令審査権が導入されたのにも拘わらず，憲法を活かす形の憲法判例がなかなか生み出されなかったのは，初期の最高裁における構造的な問題があったことを指摘しておかなければならない。ただし，少数意見は多くあり，人事構成がすべて誤りであったということはなかった。

　こうした最高裁の判例を，イデオロギー批判の手法をもって，定期的に分析していたのは，長谷川正安教授であった。憲法制定後10年を総括する『憲法判例の研究』では，民法における法の解釈論争をふまえた上で，政府の9条解釈の変節を批判する。それは占領体制のなかで，解釈の特例層における独占があったとされ，これを最高裁も追認してきたことになる。占領体制と憲法の問題は，政令325号事件を契機にして所論が提起されていた[19]。占領体制は独自の法規を生み出して憲法の内容に抵触する場合に，これが憲法41条違反を構成することになるのか，それとも超憲法体制の問題として一元的に採られない規定

---

18) 河村又介判事のことはあまり知られていない。東北・九州帝国大学で教鞭をとり，最高裁判事としては，「国政調査権」判決に影響を与えた。河村力『ある憲法学者の足跡』(文芸社，2005年)。

19) 長谷川正安『憲法判例の研究』(勁草書房，1956年) 51頁以下。

群と理解するのかが問題になる。これに対する最高裁の多数意見は後者の考え方を採り,「連合国最高司令官は,降伏条項を実施するためには,日本国憲法にかかわりなく法律上全く自由に自ら適当と認める措置をとり,日本官庁の職員に対し指令を発してこれを遵守実施せしめることを得るのである」とした(最大判昭和28.4.8)。長谷川教授は最高裁の結果として示された管理法体制への合憲・合法への対応を批判し,その迎合的な態度は損失補償の金額を争った農地改革法,憲法28条の限界を争った政令201号事件に典型的に現れていたとの批判をしていた。主権がすべて政府に帰属してはいなかった国法状態にあって,もっとも裁判批判をなさなければならないところであったのかもしれない。憲法判例は,こうして最高裁の判例には批判の視点をもつのを常とすることになる。

　旧憲法下にあった不敬罪を新憲法下で適用できるかを争った「天皇不敬罪事件」は,結果として最高裁多数意見は被告に免訴の判決を下した(最大判昭和23.5.26)。天皇主権から国民主権への変貌があったのであるから,本来的には無罪とすべきところ,多数意見が免訴に拘ったのも最高裁に無言の力がかかっていたと推測せざるをえないところである。

　憲法制定20年に長谷川教授が出版した『憲法判例の体系』は,前者の流れと同じ傾向を最高裁判例のなかに読み込んでいた[20]。この書物では,「尊属殺人事件,砂川事件,ポポロ事件」という刑事事件を採り挙げている。興味深い指摘は,これらの事件に共通して最高裁が刑事事件の具体的内容から離れて,「抽象的判断を下している」(74頁)という診断である。この診断はかなり辛辣に最高裁に手厳しい。「憲法事件に結論を下す最高裁判所の多数意見といえば,政治問題から意識的に回避しようとし,権力に迎合的で,形式主義的・非科学的なイデオロギーにつらぬかれている」(87頁)。しかし,憲法判例は社会の実体に合わせる形で判断を求められ,政治的な枠組みに相応しながら判断せざるをえないことは否定できない。占領体制後のこの時期には,最高裁の判例はほ

---

[20] 長谷川正安『憲法判例の体系』(勁草書房,1966年),さらに同じ著者の憲法30年の時点での論評は,「憲法判例の動向」法学セミナー総合特集シリーズ4『最高裁判所』(1977年)138-145頁,にある。

ほすべての分野で出そろってきた。これに伴い，判例の分析手法が多様化するのも必至であった。判例集が出版され，それが学説との関係で議論されるようになり，これが司法試験の勉学に必要となってきたのは当然の流れであった。こうした流れは，アメリカ流のケース・ブックの登場を促し，同時にこれを理論として概説する必要を促した。これが憲法訴訟論の本格的な登場を導いたことになる。

iii 憲法訴訟論の登場

日本で憲法訴訟を意識して書かれた書物のファーストランナーは，横田喜三郎判事が最高裁を退官した記念で纏めた『違憲審査』(有斐閣，1968年)という大著であろう。彼が任官していたのは1960年～66年であり，東京都公安条例事件やポポロ事件に関わっている。この間に彼は必要性に迫られて調査官と伴にアメリカの違憲審査制を研究していた。明治憲法時代の空白期間を埋める作業は，比較憲法での作業を経なければならないところであった。最高裁図書館は，欧米の判例集が揃い，研究の環境としては最高の場所である。問題は誰から講義を受けたのかであるが，その点は不明である。東大の社会科学研究所を中心にして，アメリカ法研究会がすでに存在していたから，こことの連携活動は想像がつく。アメリカ型の司法制度論のパイオニアは，戦前にアメリカ留学経験のあった鵜飼信成教授であった。1948年には「違憲判決の効力」(国会学会雑誌62巻2号)，「アメリカにおける司法審査制の成立」(季刊法学4号)，「司法権優越制と国会主権の原理」(社会科学研究1巻3号)を表し，81条の法令審査権がアメリカ型であり，アメリカ型であるがゆえに司法審査の原理と限界を論じた[21]。

とくに，後者の限界のところに注目した横田判事は，先の大著に於いて，結果的には司法消極主義に至る原理の数々を論じている。この本ではアメリカ憲法での違憲審査制度を客観的に描くことを試みているが，結果的には日本の最高裁で結論だけの援用がなされていることは確かであった。同書で扱われている標題から拾うと，「政治問題の原則，国内政治的問題，外交問題，立法府の自

---

[21] 鵜飼のこれらの論文を収めた論文集『司法審査と人権の法理』(有斐閣，1984年)が重要になってくる。

律事項，立法府・行政府の裁量，回避の原則，必要の原則，明白の原則，合憲的解釈の原則」という具合に，主に司法権の限界を扱っているに過ぎない。これが「砂川事件，苫米地事件，警察法改正無効確認事件」に応用されたことは確かである。そこで使用された司法の消極主義の対応は，これらの判例のなかでそれぞれ「統治行為論，明白性の原則，国会の自律権」となって認識できることになる。司法判断の抑制を念頭に描いていた横田判事の基本的立場と，鵜飼教授の民主政に連結する立法府の判断を尊重して権力分立を保持するという主張は，ニュアンスを異にしていた可能性がある。結果として，前述したように鵜飼教授のアメリカ型の違憲審査制度への理解が，「警察予備隊違憲訴訟」の骨格になっていたことも明らかであった。しかし，アメリカの司法権が，基本権という憲法価値に着目して積極主義を展開したことについては，国際法の研究者であり，ケルゼンの信奉者であった横田判事の著作からは見られない。あるいは彼の周辺にいた調査官達の意識の渦中には，違憲審査の憲法擁護意識が欠落していたのかもしれない。

　アメリカ憲法研究者を代表するような形で最高裁に入った伊藤正己判事には，大きな使命があったはずである。彼はその判事として多くの少数意見ないし意見を書き，自説を判例のなかに書き残すことを試みた。彼の判事任官期間は，1980年から89年にかけての主に寺田コートの時代であり，市民社会内での表現の自由関連の判決に注目する判例がある。それは「検閲概念の見直し，公法上のプライバシー権，パブリック・フォーラム論，反論権」等になって反映されている。アメリカ憲法の研究者である伊藤判事の代表作である『言論・出版の自由』（岩波書店，1959年）で，具体的な表現の自由への対処法は示されていた。同書では，違憲審査の基準として「二重の基準」を理論的に整理し，さらに「事前の抑性の理論，明確性の理論，明白にして現在の理論」が説明されている。ここで注視したいのは，彼はあくまでも表現の自由の優越的性格を説明するためにこうした理論を紹介していたことであり，残念ながらこれらは正確に判例のなかでは反映されてはいないことは明確である。もっとも伊藤判事が活躍できた事件は「北方ジャーナル事件」（最大判昭和61.6.11）と「税関検査事件」（最大判昭和59.12.12）であろう。ここでは伊藤判事の「事前抑制の理論」が見事に判例に反映されている。他方で，二重の基準論は，アメリカでも遅れて登場しは

っきりと判例のなかで確立したわけではなかったが，日本では理論としては受けがよくて学説では通説化する。しかし，肝心の精神的自由の優位性を示す形で判例が反応したわけではなく，経済的自由の合憲性を正当化する脈絡で使用されるようになる。判例と学説とのギャップが現れているところであった。

　憲法訴訟論をなによりも日本に定着させたのは，2人のアメリカ留学経験者の努力と叡智であった。奇しくもハーバード・ロースクールに同時期に滞在していた芦部信喜教授と時国康夫判事は，帰国後さっそく1961年に司法研修所にてジョイントセミナーを行った。同時に憲法訴訟研究会を1976年に立ち上げた[22]。芦部教授が成果を最初にまとめた論文集『憲法訴訟の理論』（有斐閣，1973年）には，主に手続き論を中心にした憲法訴訟論が本格的に説かれており，時国判事も「憲法事実」「合憲解釈のアプローチ」といった今日でもよく引用される論文を発表した[23]。こうした論文を書いた動機は，研究者として憲法判例がお粗末であったという，最高裁判例の批判であったことは変わりがない。この点は折に触れて言及していた点であるが，「最高裁の意見の画一化と人権判例に関する司法哲学の欠如」を指摘し[24]，憲法の価値（人権の保障）を擁護するために憲法保障機能の活性化を促していた。芦部教授とその周辺に集まった研究者は，最高裁判例を批判するだけでなく，新しい憲法訴訟法の処方箋を提示しようとしたのであった。

　アメリカ型の具体的な事件を前提とする違憲審査制であるが故に，他の訴訟法のルールにしたがって訴訟は展開されなければならない。さらに，実体的にも憲法の価値原理の確定とその保障を考慮する特性を，総合的に考慮していかなければならない。他の訴訟法を援用することになるが，とくに行政事件訴訟法の枠内で論を進める限りで，技術論の弊にはまる恐れがある。その点で，芦部教授が先鞭をつけた憲法訴訟論は，対象が憲法であることの特殊な性格を反映しながら日本における独自の発展を遂げることになる。

---

22) こうした経緯について，芦部信喜「アメリカ憲法判例研究の意義」同『憲法叢説1』（信山社，1994年）110頁，に詳しい。
23) 時国康夫「憲法事実」法曹時報15巻5号（1963年）さらに，江橋崇「立法事実論」芦部信喜編『講座 憲法訴訟2』（有斐閣，1987年）69頁以下も参照。
24) 芦部信喜「憲法保障機能の活性化を」法学セミナー増刊「今日の最高裁判所」（1988年）13頁。

iv 憲法訴訟論の応用

　最高裁に登ってきた公務員関係の判例は，憲法訴訟論の実体を検証する上で重要な検討材料である。ここでは「全逓東京中郵事件」(最大判昭和41.10.26)と「猿払事件」(最大判昭和49.11.6)を採りあげる。前者は田中二郎判事が関わり，後者は下級審で時国判事が関わり，それぞれ一定の評価がなされる判断が下されていた。つまり，前者では，相対的な判断枠組みを構成し，合憲限定解釈という手法を用いて，結果的には生存権保障の手段として位置付けられた労働基本権を活かす解釈が採用されている。比較衡量の手法と併用することによって，違憲・違法となる場面を絞り込みする効果をもたらすことになった。しかし，この判断枠組みは長く続かず，「全農林警職法事件」(最大判昭和48.4.25)においては，「全体の奉仕者」論が復活し，争議行為の一律禁止を合憲と判断している。この判決が下される前に，田中判事は依願免職しており，最高裁裁判官人事の構成に応じて判決が変わる典型例となった。

　猿払事件の第１審(旭川地判昭和43.3.25)では，今村成和，中山和久教授が被告側証人として，芦部教授が裁判所の鑑定人として意見を述べている。裁判長であった時国判事は，適用違憲の判断を下したが，その根拠は先の全逓東京中郵事件で示された相対主義的観点であった。「勤務時間外において，国の施設を利用することなく，かつ職務を利用し，若しくはその公正を害する意図もなしで」行った行為であり，労働組合活動の一環として為されたものであるから，これに刑事罰を科することの理由はないとの判断である。なお，この判断において懲戒処分について刑事罰と比較して「他に選び得る手段 (LRA)」があるとした構成を，芦部教授は後に批判している。違憲判断のあり方を問うことになるので，最高裁の判断が注目された。最高裁は，後に明らかにされたように，香城敏麿調査官(判事)が形成した独特の判断枠組みが活かされていた[25]。つまり，学界からは後に批判されることになる猿払３基準なるものを多数意見は示している。それは，公務員の政治活動の自由を規制する立法の合憲性をはかる基準として，①禁止の目的の正当性，②禁止される目的とこれによって禁止される行為との間の合理的関連性，③政治的行為を禁止することによってえられ

---

25) 香城敏麿『憲法解釈の法理』(信山社, 2004年) 39頁以下。

る利益と禁止することによって失われる利益との間の均衡性，を用いた。表現の自由に関する制約の場面であるが，②では合理性の基準が用いられる。さらに③では「間接的，付随的な制約」に過ぎないから，制約そのものは小さいのであるとしている。アメリカの最高裁で示された審査基準として示された積極規制と消極規制の枠組みを使いながら，制約が小さいことを演出する手法は，薬事法のような経済規制立法の違憲性の判断をした「薬事法事件」（最大判昭和50. 4.30）では有効でも，同じ論理をビラ貼り・ビラ配りに使用する無謀さを，最高裁は行ったことになる。

4　法科大学院時代の憲法判例

i　法科大学院で求められるもの

　日本型の法科大学院は2004年4月に始まった。これに先立って2002年には，設置基準案及び新司法試験の概要が提示された。従来の法学教育を反省し，旧司法試験のもつ弊害を解消する観点で，「点からプロセス」の教育が求められることになり，当然に各科目の教育方針も変わらなければならなくなった。また，標準的な各科目の内容に関する「共通到達目標モデル」も提示されるにおよんで，教育内容が具体化し，これとの密接な関係で新たな試験がなされることが予測されるようになった。これに相応するケース・ブックが主要な出版社から相次いで出版されるに及んで，「判例は神，学説はゴミ」的な標語が創られるようになる。実際，先のモデルでも「公務員の人権が特別の制約に服するか否かについて，政治的行為の自由や労働基本権が制約される場合などの具体的な例を挙げ，判例をふまえて，考察することができる」とし，少なくとも「全逓東京中郵判決，猿払判決」は知らなければならないとしている。換言すれば，法科大学院生はまずもって出発点として主要な判例を知っていることであり，これの先にあるものを応用として展開できる力が求められていることになる。プロセス重視の考え方は，結局，下級審からの事実を辿り，最高裁での原告と被告の争い方を，自分がそれぞれの立場になったと想定して考えられることであり，判決を予測することであった。法律家を養成する法科大学院では，教師も裁判のプロセスの熟知していなければならず，理想的には実務家と研究者のジョイ

ント講義が望まれたのであった。しかし、判例を知っているだけでは答案は書けないのである。自分で答案を構成する力は、類似判例を与えられた事実に当て嵌め、判例で明確に論じていない審査基準を丁寧に論証した上で、結論（判決）に導く能力である。例証した判例は、参考にした以上は、明確にしておくことが礼儀といえよう。「ゴミとされた学説」は忘れていいのではなく、判例構成において援軍となることは今日でも明白である。最高裁もそこまで成長したと考えなければならない。コンピュータ時代は、先例を探すのを便利にしてくれているからなおさらである。

　他方で、法科大学院はあくまでも新司法試験を受験するための資格を与える教育を行う場であるとするならば、その新司法試験の内容が最も気になるところである。プレ試験問題が公表されることによって、長文の憲法問題を内包する問題とこれに対処する立法措置との関係が問われるとの推定がなされた。本稿の最初に議論したことを繰り返すならば、憲法訴訟を行う限りでの前提問題をクリアしなければならなくなる。つまり、憲法訴訟論において余りにも技術的になりうる手続き論に、憲法訴訟論はまず対処しなければならないということであった。ここで行政事件訴訟法の改革に伴う変化を、技術的には知っておかなければ、憲法訴訟は解決がつかないであろう。とにかく、「憲法は難解であり、その割には実用的ではない」という批判を受けるのはどうしてであろうか。まず考えられるのは、①すでに述べた訴訟の入口に付帯する技術性の問題にありそうである。②次いで、審査基準なるものの使い方が考えられる。③こうした実務の集大成が判例になるが、この憲法判例は実は確たるものがない。民法や刑法のように、一応判例の確立がある分野は「判例が神」で解決が付く部分が多い。ところが日本の判例は、最高裁においても審査基準を提示することなく、安易な古典的論理（例えば、公共の福祉、全体の奉仕者、等）でもって結論に至る場合が多い。本当に参考にすべき判例が少なかったことになる。

　審査基準論の絶対的な使用も実は危険な落とし穴を持っている。事実関係をよく吟味しないで、これは表現の自由が使用されている場面であるから、厳格審査と決めつけて、それで直ちに違憲という結論を導く誤りは、初心者がよくやることである。審査基準は、保護すべき基本権（例えば、信教の自由）が抽象的であるということから、その抽象性を審査基準で具体化する作用であり、事実

をよく検証しなければならないことである。憲法実例は様々な要素が複合的に合成されているので、保護すべき基本権の規範複合はありうることであり、その局面で使用される審査基準は、事実のなかからしか描けないのである。審査基準が最初から決まるのは、「検閲の禁止、奴隷の禁止」のような明白な規範命題に応じて、審査基準が描ける場合であるから、極めて限られていることである。

　法科大学院では、とくに、授業において判例を重視する。しかし、その判例は、あくまでも1つの応用問題の解答例を知ることであって、解答方法の実例を知るという意味で重要なのであって、その解答方法がすべてではないということである。新司法試験の答案では、「あなたの意見」が、判例の主文の部分になるのであろうが、その結論は違憲である場合もあるし、合憲である場合もあろう。要は、結論に至る道程がしっかり形成されていることが肝要であり、結論の正当性を求めているものではない。

　ii　ドイツ型の勃興

　アメリカ型の違憲審査制と対比的な大陸型憲法裁判を検討する活動も、もう1つの極として盛んである。ドイツが最も先端を行っているが、すでに戦前から審査制度の導入について一定の議論のあった（西）ドイツは、新たな憲法の下で一気に憲法裁判所のモデル国の地位に就いた。ここでの特性は、具体的事件を離れた抽象的な審査制度や国民による直接の憲法異議を認め、これを連邦憲法裁判所規則で明確にしている。こうしてこの大陸型憲法裁判所は、一定のルールに乗っかって訴訟は進行していくので、アメリカ型のような手続き論に頭を悩ますことはないという利点がある。そこで、憲法の価値原理が保障され、侵害されているかの検証を裁判で行い、「憲法の優位」を確保し、基本権の実効的救済に与るという意味で、憲法保障の機能を果たすという成果を残してきた。

　ドイツ型憲法裁判に注目してきた研究者は多いが、とくに、栗城壽夫、戸波江二代表によった「ドイツ憲法判例研究会」（1992年発足）[26]と川添利幸代表の

---

26) その主な成果が、『ドイツの憲法判例 I〔第2版〕、II〔第2版〕、III』（信山社, 2003年, 2006年, 2008年）であった。

「憲法裁判研究会」(1977年)[27]が顕著な業績を残している。ドイツ型の憲法裁判で顕著なことは，体系的な基本権の解釈方法について，「三段階審査」という定形を確立したこと，専門性を持った憲法裁判所裁判官集団によって，憲法の現実化を意識し，立法府の誤りを違憲と判断するだけではなく，立法の指針を示すことで最高法規の憲法を活かす方途を構築し，その活動を通じて国民の一定の信頼を確保してきた点にあるであろう。つまり，固定的・静態的な憲法解釈ではなく，動態的な憲法解釈を行うことによって，様々な性格をもつ基本権を国民の側にあるものと認識させることに成功したといえよう。この点は，基本権の主観的性格だけではなく，客観的性格を明確にし，私人間効力論への新たな道筋を示し，具体的には「保護義務論」という法構造を提示するまでに至った。こうした成果を日本国憲法に応用した，小山剛教授の『「憲法上の権利」の作法』（尚学社，初版2009年，第3版2016年）と宍戸常寿教授『憲法の解釈の応用と展開』（日本評論社，初版2011年，第2版2014年）が登場するに及んで，一気にドイツ型は法科大学院生の注目を集めるようになる。

　この2冊とも，最新の最高裁判例をベースにしながら，これをドイツ基本権解釈の手法で解読している点に共通性が認められよう。日本の判例が平成以降は読むに値するものまでに成長したこと，しかし，ドイツ型で解読できる判例とそうでない判例があることをしっかり認識して，読者は両書に臨まなければならないであろう。三段階審査は，「保護領域の確定，侵害されている状態の認識，制限の正当化」の順を追って検討する手法である[28]。第1，第2段階は，これまでの審査基準論でも行わなければならない点である。答案構成に於いてもこの点で誤った場合，例えば22条の職業選択の制約の問題なのに，27条の勤労の権利の制約で答えたら，それは答案にはならないのである。問題は，3番目の審査を行う場面なのか，その場面であってそれがきちんとできるかどうか，つまり，狭義の比例性の原則を使いこなせるかの問題になる。ドイツ基本法が，人間の尊厳（1条）から始まり，人格権の保障（2条）に至るように，憲法の価値

---

[27] 重要な業績として，工藤達朗＝畑尻剛編『ドイツの憲法裁判〔第2版〕』（中央大学出版部，2013年）がある。
[28] これを体系化し，実用化したのは，ボード・ピエロート＝ベルンハルト・シュリンク（永田秀樹＝松本和彦＝倉田原志訳）『現代ドイツ基本権』（法律文化社，2001年）であった。

原理に沿って体系的な構造になっているから，比例原則は応用が利くのであり，日本の憲法をそこまで厳密に体系化できるかが鍵となってくる。日本の判例でそこまで明確な基本権の体系を示すものが少ないのは，判例と学説のギャップが現れているものといえよう。

iii 応用問題

少しだけ，新司法試験と判例の関係があるかどうかを考えてみることにする。与えられた問題と非常に接近した判例があったのは，2010（平成22）年の「ホームレスと選挙権・生活保護」に関して，大阪で展開された「ホームレス選挙権訴訟」（大阪高判平成23.7.23）と2011（平成23）年の「特定地図検索システムとプライバシー」に関して，福岡での「グーグルストリートビュー訴訟」（福岡高判平成24.7.13）があるくらいである。この2つの事例は，社会問題化していた関係で関係者には知られていたが，受験生にまで熟知されていたわけではなく，事件を知らないことを前提として解かなければならなかったことになる。高裁判決がでたのは試験後であるから，後から事例があったことを知ることになった。むしろ，22年の問題には，「在外邦人選挙権訴訟」（最大判平成17.9.14）を知っていることを求めている節があり，これをまくらにして前半は解答ができたはずである。その意味では，近時の最高裁大法廷の判決が有している先例としての意味は大きいといえよう。

2006（平成18）年から始まった新司法試験は，いずれも新聞記事になるような事実を扱い，これに対処する立法や行政処分があり，これの憲法違反を問うていた。しかも，情報化社会での先端技術（フィルターやストリートビュー）及び医療の最先端技術（遺伝子操作）を問うていたので，あまりにも特異な分野を扱っているとの批判も出そうであった。しかし，新しい法現象に法律家として直面しなければならないという意味からは，受験生はすでに学習した知識を応用して問題を解かなければならないところであった。それはすでに2006年の問題からして推量できるところであり，グローバルな法現象は，すでに欧米で判例がでているケースもある。しかし，ここまで受験生は知る由もないから，日本の判例で使える部分を思い出さなければならなくなる。2006年の「たばこのケースでの警告表示」は，「言いたくない表現行為」の強制であるから，表現の自由

の範疇で考えるかどうかである。芦部教授の基本書では,「サンケイ新聞事件」(最判昭和62.4.2)がアクセス権の箇所で紹介されており,これが判例としてはヒントになりうる。どのような健康被害があろうがたばこを吸いたい側は,「未決拘禁者の喫煙の自由」(最大判昭和45.9.16)の原告側の主張を強調することになる。損害を受ける企業の利益は,「予防接種禍事件」(最判平成3.4.19)あたりをヒントにして国家賠償を求めることも考えられる。以上は,一例に過ぎない。かつては「判例同旨」という表記が答案上で散見されたが,どうもこれはいただけないようだ。同じ状況で使われている判例があり,趣旨が同一であれば判例名を出して,先例として挙げる理由を説明することで評価をえることもありうるのではないだろうか。

日本の判例の問題点は,すでに言及してきているように,審査基準が文面上ではっきりしないことであり,その点でアメリカの判例と異にしている。アメリカの判例をお手本にしてきた日本の研究者が,審査基準に拘る以上,答案にも審査基準を明確に書きたいのは受験生心理である。そこで審査基準だけしっかり学習したいのであるならば,憲法訴訟研究会・芦部信喜編『アメリカ憲法判例』(有斐閣,1998年)の修正1条関連の判例を読んでみることをお勧めする。手本の判例を読むことは,絶好の学習機会をもつことになると思われるからである。

まとめ

「意義論」を書くと大見栄を切ってきたが,本稿はその割には大した結論を描いているわけではない。日本の最高裁の変化を中心にして,その判例のなかには読むに値するものが出てきたことを指摘するに留めることにする。最高裁は確かに変わってきたのである[29]。変化を促してきたものの動因を,本稿は分析したことになる。最後に,最新の「非嫡出子訴訟」(最大決平成25.9.4)の感想を述べて,その判例の完成度を検証することにしたい。

---

29) 小山教授の言葉を借りれば,「十分に変わる」ことを,さらに,期待しなければならない。参照,小山剛「最高裁判所は変わったか?」憲法問題23号(2012年)135頁以下。

この判例は，平成 7（1995）年の同一内容事例の判例を変更し（10対 5），しかも，今回は全員一致の判断である。女性判事が 3 名となり，そこに家族法の専門家（岡部喜代子判事）が入ったことで，違憲判決は出るべくして出たという感じである。平成 7 年から今日まで，同様の判決はあり違憲判決が出る予測はあったが，欧米の変化からしても国会の反応が鈍く，その点を突いた意味からすれば，当然の判決内容であった。今回の判決は，「総合考慮」を 3 回繰り返している。つまり平成 7 年と平成25年では，「総合考慮」した結果，立法事実が異なったのであることを違憲の根拠にしている。しかし，原告との関係では「遅くとも平成13 [2001] 年」段階で違憲であったとされる。平成 7 年以降で大きな事象として，平成 8（1996）年の法制審議会での「民法一部改正」の答申があったのであるから，これが決定的な事項であろうが，総合考慮としているので，欧米の法改正，国際人権条約の批准，国民の法律婚に対する考え方の変化等が素材として指摘できるであろう。憲法（立法）事実を検討している点は良いとして，肝心の憲法14条・13条の解釈はどうもすっきりとは論じていない。むしろ，この点は平成 7 年の判決の方が，とくに，反対意見に明快な論理の展開があった。反対意見は「中間審査」を使い，多数違憲は「厳格な合理性の審査」を行って，立法目的との対応関係を説明している。ところが，今回の判決には審査基準がなく，立法事実の変化をもって違憲という判断を下している。嫡出子の身分が，14条にあてはめてどうなるかにも言及がない。

　今回の判決は，先例変更をもってその効力が遡及するのか否かについて詳しい言及がある。とくに，金築誠志判事と千葉勝美判事の補足違憲は，日本の違憲審査制の本質から論じていて，一読に値する。遅くとも平成13年から違憲であったという判断からして，それ以降の同じ境遇にある人の相続問題が検討されなければならないはずである。これは話し合いですでに解決された場合を除くことになるので，どの程度の事例が残されているかは不明である。しかし，個別的効力説に立つ場合でもこの該当者の法的利益は失われてはいないとした。この不遡及の判示は，判旨（*ratio decidendi*）を構成すると明記されている（千葉判事補足意見）。憲法訴訟論的には，この判決は立法事実の変化を鋭く読み取った点は評価されるが，14条の解釈について不明瞭な点を多く残し憲法訴訟からは満足のいかない判断ではなかったかなと思われる。

あとがき

　本書は，私の論文集としては4冊目になり，同時に私の70年の記念になる。そこで，ここでは少し長めのあとがきを記すことにした。1冊目の論文集は専修大学に就職してから，専修法学論集に寄稿してきた論文をまとめたものであり，後に博士論文として評価されたものである（『憲法の保障』尚学社，1987年）。2冊目は，法学部内で創られた「明治国家史研究会」を通じてえられた知見の成果である。この研究会は豪華なメンバーからなり，私は貴重な報告を拝聴することができた。聞いた話をまとめるためにも神田の古書街を歩いて同憲法の関連資料を集め，書きためてきた。これらを比較憲法の視点を入れてまとめたのが2冊目となった（『明治憲法　その独逸との隔たり』専修大学出版局，1999年）。そして3冊目は，主として2度目のドイツでの留学の成果からなり，1989年のドイツ統一と1992年のマーストリヒト条約によるEUの誕生というヨーロッパの法環境を意識してまとめたものであった（『憲法国家の実現』尚学社，2006年）。

　本書では，「基本権」を扱いたいと思った。その動機は，憲法学を研究する道を選択した以上は，基本権論でまとめた論文集を残して置きたかったことにある。憲法学の研究対象は，今日，基本権（人権）論に大きく焦点が向けられており，しかも内容は極めて多様である。したがって，教科書・体系書においても人権の部分には多くの頁があてがわれており，それは憲法判例が圧倒的に人権に集約されているから当然のことであった。本書では，憲法典に書き込まれた人権という意味で，ドイツ憲法学に倣って「基本権」の用語を使

用している。基本権という用語に拘ったのは，日本でも「憲法訴訟論」が盛行するに至ったことと深く関係している。ドイツのように憲法裁判所があるわけでもないが，憲法訴訟は憲法に書き込まれた基本権を積極的に生かす方向で機能するようになった。日本型の司法制度にあっても，憲法の最高法規性を実効あらしめる意図からも憲法に書き込まれた人権＝基本権を意識するようになったのである。この傾向は，司法改革の一環として法科大学院が誕生することになって，大学教育においても一層に基本権を論じることの比重が高くなってきた。本書では，最後の補論の部分でその点を補うことにしたので，最初に補論を読んでいただくことが良いかもしれない。今日では基本権が関わる事象は様々でありうるが，本書では，基本権の体系を「生きる権利」に集約させて論じて行くことになる。この点が，本書の第1の特色になる。

　「生きる権利」に注目したのは，図書館で読んだ雑誌論文が契機となっている。助手であったころに，D. P. Kommers, Abortion and Constitution, American Journal of Comparative Law, vol. 25 (2), 1977を見つけ，大学院当時の指導教授であった鵜飼信成教授の授業で報告したところ，これから重要なテーマになるから活字にしておいたらどうかと勧められた。刑法が専門の日高義博助教授（当時）に参考文献を教えてもらい，短期間で論文にまとめた記憶がある（「胎児の生命権」専修法学論集28号〔1978年〕）。同様の問題が世界中で話題になっていることを知り，オーストリアの判例も当時ウイーンにいた兄に頼んで送ってもらった。これを契機にして，生命権に強い関心をもつようになり，これに関連する論文を2本続けて書いた（「自己決定権としての生命の処分」専修大学法学研究所紀要15号『公法の諸問題3』〔1990年〕，「基本権の体系における生きる権利の意味」法学新報96巻11・12号〔1990年〕）。しかし，別のテーマに寄り道していた関係で，「生きる権利」は私の頭のなかにあっただけで，続けることは出来なかった。ところが，フランクフルト大学への留学で（受け入れ教授は，E. デニンガー教授），生きる権利は「国家目的・国家目標」と関連する重要なテーマであることを知ることになる。この時は，連邦憲法裁判所の判断を通じて「保護

義務論」が展開されており，胎児の人権のテーマは保護義務論と発展し，さらに，環境権の問題と関連付けられて盛んに論じられていたのを知ることになった。

　本書の第２の特色は，国家目標との関連で，生きる権利を扱っていることになる。２度目のフランクフルト大学での留学では，ドイツ統一後の新たな５つの州憲法に規定された「国家目標規定」を，基本法でも受け入れるかどうかの政府による「アンケート委員会」の報告書を読むことができた。デニンガー教授はこの委員会の座長であったのであり，ゼミナールもこのテーマで進行していた。私も日本での環境権の問題を報告することになったが，本書に収められた論文はこの時の報告が基本になっている。環境権の問題を，生きる権利と関連して考えることは，ドイツでの滞在経験の成果であった。ドイツの各地を旅行することによって，人だけではなくあらゆる生物体においても生活空間はそれぞれに適合的なものに維持されるべきであり，そこには連帯の思想が必要であることを知った。これに比して，同じ経済大国とされた日本が，悪質な公害現象を生み出していたことは，恥ずかしい事実であり，アジア全体の遅れは否定しようがないところであった。ヨーロッパに滞在することで，アジアを見直すということは，私のなかではこの時期から必然的となった。また，生きる権利のありようは，警察権限の在り方とも関連する事象であり，リスク社会論を検討する必要を自覚し，「比例原則」の有効な使用方法を考えるようになったのもこの時期当たりからであった。

　国家目標のところでは，さらに「スポーツ（法）」に，自分の趣味と関連付けて考えてきた。専修大学に就職した当初，自分の運動不足を解消するために，１号館の地下にあったトレーニング室を利用することを思いついた。さらに，ここで着替えて皇居を周回するという習慣が生まれ，やがて日本だけでなく世界を走るという趣味に発展するに至った。タイムが伸びるということもあって，練習に熱が入りすぎてしまった時期もある。一緒に走る仲間もでき，平田和一教授，田口文夫教授とはよく走った。その思い出を込めて書いた論

文を本書に収めてある。スポーツをする（余暇の好きなことをする）というふるまいは，生きるための重要な所為であり，それを自由権として構成すべきことが重要である。さらに，集団で行い，教育の一環として行うためには，適切な環境が必要となり，国家や地方公共団体がこの自由を援助する役割が必要になってくる。国家目標で扱うスポーツはこの局面での問題であるが，これの過剰な保護状態は憲法学では避けなければならないであろう。旧東ドイツの場合は，国家スポーツのマイナス側面が色濃く表れた問題であった。国家が関わる程度問題は，なにもスポーツだけに限られないが，ここでの議論は生きる権利を生かすために国家はどうあるべきかの応用問題でもあったと思われる。

　本書は，日本国憲法施行70年の時に出版されることになる。今年の5月にはいかなる憲法関連の行事が行われることになるのであろうか。政府が憲法改正をいよいよ議会での活動のなかに位置付ける気配があり，この70年という年月の総括の仕方が気になるところである。その点に関する私の感想は，本書のまとめの部分に記したので，そこを参照していただきたい。現在の改正案のその意図を十分に考えて，各自が対応すべき姿勢を形成していかなければならないであろう。私自身も，この憲法と同時に歩んできた研究者としてだけでなく，1人の市民としてこの憲法の重みを感じてきた。私が生きるということに，この憲法は大きな支えであったことになる。

　この憲法の70年と同じくして，私も大学を去ることになった。多くの関係者の恩恵を受けて定年を迎えることができたのであり，まず感謝の念を専修大学関係者に申し上げたい。また，中央大学時代にお世話になった，経塚作太郎教授，川添利幸教授には，私の研究の基礎を作る機会を作っていただいた。専修大学にきて，鵜飼信成教授には言葉には表現できない程の教えを受けることができた。専修大学の歴代の学部長，とくに，砂田卓士教授には，相馬学術基金での留学を推薦していただき，フランクフルト大学ではデニンガー教授と出合うことができた。同教授とは，今日までのお付き合いがあり，

今の私の宿題になっている警察法の関心を拡げてもらったことになる。

　専修大学のスタッフからは,「明治国家史研究会」,「15年戦争研究会」という研究会の一員として活動する機会を与えてもらい，この研究は新たな研究のテーマとなった。その一部は本や論文となって表すことができた。「憲法保障」のテーマで専修大学に提出した学位論文は,小林直樹教授,福島新吾教授,隅野隆徳教授によって審査していただき,専修大学から念願の法学博士の学位をいただくことができた。この本を出版するのにサポートいただいた,尚学社の吉田俊吾氏からの恩恵も大きかった。審査をしていただいたこの3教授を中心にして先の2つの研究会があったことを想起すると,専修大学法学部では常に刺激的な研究ができたと思っている。これに続く「戦後補償研究会」では,古川純教授,内藤光博教授と担当弁護士の諸氏との活動を通じて,アジアと日本の関係の平和構築の方法を学ぶことができた。さらに,法科大学院に移ってからは,隣人の晴山一穂教授とは,公法の議論を交わすだけでなく,気分転換のレクレーションを行ってきた。こうした適切な研究環境が,法科大学院での緊張した学生との関係を明るくしてくれることになった。

　大学の外では,長きに亘って「DAS研究会」,「ドイツ憲法判例研究会」には,留学時を除いて出席し続けてきた。1976年から始まったDAS（一般国家学を読み続ける）研究会を指導してきた山下威士教授と仲間からは,ドイツ語を忘れないでいられるような刺激を受け続けてきた。また1992年に設立されたドイツ憲法判例研究会は設立時から誘いを受け,判例の読み方からドイツの研究者との交流まで,幅広い活動をおこなうことができた。法科大学院に移ってからは,こうした研究活動を続けることは難しくなりがちであったが,できるだけ研究を続けようとした気持は,この2つの研究会があったから持続できたことになる。

　本書は,尚学社の吉田氏の後を継いだ,苧野圭太氏に企画から校正にいたるまで,全面的にお世話になった。出版の時期を決めてスタートしたわりには,原稿の出が遅れがちになってしまい,その点では迷惑をかけてしまった。

本を作る作業は，編集者がいないとできないことなので，いつも頭の下がる思いがする。

　本の表紙は前作に続いて，フランクフルトで知り合った，小菅-シュトックル宣子さんにお願いし，本書のイメージに合う絵を提供してもらった。ご主人のフランク・シュトックルさん共々，日ごろの友情にも感謝を申し上げたい。

　本書を，母の石村マリ子と私の家族に捧げることにしたい。母は遅咲きの私を心配してくれていた。結婚40年になる恵利子，そして2人の息子(潤，顕)は，私の本の批判的読者である。今回は，これらの4人に本書を捧げることにして，日ごろの家庭サービスに感謝することにしたい。

2017年1月31日

船橋にて
石村　修

初出一覧・関連文献

I　基本権の意義と体系
  1　［書き下ろし］
  2　［同］
  3　［同］
  4　［同。國分典子他編『日韓憲法学の対話Ⅱ』(尚学社) 収録予定］
  5　「人権 (基本権) と私法上の公的主体——混合企業への人権適用」法学新報120巻1・2号 (長尾一紘先生古稀記念) (2013年)

II　基本権と生命権
  1　「基本権の体系における生きる権利の意味」法学新報96号11・12号 (橋本公亘先生古稀記念) (1990年),「自己決定権としての生命の処分」専修大学法学研究所紀要15号 (公法の諸問題3) (1990年)
  2　「憲法における胎児の生命権」専修法学論集28号 (1978年)

III　国家目標と基本権
  1　「国家目標としてのスポーツ」専修大学法学研究所紀要25号 (公法の諸問題5) (2000年)
  2　［書き下ろし。関連として,「動物に対する法的対応と動物実験」学術の動向2002年9月号,「環境と開発」ドイツ憲法判例研究会編『未来志向の憲法論』(信山社, 2001年)］
  3　「新しい人権」法律時報77巻10号 (2005年)

IV　終章　基本権の展望——改憲論との対抗
  「憲法改正論の主旨と人権」全国憲法研究会編『憲法改正問題 (法律時報増刊)』(2005年)

補論　法科大学院において憲法判例を学ぶ意義
  「法科大学院において憲法判例を学ぶ意義」専修ロージャーナル9号 (2013年)

著者紹介

石村　修（いしむら　おさむ）

1946年　栃木県佐野市に生まれる
1973年　中央大学大学院法学研究科修士課程修了
1978年　専修大学大学院研究科博士課程単位取得
1988年　法学博士（専修大学）

1976年　専修大学法学部助手
同講師，助教授，教授を経て
2004年　専修大学大学院法務研究科教授
2010年～2016年　同大学院法務研究科院長

主要著書

『憲法の保障』（尚学社, 1987年）
『基本論点憲法』（法学書院, 1988年，[新版]1996年）
『いま戦争と平和を考える』（共編, 国際書院, 1993年）
『ドイツの最新憲法判例』（共編, 信山社, 1999年）
『明治憲法　その独逸との隔たり』（専修大学出版局, 1999年）
『ドイツの憲法判例Ⅱ』（共編, 信山社, 2006年）
『論点整理と演習　憲法』（共編, 敬文堂, 2006年）
『憲法国家の実現』（尚学社, 2006年）
『時代を刻んだ憲法判例』（共編, 尚学社, 2012年）
『憲法への誘い』（右文書院, 2014年）

基本権の展開

2017年2月25日　初版第1刷発行

著者Ⓒ　石村　修

発行者　苧野圭太
発行所　尚学社

〒113-0033　東京都文京区本郷1-25-7　電話(03)3818-8784　振替00100-8-69608
ISBN978-4-86031-146-9　C3032

組版・ACT・AIN／印刷・互恵印刷・甲田印刷／製本・三栄社